兩宋大儒評介

李剛興 編著

兩宋時期是中國封建文化發展過程中又一個異彩紛呈的時期，在這一時期，哲學、文學和史學等方面，都有了顯著的進步。
特別是以儒學為代表的封建文化思想，發生了重大的變化。最突出的表現就是理學的興起。
以理學為代表的哲學思潮是以儒家學說為主幹，並吸取了佛道思想中的一些重要觀點，而鑄造出來為封建主義的中央集權之需要而產生的新儒學，其代表人物有周敦頤、邵雍、張載、程顥、朱熹、陸九淵等人。
從世界觀的根本問題上講，在唯心主義理學產生發展的同時，也產生了與之相對立的唯物主義思想家，其代表人物則有張載、王安石、陳亮、葉適等人。

崧燁文化

前 言

　　兩宋時期是中國封建文化發展過程中一個異彩紛呈的時期，在這一時期，哲學、文學和史學等方面，都有了顯著的進步。特別是以儒學為代表的封建文化思想，發生了重大的變化。最突出的表現就是理學的興起。以理學為代表的哲學思潮是以儒家學說為主幹，並吸取了佛道思想中的一些重要觀點而鑄造出來的為封建主義的中央集權之需要而產生的新儒學。其代表人物有周敦頤、邵雍、張載、程顥、程頤、朱熹、陸九淵等人。從世界觀的根本問題上講，唯心主義理學產生發展的同時，也產生了與之相對立的唯物主義思想家，其代表人物則有張載、王安石、陳亮、葉適等人。在史學方面，有以司馬光主編的《資治通鑒》為代表的史學巨著，這是中國史學達到又一新高峰之標志。在文學方面，兩宋時期更是大放異彩的時期。

　　作為兩宋儒學之主流的理學，即所謂「義理之學」。何謂「義理之學」？其開創者之一的張載說：「經之大體，在義，不在文，文則有理，是為義理。」（《經學理窟・義理》）由此可知，研究儒家經典中的義理之學，就是理學。這種研究方法，一改過去拘泥於對經典內容進行咬文嚼字的訓詁的做法，突破舊習，側重於對儒學經典中義理之闡述和發揮。經過他們的勤苦探索，儒家學術呈現出一個嶄新的形態，這就進一步推進了儒家學說的哲理化，從而彌補了儒家之缺陷，將中國古典哲學推向了一個新的高度。無論是從樸素

唯物論、樸素辯證法，還是主客觀唯心論的思辨方法上看，他們都在理論思維方面做出了很大的貢獻。儘管他們論證的目標都是證明封建制度的合理性，但其在探討天人關係等方面也提出了許多合理的見解，特別是儒學陣營中那些堅持唯物論的思想家在這方面表現得更為突出。

宋代理學在儒學發展的歷史過程中可算是中國學術史上的一次思想突破。雖然其內部有不同學派和不同學說，但也在一定程度上相對地體現了又一次思想開放。

正因為宋代的儒家研究突破了只對儒學經典的內容進行繁瑣的考釋、註疏的舊習，其思路較為開放，視野較為開闊，從而體現出一種新的學術風氣。由於他們充分地發揮了探賾索隱的治學精神，又能各抒己見，這就大大地活躍了當時的學術氛圍，從而推動了學術進步。

本書所介紹的15位宋代名儒，雖然同屬儒學陣營，但在當時比較開放和相對自由的學術氣氛中能夠充分發表各家的見解，因而也在中國學術文化發展史上出現了又一次百家爭鳴。特別是在哲學的路線鬥爭中，經過兩種不同世界觀和方法論的爭論，其理論思維水準有了很大的提升。思想家們在道與器和理與氣的關係上、義利關係上、人性善惡關係上、理欲關係上的爭論非常激烈。通過對這些問題的爭論，都在理論思維的過程中，為我們提供很多有益而深

刻的啟迪。在這裡，還要著重指出，本書所介紹的 15 位名儒，也是當時傑出的教育家，其中張載、二程、朱熹、陸九淵、張栻等人，都算得上是中國教育史上最卓越的教育家。他們聚徒講學，主管書院多年，培養了大量繼承和發揚中國傳統文化思想，使之傳遞不息、代代不絕的優秀人才，其功績不可磨滅。他們的教育思想值得借鑑。

　　筆者編著此書之用意，在於將兩宋著名儒家學者之學術思想和生平行事向讀者做概略介紹。這樣，也許能讓對這方面有興趣的讀者不用在兩宋的浩瀚文獻中多費時間，就可以對這個時期的主流文化思想進行概略的瞭解，同時也希望對正在學習和從事這方面教學和研究的學者提供一些可供參考的資料。在寫作中，參考和採納了當代一些學者的研究成果，特致謝意！由於本人學力有限，書中之論述若有舛誤和不當之處，誠盼讀者批評指正。

李剛興

目 錄

安樂先生　邵　雍 …………………………… 1
理學鼻祖　周敦頤 …………………………… 13
史林宗匠　司馬光 …………………………… 28
關學宗師　張　載 …………………………… 45
宋學泰門　程　顥・程　頤 ………………… 63
五峰先生　胡　宏 …………………………… 79
理學大師　朱　熹 …………………………… 91
湖湘學宗　張　栻 …………………………… 114
婺學之祖　呂祖謙 …………………………… 128
心學祖師　陸九淵 …………………………… 142
龍川諍儒　陳　亮 …………………………… 155
水心先生　葉　適 …………………………… 170
鶴山耆儒　魏了翁 …………………………… 186
西山先生　真德秀 …………………………… 201

安樂先生

邵 雍

邵雍是北宋五子之一，他同周敦頤、張載、二程都是兩宋理學的創始人。他建立的象數學體系，企圖用一個完整的圖式來說明宇宙演化和社會、人生的全部運動程序。這個象數體系雖是由主觀推演而成，但也具有一些合理的成分。邵雍是第一個把象數學理論和方法同理學思想相結合的理學大家，在理學史上的地位很高、影響很大。

一、青年刻苦自勵，隱逸不涉仕途

邵雍字堯夫，又自稱安樂先生，生於宋真宗大中祥符四年（公元1011年），卒於宋神宗熙寧十年（公元1077年），諡康節。其先世為河北範陽人，曾祖邵令以軍職隨從宋太祖部下，後來移居衡漳（今河北省南部），他青年時隨邵古再遷家於共城（今河南輝縣），最後才移至洛陽定居。邵雍在幼年時期，其家境並不富裕，他的曾祖父做過小官，祖父和父親都是隱居不仕的知識分子，在其跟隨父親從衡漳遷去共城時，「居蘇門山百源之上，布裘蔬食，躬爨以養父之餘，刻苦自勵者有年」（《宋元學案·百源學案上》）。儘管如此，青少年時期的邵雍卻能「自雄其才，慷慨欲樹功名」「於書無所不讀，始為學，即堅苦刻厲，寒不爐，暑不扇，夜不就席者數年」（《宋史·道學一》本傳）因此在當時就獲譽為「好學」青年。他不但能刻苦鑽研書本知識，而且親自出門遊學，瞭解社會實際，曾逾河、汾，涉淮、漢，周遊了齊、魯、宋、鄭之墟。經過一段時間，他幡然省悟道：「道在是矣！」便決定定居於洛陽，不再外出。

由於邵雍享有「好學」的美譽，受到了共城縣李之才的賞識，並親自去邵家訪問。李之才問：「你瞭解物理性命之學嗎？」邵雍答：「希望在這方面得到教誨。」於是「乃師事之才，從其學」。李之才看中了邵雍的才氣，隨後又將《河圖》《洛書》和伏羲八卦及六十四卦圖像傳授給他。邵雍的象數學，從淵源上講，同道教有很深的聯繫。朱震說：「陳摶以《先天圖》傳種放，種放傳穆修，穆修傳李之才，之才傳邵雍。」（《宋史·儒林五·朱震傳》）他指出《先天圖》傳自著名道士陳摶。後來，邵雍著《皇極經世書》，推衍宇宙變化，其思想資料在很大程度上即取材於道教典籍。關於《皇極經世書》的思想來源，徐必達在《邵子全書》的附錄中說：「先生少事北海李之才挺之，挺之聞道於汶陽穆修伯長，伯長以上雖有其傳，未之詳也。」根據朱震所述，穆修以上是種放，種放以上就是陳摶了。

　　邵雍所學與李之才的傳授密不可分，更重要的是他自己能夠「探賾索隱，妙悟神契，洞徹蘊奧」，並且能夠廣覽博取，吸收別家之所成，故其成就多屬自創。

　　邵雍雖然博學多才，「通五經義奧，知古今之變，尤精《易》理」，但終身沒有做官。這並不是因為他沒有做官的機會，而是他自己不願做官，他學成之後，一直在洛陽過著隱居生活。初到洛陽時，生活十分清寒，其家「蓬蓽環堵，不芘風雨，躬樵爨以事父母，雖平居屢空，而怡然有所甚樂」（《宋史·道學傳》）。那時，王安石當政，朝中一批地位和名望很高的舊黨大臣，如富弼、司馬光、呂公著等人都退居洛陽，這些人知道邵雍是一位賢者，對其十分尊敬，並與之結交。嘉佑年間（公元1056—1063年），朝廷下詔尋求隱士，當時的洛陽留守王拱辰積極推薦了邵雍，因被授為將作監主簿，接著又舉進士，補潁州團練推官。對這些官職，他都不願接受，後因固辭，不允，才勉強受命。可是他竟「稱疾」，不去上任。邵雍有詩，寫道：「平生不作皺眉事，天下應無切齒人，斷送落花安用雨，裝添舊物豈須春……」（引自《宋元學案·百源學案》），說明他不願意涉足政事，以免自尋煩惱，只求平平安安生活下去。

　　實際上，邵雍也不是一個真正的隱士，由於他在學術上很有成就，

其先天象數學自能獨具一格，加之他在上流社會中表現出高雅風度，深為當時的儒者和文士們所推崇，在社會上享有較高的聲譽。後來，司馬光等20多人為他籌措了一些錢，買了官地園宅讓他居住。其住宅契寄司馬光名下，園囿契寄富弼名下，田莊契寄王郎中戶名，在上述諸人的庇護之下，邵雍就免去了應交官府的賦稅。當時，他與司馬光、富弼、呂公著、祖無擇等一些舊黨大官僚結為至友，相互往來甚密，常以詩酒唱和。因此，邵雍名為隱士，實際上卻是一位地位很高的社會名流。

邵雍一生著述很多，其代表作有《皇極經世書》和詩集《伊川擊壤集》，一共近百萬字。明代徐必達編有《漁樵問對》《無名公傳》（即《邵雍傳》）和《洛陽懷古賦》等。

二、眼底海闊天空，胸中「春晴日午」

這兩句話，是清乾隆時期，學者王植在《皇極經世全書解》中對邵雍的評語。結合前人所記述的其他有關史料來看，這一評價對邵雍是比較合適的。程頤在《邵雍節先生墓誌銘》中說：「（邵雍）德氣粹然，望之可知其賢。不事表襮，不設防畛，正而不諒，通砥不污，清明洞徹中外……群居燕飲，笑語終日，不取甚於人。」（《明道文集》卷4）這是說，邵雍是一位道德高尚的賢者，為人正派，同人交往有其原則，同而不污。他的頭腦清醒，能洞察明暗，同時又是一個十分樂觀的人。《墓誌銘》還說他為人豁達、開朗，「接人無貴賤」，不擺架子，平易近人。《宋史・道學傳》稱讚邵雍與人交談時不講他人的壞處，喜歡稱道別人的長處，有人向其請教，則有問必答，從不盛氣凌人，「人無貴賤少長，一接以誠」。因此博得人們的好感，正派人士喜歡他的美德，不正派的人也能服其教化。人們認為，他的為人對洛陽一帶的士風有著良好影響。

史書和墓誌銘對邵雍不免有溢美之詞，但至少可以看出他確實具有很多優良品德。

邵雍初到洛陽時，家境十分清寒，雖然過著貧困的生活，仍然自

得其樂。只是因為他後來結交了一批達官貴人，受其資助，生活才變得優裕起來。但司馬光等20餘人為他購置的園宅，規模並不很大，他「歲時耕稼，僅給衣食。名其居曰安樂窩」(《宋史·道學傳》)。當然，既稱「安樂窩」，可能收入不止「僅給衣食」，至少是比較優裕。不過，這只是他死前六七年的事。邵雍的晚年，就是在這樣的生活中度過的。在這樣的條件下，他覺得十分滿足，如他在《擊壤集》的《後園即事》中說：「太平身老復何憂，景愛家園寓在遊，幾樹綠楊陰作合，數聲幽鳥語方休。竹侵舊徑高低迸，水滿春渠左右流，借問主人何似樂，答雲殊不異封侯。」因此，他將自己的園宅稱為「安樂窩」，又自號「安樂先生」。這說明他不但不以做官為榮，而且有不謀取功利的態度。

　　這位安樂先生，在生活上十分安閒自在，「旦則焚香燕坐，晡時酌酒三四甌，微醺即止，常不及醉也，興至輒哦詩自咏」(《宋史·道學傳》)，別有一番情趣。春秋時節，出遊城中，風雨時不出門，出遊時乘一小車，由一人牽拉，喜歡到哪裡就到哪裡，行無定向，無拘無泥。由於他在洛陽結交了很多文人儒士、官僚學者，並在這些人之中享有聲譽，受到「雅敬」，當他乘坐的小車出現，「士大夫家識其車音，爭相迎候」，無論童孺家僕，都歡喜地說：「吾家先生至也。」又據《宋人軼事》，邵雍每當「天色溫涼之時，乘安車，駕黃牛，出遊於諸王公家，其來，各置安樂窩一所，先生將至其家，無老少婦女良賤，咸迓於門，爭前問勞，凡其家父姑妯娌婢妾有爭競，經時不決者，自陳於前。先生逐一為分別之，人人皆得其歡心。厭飫數日。復遊一家，月餘乃歸」。由此可知邵雍的人緣很好。據說當時有十餘家人為他準備了像「安樂窩」一樣的住所，隨時等待他的到來，名曰「行窩」。邵雍去世後，有人寫挽詞雲「春風秋月嬉遊處，冷落行窩十二家」，自此以後，這十二家人就失去了一位十分逗人喜愛的客人，他們對邵雍的逝世感到非常惋惜。

　　從表面上看，邵雍是一位十分樂觀、隨和、與世無爭、不求榮利、安時處順的人。但若從更深層的情況來看他對世事人生的態度，卻又另有情由。作為一個思想深邃的思想家，他對歷史、社會、人生乃至

宇宙萬物都有更深刻的觀察與思考。他對當時所處的社會政治環境之複雜性有比較透澈的瞭解。因此，他對自己應該怎樣立身處世，自有一套人生態度。邵雍之所以不求名利，與世無爭，能夠安時處順，自尋樂趣，是因他從歷史和現實中，看到了許多陰暗面，因而奉行了一套保全自己的處世哲學。關於這一層，可從《擊壤集》的詩篇中看明白。如《安樂窩中吟》組詩中的第一首雲：「安樂窩中職分修，分修之外更何求？」第四首有雲：「安樂窩中萬戶侯，良辰美景忍虛留。」他的職責就是在安樂窩中寫作《皇極經世書》，並且看花、飲酒、賦詩，此外一切，皆無興趣。

自號「安樂先生」的邵雍，與魏晉時期的「竹林七賢」大不相同，他不恣意行樂和狂放不羈，而是適可而止，很有節制。在飲食方面，只是每日晡時（申時）飲酒三四甌，微醺即止。他說：「酌有淺深存燮理，飲無多少系經綸，莫道山翁拙於用，也能康濟自家身。」又有詩雲「美酒飲教微醉後，好花看到半開時」「飲酒莫教成酩酊，賞花慎勿至離披」（《安樂窩中吟》第十一首）。朱熹對此有看法，說：「康節凡事只到半中央便止，如『看花切勿看離披』是也。」有學生問朱熹：「如此則與張子房之學相近。」朱熹說：「固是，康節固有三詩稱贊子房。」這說明邵雍只是求樂，而不是享樂主義者，只是對人生持有達觀態度，故而能夠自得其樂。他還有詩寫道「美譽既多須有患，清歡雖剩且無憂」，這也說明他為什麼不重名位，且能夠「清虛自守」。邵雍的處世態度的確受張良之影響，難怪朱熹說他「有個自私自利之意」（《朱子語類》卷100）。邵雍曾在《張子房吟》中稱贊張良是一個「善始又善終」的人，這就是一證。由於他雖不參加政治活動，但又善於同一些上層人物融洽相處，當時的著名大臣有詩說：「先生不是閉關人，高趣逍遙混世塵」（《邵子全書》卷20）。這無疑是道家「和其光，同其塵」的處世態度。

在當時的政治鬥爭中，雖然他同舊黨大官僚有很好的交情，並且也不贊成王安石的新法，但不應該把邵雍同舊黨官僚相提並論。邵雍為人寬厚，遇事不走極端。如他病重時，敵視新法的程頤去看望他，問道：「從此永訣，更有見告乎？」邵雍「舉兩手」示意說：「前面路

徑須令寬，路窄則自無著身處，況能使人行乎?」(《宋元學案·涑水學案》) 又如，當舊黨領袖司馬光在邵雍面前稱舊黨骨幹人物傅堯俞「清、直、勇三德，人所難兼」，邵雍卻不以為然，說：「清而不耀，直而不激，勇而能溫，是為難耳。」(《宋元學案·涑水學案》) 在他看來，僅有清、直、勇三德並不難，能具有「不耀、不激、能溫」三德才是不容易的。這個事實說明，邵雍並不贊成舊黨的過激行為。這就是他對新舊兩黨在政治鬥爭中的態度。過去一些論者把邵雍等同於一般反對變法的舊黨人物，這是不公允的。

三、先天象數之學，巧繪宇宙圖式

象數之學盛行於漢代，當時的易學家曾運用《周易》的數字模式去解釋天地宇宙之構造及其演化現象。到了魏晉時期，由於王弼首創用「義理」解《易》的方法，此後象數之學漸不為學者所重視。後來，漢代的象數圖籍也只有緯書《周易乾鑿度》被保留下來，象數之學只在民間以神仙方術的形式進行傳播。另外，還有一些隱士在繼續研究，用秘密的方式流傳下來。到了五代末年和北宋初年，有道士陳摶以象數解《易》，後又以《先天圖》的形式傳至種放，又四傳至邵雍。然而，陳摶的象數學不同於漢儒之象數學，他的象數學即所謂「先天學」。因為宋儒稱伏羲之「易」為「先天」，稱文王之「易」為「後天」，研究伏羲之「易」之學謂之「先天學」。所謂先天象數學，就是用象數推演方法去解釋《周易》關於宇宙萬物生成演化的學說。象數學派是哲學史上出現的一個獨特的哲學流派。

邵雍的先天象數學，主要包含在他的《皇極經世書》中。《皇極經世書》的內容十分豐富，體系也很龐大。在這本書中，他力圖構制一個說明宇宙、自然、社會、人生的完整體系，並力求尋找出一個貫穿於整個體系的最高法則。邵雍的學說雖然上有承傳，但《皇極經世書》基本上是用自己創造的象數體系來概括宇宙之間的一切，主要是由他「探賾索隱，妙悟神契，洞徹蘊奧，汪洋浩博，多其所自得者」(《宋史·道學傳·邵雍傳》)。

下面來介紹邵雍的宇宙萬物演化圖式。周敦頤的《太極圖說》所建構的宇宙圖式是從象學推演出來的，邵雍的宇宙圖式則是兼用象學和數學推演出來的，所以邵雍的圖式較周敦頤的圖式更為詳細。

關於宇宙的本原問題，邵雍認為天地萬物是由一個總體的「道」產生出來的。他說：

> 道生一，一為太極；一生二，二為兩儀；二生四，四為四象；四生八，八為八卦；八卦生六十四，六十四具而後天地之數備焉。天地萬物莫不以一為本原，於一而演之以萬，窮天下之數而復歸於一。
>
> (《皇極經世》卷上)

這裡所說的一、二、四、八、六十四就是「數」，與數相對應者是「象」，即太極、兩儀、四象、八卦、六十四卦。

具體地說，作為宇宙本原的「道」演化為天地萬物的過程，就是指道生天地。即「天為陰陽，地分剛柔，剛柔則二分為四。天生於動，地生於靜，此天地之道；動之始陽生，靜之始陰生，此天地之用，剛柔為天地之用。天生出太陽、少陽、太陰、少陰，即日、月、星、辰；地生出太柔、少柔、太剛、少剛，即水、火、土、石」(《皇極經世》卷上)。此處所講的太陽、太陰、少陽、少陰，是為天之四象，它們各自代表的具體物質就是日、月、星、辰、水、火、土、石。《皇極經世》又說：

> 物之大者無若天地，然而亦有所盡也。天之大，陰陽盡之矣；地之大，剛柔盡之矣。陰陽盡而四時(春、夏、秋、冬)成焉；剛柔盡而四維(東、西、南、北)成焉。夫四時四維者，天地至大之謂也。
>
> (《觀物內篇》之一)

「四時」指時間形式，「四維」指空間形式。「四時」「四維」是標誌整個宇宙的總概念。這裡順便指出，既然斷言至大的天地以陰陽和剛柔盡其作用，又表現為「四時」「四維」的宇宙形式，毫無疑問，這個宇宙就是物質性的宇宙。這可以看出，邵雍的宇宙觀是唯物主義的。

前面所講的地之四象為水、火、土、石，也就是說，《皇極經世》是把水、火、土、石作為構成地的基本元素，而不是以金、木、水、火、土為基本元素，這是為什麼？有人認為，邵雍以日、月、星、辰為天之四象，以水、火、土、石為地之四體，這是講的天地之物象，而金、木、水、火、土謂之五行，四象、四體乃先天所具有，五行為後天所生。後天是先天所生，五行乃水、火、土、石所生。水、火、土、石才是最基本的物質基礎，因為金、木、水、火、土都包含於水、火、土、石之中。這是因為，「金出於石而木生於土，有石而後有金，有土而後有木」。

有了日、月、星、辰和水、火、土、石之後，天地之體就形成了。有了天地之體，然後再經過變化，就生成了天地萬物。這個變化的順序如下：

> 日為暑，月為寒，星為晝，辰為夜，寒暑晝夜交而天地之變盡之矣。水為雨（水氣所化），火為風（火氣所化），土為露（土氣所化），石為雷（石氣所化），雨、風、露、雷交而地之化盡矣。

(《觀物內篇》)

接著又說：

> 暑變物之性，寒變物之情，晝變物之形，夜變物之體，性情形體交而動植之感盡矣。雨化物之走，風化物之飛，露化物之草，雷化物之木，走、飛、草、木交而動植之應盡矣。

(《觀物內篇》)

這就是說，有了天地之體，產生了晝夜寒暑，然後有雨、風、露、雷，又有了寒暑晝夜，之後產生動物、植物。經過上述變化，宇宙萬物就產生出來了。

說到這裡，要弄清一個問題，就是邵雍所講的產生萬物的「道」或「太極」的屬性問題。「道」（太極）是物質，還是精神？我們認為，邵雍之作為宇宙本原的「道」「太極」「氣」都是同等程度的範疇。他說：

> 道為天地之本，天地為萬物之本。以天地觀物，則萬物

為物；以道觀天地，則天地亦為萬物，道之道盡之於天地矣；天之道盡之於地矣；天地之道盡之於物矣；天地萬物之道盡於人矣。

(《觀物內篇》之三)

作為天地之體的「道」，可以從天地萬物與它的相互關係中看出其物質屬性。前面講過，天地為陰陽二氣所變，表現為「四時」「四維」的時間、空間形式，是物質性的。所以說，「以天地觀萬物，則萬物為物」「以道觀天地，則天地亦為萬物」「道之道盡於天，天之道盡於地，天地之道盡於物，天地萬物之道盡於人」。十分明顯，這裡的「道」不是精神實體，而是與天地萬物相統一的物質範疇。

在另外一處，邵雍說出了天地之本是氣，認為天地為一氣所生。他說：

本，一氣也。生則為陽，消則為陰，故二者一而已矣。

天，以氣為主，體為次。地，以體為主，氣為次。

(《觀物外篇》上)

既然本為一氣，就是認為宇宙的根本是氣。氣表現為陰和陽，陰陽是二合一的（統一於氣），那麼，太極生陰陽、同氣分陰陽這兩種說法就是一回事了。「天以氣為主，體為次，地以體為主，氣為次」的意思是，天體是以氣為主，其實體為次的物質（因為有形體的日、月、星、辰，僅僅是無限的天體中的次要形式），地主要是由氣凝聚而成的有形實體，其中的氣態物質是次要的東西。總而言之，這就是莊周說的「通天地一氣耳」。在邵雍看來，天和地的分別，只在於氣的聚散不同。如此看來，邵雍講的「道生天地」或「太極生兩儀」，實際上都是說的「氣生天地」。因此，我們認為，邵雍所說的「道」「氣」「太極」，都是同等意義的範疇。

對上述說法，還可以從邵伯溫的一段話中得到證明：

夫太極者，在天地之先而不為先，在天地之後而不為後，終天地而未嘗終，始天地而未嘗始，與天地萬物圓融和會而未嘗有先後始終也。有太極，則兩儀、四象、八卦以至於天地萬物固已備矣。非謂今日有太極而明日方有兩儀，後日乃

有四象八卦也。雖謂之曰太極生兩儀，兩儀生四象，四象生八卦，其實一時具足……是故知太極者，有物先本已混成，有物之後來嘗污損，自古及今，無時不成，無時不在。

(《宋元學案》卷 10)

邵伯溫是邵雍之子，象數學的正宗繼承人，對其父的學說最瞭解，也是最忠實的繼承者，並對邵雍的著作有所發揮。在前面引文中，將太極看作是與宇宙萬物同時存在、不可分離的東西。因為在天地產生之前，整個宇宙是個混沌未分的物質存在，它與天地萬物圓融而不可分別。只有在它分化之後，才有了萬物之別。然而，這時的天地萬物仍然統一於太極，並且各具太極之性。「太極」與天地萬物之別，只在於「太極」是根本、總體，並具有超時空的永恆性和絕對性，而天地萬物則不具備這種特性。由此看來，產生天地萬物的「太極」只能是物質性的，不能說它是絕對精神之類的東西了。

最後，邵雍講到了人。他說：「學不際天人，不足以謂之學。」(《觀物外篇下》)天、地、日、月、星、辰、水、火、土、石和動植物產生之後，當然也產生了人。人是什麼？邵雍認為，人也是萬物之一，但他們是宇宙發展的最高級產物。他說：「人亦物也……人也者，物之至者也；聖也者，人之至者也。」(《觀物內篇》)又說：「萬物之道盡於天矣，天之道盡於地矣，天地之道盡於物矣，天地萬物之道盡於人矣。」(《觀物內篇》)所以人為萬物之靈。人之所以為萬物之靈，在於人有靈於萬物之感官，能收萬物之聲色氣味，更重要的是人有思維，能通萬物之情。他還指出，「萬物都受性於天，但恒又各有其性。在禽獸，則為禽獸之性；在草木，則有草木之性」(《觀物外篇上》)。這就指出了物質的多樣性和統一性，並指出了人高於萬物的原因。

以上的觀點，基本上是合理的。然而，當邵雍講到人的社會性時，立即便從唯物主義轉為唯心論。他說：「天有陰陽，人有正邪；正邪之由，系於上（君）之好也。」(《觀物內篇》)這就是說，人的正邪是由君上之愛好來決定的，歸根究柢是由天之陰陽來決定的。這種說法是不科學的。此外，邵雍又把人分為普通人和聖人，聖人與普通人的不同之處，在於「其能以一心觀萬心，一身觀萬身，一世觀萬世者

焉；其能以心代天意，口代天言，手代天工，身代天事焉；其能以上識天時，下盡地理，中盡物情，通照人事者焉……」（《觀物內篇》）。這就把聖人神祕化了，顯然是唯心主義論調了。

四、象數學派開山，一代理學宗師

在中國儒學思想史上，邵雍的地位是很高的。自儒家學派形成之後，其學說代有傳人。這個學說隨著時代的變化而經受了無數次的考驗，兩宋理學（或稱新儒學）的產生，標誌著中國儒學進入了一個新的復興階段。在理學的創立階段，邵雍和周敦頤、張載、程顥、程頤並稱「北宋五子」，朱熹也把邵雍同周、張、二程和司馬光並稱為道學的「六先生」。上述諸人都是理學的創始人，他們的學說在理學陣營中各具特色，各成學派。然而，諸人都以儒學為宗，為探討、發揮「六經」「四書」之義理，以振興儒學為志。

在邵雍的《皇極經世書》中，同其他幾位理學開創人一樣，也講到太極、道、陰陽、理、氣、天地、人、物、神、性、情、命等一系列範疇，用以說明宇宙的起源和演化，說明社會人生之義諦。理學家們就是用這些基本範疇來建構自己的學說和思想體系的。自北宋開始，至明、清七百餘年之間，理學的內容不斷豐富和完備，然其基本框架結構則是「北宋五子」所創建的。

自宋初開始，由於陳摶的倡導和傳授，象數學便逐漸興起，並且發展為獨具風格的思想流派。自邵雍開始，象數學又變成了理學家借以表達理學思想的一種重要形式，他是第一個用象數學理論和方法建立理學思想體系的理學家，是先天象數學的開創者。《皇極經世書》是用一種特殊方式解《易》的重要著作，其中也體現了《大學》《中庸》《春秋》等儒家經典的主要思想。從表面上看，《皇極經世書》與《周易》不甚相干，其實這部書同《周易》有著極為密切的聯繫。其中的太極、兩儀、四象、陰陽、剛柔、八卦、六十四卦等都是《周易》中的基本內容，也是《皇極經世書》中的基本範疇，只是作者用了新的構思，並賦予新意，這一層面早已被朱熹看透。他說：「某看

康節《易》了，都看別人的不得。」(《朱子語類》卷100) 這裡說的是康節《易》，指的就是《皇極經世書》，「都看別人的不得」是朱熹對康節《易》的推崇。自朱熹以後，理學家差不多都從邵雍那裡吸收了許多思想來豐富他們的理學思想。就象數學派這個系統來看，自邵雍創立體系之後，他的兒子、門人都熱衷於象數學研究，並且形成一個獨具風格的學派，流傳於中國學術思想史的發展過程中。

理學鼻祖
周敦頤

一、銳於求志，得聖賢不傳之學

> 老子生來骨性寒，宦情不改舊儒酸。
> 停杯厭飲香醪水，舉箸半餐淡菜盤。
> 事冗不知精力倦，官清贏得夢魂安。
> 故人欲問吾何況，為道舂陵只一般。
>
> （周敦頤《任所寄鄉關故舊》）

這首詩是周敦頤50歲（公元1066年）在永州做通判官時寄給家鄉族人的自況詩。從詩中可以看出，他雖然做官多年，並未由此而改變自己的儒士本性和對聖人之道的執著追求，一直過著亦官亦儒的生活。另外也可看出，周敦頤在物質生活上並不寬裕。

從26歲開始，周敦頤就進入仕途，做了30年的地方官，主要是做司法官，建立了一些政績，受到當時一些士大夫的讚揚。在30年的政治生涯中，除了按當時的政治要求做好本職工作之外，周敦頤幾乎把全部精力投入了對儒學的研究與傳授之中。因此，無論在政治上還是在學問上，都獲得了很高的聲譽。下面概略介紹一下這位理學開山祖師的行事與為人。

周敦頤，字茂叔，原名敦實，因避宋英宗舊諱而改名敦頤，道州營道（今湖南道縣）人，生於宋真宗天禧元年（1017年），卒於宋神宗熙寧六年（1073年），諡號元，稱元公。他曾建書堂於廬山之麓，因堂前有一溪，乃以其家鄉濂溪為之命名，又將其書堂取名為濂溪書堂，晚年定居於此，故後人又稱他為濂溪先生，把他創立的學派稱為

「濂學」。其父周輔成，賜進士出身，官至賀州縣令，於周敦頤15歲時去世。宋仁宗天聖九年（1031年），年少的周敦頤隨其母從營道到京師開封，投靠舅父龍圖閣直學士鄭向，在鄭的撫育下成長。24歲時，因其舅父的蔭子關係，被朝廷任命為洪州分寧縣主簿。到任後，該縣有一疑案久不能決，周敦頤在解決此案中便初次顯示了他的才能。慶歷四年（1044年）調南安軍司理參軍。第二年，南安有一個獄囚，按法律不應被處死，而轉運使王逵卻決定嚴加處理，眾官雖覺不當，但他們懾於王的權勢，不敢出面講話，只有敦頤獨能據理力爭。王逵不聽，他便棄官而去，氣憤地說：「如此尚可仕乎？殺人以媚人，吾不為也。」（《宋史・道學傳》）王逵終於省悟，放棄了原來的意圖，囚犯免於死刑。宋仁宗慶歷六年（1046年），二程的父親大理寺丞程珦在南安認識了周敦頤，見他「氣貌非常人」，與之交談，更知其「為學知道」，同他結為好友，隨即將兩個兒子程顥、程頤送至南安，拜敦頤為師受業。是年冬，移郴州郴縣（今湖南郴縣）縣令，宋仁宗皇佑二年（1050年）改任桂州桂陽（今湖南桂陽）令。因其在郴州和桂陽皆有治績，得到了達官們的賞識和推薦，於仁宗至和元年（1054年）改授大理寺丞，知洪州南昌縣（今江西南昌）。到任時，當本地人得知他就是當年在分寧做官時能辨明疑案的周敦頤，就高興地說：「是能辨分寧獄者，吾屬得所訴矣。」（《宋史・道學傳》）仁宗嘉佑元年（1056年）改太子中舍，簽書署合州判官，共計五年。嘉佑六年（1061年），遷國子監博士，通判虔川。宋英宗治平元年（1064年）移任永州通判。宋神宗熙寧元年（1068年），轉虞部郎中，擢提點廣南西路刑獄，次年移知南康軍。熙寧五年（1072年）定居於廬山濂溪書堂，次年六月病死於此，終年57歲。

縱觀周敦頤的政治生涯，其官階並不顯赫，始終是地方官吏，如主簿、縣令、州判官、知州軍等，主要是做司法工作，其政績亦表現在司法工作之中，在當時算得上是一位清官。後來，黃庭堅稱頌他「人品甚高，胸懷灑落，如光風霽月，廉於取名而銳於求志，薄於徼福而厚於得民，菲於奉身而燕及煢嫠，陋於希世而尚友千古」（《宋史・道學傳》）。《年譜》記載說：「先生素貧，初入京師，鬻其產以行，擇留

美田十餘畝，畀周興耕之。」潘興嗣說周敦頤在洪州南昌做官，得過一場大病，去看望他時，「視其家，服御之物，止一敝篋，錢不滿百」（《濂溪先生墓志銘》）。《年譜》又說：「先生平日俸祿，悉以周宗族，奉賓友，乃分司而歸，妻子饘粥或不給，曠達不以為意。」這些評語，不免有溢美之詞，但至少反應了周敦頤在精神生活上不失為一位光明、正直、清高的「君子儒」，他在物質生活上是比較清貧的。

在30年的政治生涯中，周敦頤一面做官，一面潛心於儒家學說的研究和傳授。他既是一位官員，又是一位出色的儒學大師。據《年譜》說，他在郴縣為縣令時，「至縣，首修學校，以教人，在合州五年，與士大夫廣為交結，士之從學者甚眾」。在代理邵州時，更是大開講學之風。當時的荊湖北路轉運史孔延之在《邵州新遷學記》中贊頌他：「周君好學博通，言行政事，皆本之六經，考之孟子，故其所設施，卓卓如此。異時宋史書周君之善，以為後世法，未必不以邵學為先」（《周子全書》卷17）。至此，周敦頤已被看作是一位應當青史留名的儒學大師。周敦頤在邵州還寫了《邵州新遷學釋祝文》，其中稱頌孔子說：「惟夫子道德高厚，教化無窮，實與天地參而四時同……施其道，澤及生民者，代有之，然而夫子之宮可忽歟！」（《周子全書》卷17）這說明他也認為自己是復興儒學、施行孔子之道的一代大師了，二程兄弟在周敦頤門下受業，為時不到一年，受其熏陶極深。《宋史‧道學傳》稱程顥「自十五六時，與弟頤聞汝南周敦頤論學，遂厭科舉之習，慨然有求道之志」。程顥亦有自述云「昔受學於周茂叔，令尋顏學仲尼樂處，所樂何事」（《宋元學案‧明道學案》）。所謂「尋顏學仲尼樂處」，就是以追求學做聖人為樂趣，把學做聖人作為自己所追求的理想境界。後來，周敦頤又把自己所著的《太極圖說》傳給二程。二程所學雖不完全出自周敦頤，但受周的啓迪確實很深。南宋時期的胡宏也贊譽周敦頤「啓程氏兄弟以不傳之妙」。這個說法是有其根據的。

周敦頤還是一位善於啓人心智的高明導師。《宋史》記述說：「侯師聖學於程頤，未悟。訪敦頤，敦頤曰：『吾老矣，說不可詳。』留對榻夜談，越三日乃還。頤驚異之，曰：『非從周茂叔來耶？』其善開發

人如此。」程頤的學生侯師聖聽不懂老師所講的道理，就去向周敦頤請教，經周的開導與啟發後，茅塞頓開。程頤知道後，立即猜測到，這個學生一定向周敦頤請教過了。這件事不僅說明周敦頤啟發了侯師聖，同時也說明程頤當年受周的開發教導記憶猶新。另據周敦頤《年譜》記載，宋仁宗嘉佑五年（1060年），王安石為提點江東刑獄時，聞周敦頤之名，特向他請教。二人相遇，「語連日夜，安石退而精思，至忘寢食」。由此可見，周敦頤不僅善於開導人，同時也說明他當時在學者中具有很好的社會影響力。

周敦頤的著作，流傳於今的有《太極圖說》《易通》（又名《通書》）、《愛蓮說》《拙賦》等。據考證，已佚亡的著作還有《姤說》《同人說》各一篇。《姤說》和《同人說》都是對《周易》六十四卦中姤、同人兩卦的解說，它們是獨立於《易通》之外的兩篇著作。在上述著作中，以《太極圖說》和《易通》的影響為最大，這兩部書集中體現了周敦頤所開創的宋明理學的思想基礎，塑造了兩宋理學的雛形，為爾後博大精深的宋明理學的建立提供了核心的框架，所以周敦頤被譽為「得聖賢不傳之學」的理學開山。

二、情志清高，寓懷於塵埃之外

周敦頤做了近30年的地方官，其地位並不顯赫，生活也比較清苦，在當時的社會氣氛中，算得上是一位清廉正直的官員。他在道德情操和生活作風上，不與世俗同污；在精神生活上，具有獨特的性格特徵。他既是一個官吏，又是一位儒師，既自詡為儒學正宗，又兼有佛徒風骨和仙道氣派。身雖在官，又常寄情懷於方外。詩人黃庭堅說他「茂叔雖仕宦三十年，而平生之志，終在邱壑」（《濂溪祠並序》《周子全書》卷19）。

宋仁宗嘉佑六年（1061年），周敦頤出任虔州（今江西贛州市）通判。路過江州（今江西九江市）時，「愛廬山之勝，乃有卜居之心」，於是「乃築堂於其麓」。書堂前面有一溪流，發源於廬山蓮花峰下，周敦頤將其取名為濂溪，決定退休後定居於此，以遂其隱居山林

之志。

宋仁宗嘉佑八年（1063年），他寫了一篇文字優美、寓意深刻、至今仍被人們愛慕和樂於欣賞的好文章《愛蓮說》，用以寄寓自己的情懷和道德品性。全文只有二百餘字，不妨抄錄於下：

　　水陸草木之花，可愛者甚蕃。晉陶淵明獨愛菊，自李唐以來，世人甚愛牡丹。餘獨愛蓮之出於淤泥而不染，濯清漣而不妖，中通外直，不蔓不枝，香遠溢清，亭亭靜植，可遠觀而不可褻玩焉。予謂菊，花之隱逸者也。牡丹，花之富貴者也。蓮，花之君子者也。噫！菊之愛，陶後鮮有聞。蓮之愛，同予者何人？牡丹之愛，宜乎眾矣。

周敦頤稱蓮花為「花中君子」，借以比喻自己，表明自己身雖在官，但並不追求榮華富貴，只想做一位高尚的「君子」。希望像蓮花一樣，「出淤泥而不染，濯清漣而不妖，中通外直……清遠溢香，亭亭靜植」，他既是一個高尚的「君子」，又是一個自性、清淨、佛性常住的方外之人。周敦頤的「濂溪書堂」又名「愛蓮堂」。據傳，發源於廬山蓮花峰下的濂溪的水中有蓮。廬山也曾經是東晉高僧慧遠同陶淵明等人組織「蓮社」的故地，是個佛教勝地。周敦頤在這裡寫作《愛蓮說》，與佛教頗有關係。據專家們考證分析，蓮花為佛教之花，佛經《華嚴探玄記》就以蓮花來比喻佛性。如書中說：「如蓮花自性開發，譬如真如自引開悟，眾生若證，則自性開發。」又說：「如蓮花有四德，一香，二淨，三柔軟，四可愛，譬如真如四德，常樂我淨。」《愛蓮說》表現了周敦頤的思想，他接受並融匯了佛家的佛性說，他把蓮花的特性比喻為天賦的人性至善和清淨不染。以「出於淤泥而不染」的蓮花之性，說明理想的聖人之性，說明聖人之性的至善至美。在周敦頤看來，淤泥好比那污染人性的人欲，為達到聖人的至善境界，就必須去污存淨，去欲存誠。這種思想也充分體現在他的《太極圖說》和《易通》之中，這是他巧妙地吸取了佛教思想，用以完善儒家人性道德論的一種表現。

周敦頤不僅受佛教思想影響較深，同時也接受了道教思想。他的《太極圖說》，就把道教的世界觀與修煉方法融合於儒家經典，是對儒

家思想進行充實和再造的成果。他的新儒學思想，就是將佛、道思想中可為儒學容納的東西匯通於儒家學說的產物。朱熹稱周敦頤有仙風道骨。為周敦頤作《墓碣》的蒲宗孟說他「以仙翁隱者自詡」「與高僧、僧人跨松夢，躡雪嶺……彈琴吟詩，經夜不返」。他自己也常常作詩，寄情於仙道之境。如在《題豐都觀三首》裡寫道：

　　山盤江上虬龍活，殿倚雲中洞府深。欽想真風杳何在，偃松喬柏共蕭森。

　　始觀丹訣信希夷，蓋得明陰造化機。子自母生能致主，精神臺後更知微。

　　久厭塵坌樂靜元，俸微尤乏買山錢。徘徊真境不能去，且寄雲房一榻眠。

上述史料，已經能夠大致地說明周敦頤的精神風貌。後來蒲宗孟在《墓碣》中也說他是一個「孤風遠操，寓懷於塵埃之外，常有高栖遐遁之意」的人。

三、《太極圖說》繪宇宙生成演化

　　《太極圖說》是周敦頤理學體系的主體框架。《圖說》有圖有文，以文解圖，用圖式和文字說明的方式，提綱挈領地對宇宙的發生、發展過程進行了抽象的概括。在這篇著作中，概述了他從宇宙自然到人道性命的基本思想。這篇著作同他的《易通》互為表裡，共同構成了作為理學開山的儒家典籍。從宇宙觀上來講，以往的儒家學說，基本上還沒有從哲學高度建立起一個比較完整的宇宙發生、發展模式，這項工作基本上是由周敦頤來完成的。

　　考前人研究，一般認為周敦頤的《太極圖說》，是他以儒家經典《周易》和《禮記·禮運篇》為根據，又汲取和融匯了道家及道教的一些與之有關的思想資料，按照自己的構思，設計而成的。

　　首先看看《圖說》原文：

　　　　無極而太極。太極動而生陽，動極而靜，靜而生陰，靜極復動。一動一靜，互為其根；分陰分陽，兩儀立焉。五行

一陰陽也，陰陽一太極也，太極本無極也。五行之生也，各一其性。無極之真，二五之精，妙合而凝。乾道成男，坤道成女。二氣交感，化生萬物，萬物生生而變化無窮焉。唯人也得其秀而為靈。形既生矣，神發知矣，五性感動而善惡分，萬事出矣。聖人定之以中正仁義（自註：聖人之道，仁義中正而已矣）而主靜（自註：無欲故靜）立人極焉。故聖人與天地合其德，日月合其明，四時合其序，神鬼合其吉凶。君子修之吉，小人悖之凶。故曰：「立天之道，曰陰與陽；立地之道，曰柔與剛；立人之道，曰仁與義。」又曰：「原始反終，故知死生之說。」大哉易也，斯其至矣。

其次看看上圖同道教經典《道藏》中的《上方大洞真元妙經品圖》之《太極先天圖》的關係。

據歷代學者考證，周敦頤的《太極圖》，是他對《太極先天圖》進行改造而成的。這在史書的記載中是有據可查的。《宋史·儒林傳》說：「震（即朱震，筆者註）經學深醇，有《漢易解》雲：『陳摶以先天圖傳種放；放傳穆修；穆修傳李之才；之才傳邵雍。放以河圖洛書傳李溉；溉傳許堅；許堅傳範諤昌；諤昌傳劉牧。穆修以太極圖傳周敦頤。』」又據清代學者毛奇齡說，周敦頤的《太極圖》，與彭曉在《參同契》中所繪製的「水火筐廓圖」「三五至精圖」，也有密切的關係。他認為，《太極圖》的第二圖，就取材於《參同契》的「水火匡廓圖」，第三圖取材於《參同契》的「三五至精圖」。

黃宗炎和朱彝尊認為，周敦頤的《太極圖》本名為《無極圖》。原來陳摶在華山時，把《無極圖》刻在石壁之上。

《無極圖》的最下邊一圈為玄牝之門；稍上一圈名為「煉精化氣」和「煉氣化神」；中層左木火，右金水，與中土聯絡之構圖稱為「五氣朝元」；其上圈黑白相間之圓稱為「取坎填離」；最上一圈名為「煉神還虛，復歸無極」。黃宗炎說：「周子得此圖而顛倒其序，更易其名，附於《大易》，以為儒者之秘傳。蓋方士之訣，在逆而成丹，故從下而上；周子之意，在順而生人，故從上而下……更最上圈煉神還虛、復歸無極之名曰無極而太極……更其次圈取坎填離之名曰陽動陰

靜……更第三圈五氣朝元之名曰五行各一性……更第四圈煉精化氣、煉氣化神曰乾道成男、坤道成女……更最下圈玄牝之門名曰萬物化生。」

　　黃宗炎的考證和說明很使人信服，他揭示了周敦頤是怎樣把表示方士修煉之術的《太極先天圖》改造為論說天地人物生成演化的《太極圖》。然而，事情又不是如此簡單，周敦頤是一位儒學功底很深、思想深邃的理論家，他的宇宙演化論，不是簡單地抄襲道教煉丹術。作為宋代理學開山，他除了具有堅實而豐富的儒學知識之外，更廣泛和精要地吸收、融合了儒家以外的其他思想資料，特別是對道家、道教思想有著豐富和深刻的瞭解。他的理學思想體系，就是在這樣的基礎上，巧妙地將儒、道融為一體而建立起來的。

　　其次分析一下《太攝圖說》的內容：

（一）關於《太極圖說》的思想來源

　　首先應當指出，周敦頤著《太極圖說》，是以《易傳》為根據，是對《易傳》的一種別出心裁的闡發。眾所周知，《易傳》是儒家主要經典之一（後來又是道教的重要經典之一），《太極圖說》的基本依據是《易傳》。如《圖說》中所說，「太極動而生陽。動極而靜。靜而生陰。靜極復動。一動一靜，互為其根。分陰分陽，兩儀立焉」。這些話就是對《周易・繫辭》的「易有太極，是生兩儀」的解釋。

　　《周易》強調「變易」，就是《圖說》所講的「動」；《周易》講「陰陽」，就是《圖說》的「陰陽」；《周易》講陰陽互動，即是《圖說》的「動而生陽，靜而生陰，一動一靜，互為其根」。《太極圖》中從上到下的第二圈（水火匡廓，取坎填離）所示的黑白相雜的符號，就是把《周易》八卦中的坎、離二卦變成圓形並相互聯結，其中中線的左邊表示離（火），右邊表示坎（水）。《圖說》又說「二氣交感，化生萬物，萬物生生而變化無窮焉」。是對《繫辭》「生生之謂易」做了更詳細的說明。另外，《圖說》的最後又引用了《易傳・說卦》中的「立天之道，曰陰與陽，立地之道，曰柔與剛，立人之道，曰仁與義」。總之，《圖說》從宇宙起源到人道的建立的整套宇宙模式的理論，可以說都是基於對《易傳》思想的繼承和發揮。

其次，《圖說》也汲取了陰陽五行家關於宇宙起源論的一些思想資料。《圖說》雲「陰變陽合，而生水火木金土。五氣順布，四時行焉」「五行之生也各一其性」「二五之精，妙合而凝，乾道成男，坤道成女」等都是從五行說中而來的。

最後，《圖說》還汲取了道家和道教思想中的「無極」這一概念。如《圖說》中的「無極而太極」和「無極之真」等。其中的「無極」成了他的宇宙起源論的主要範疇。「無極」一詞，出自於《老子》第二十八章的「常德不忒，復歸於無極」。這個「無極」早在道教的《無極先天圖》中就被使用並使之成為方士修煉的歸宿點。此外，《圖說》有「主靜」「無欲」等語，「無欲一詞出自《老子》第五十七章的「我無欲而民自樸」，「主靜」一詞出自《老子》第二十六章的「靜為躁君」和第五十七章的「不欲以靜」。因此，《圖說》中的「無極」這個概念和「無欲故靜」這一命題，都是從道家與道教那裡而來的。

(二) 關於《太極圖說》的宇宙生成發展理論

《太極圖說》是一個言簡意賅的宇宙發生、發展論綱。其全文僅二百餘字，後來卻被奉為「有宋理學之宗祖」，因為它是中國思想史上第一次系統、完整地論述宇宙發生、發展的著作，它對今後儒家學說的更新與發展產生了極其重大的推動作用。

現在我們來看看《太極圖說》的宇宙模式論是如何說明宇宙生成演化的。

據前人考證，現存的《太板圖說》並不是周敦頤原著的全貌。這是因為，現存的圖說是經過朱熹「校定」整理過的。在朱熹「校定」的《太極圖說》出現以前，就有一個《太極圖說》的舊本流行於世。據清初學者毛奇齡考證，這個舊本就是周敦頤的原本。朱熹「校定」此《圖說》時，根據自己的觀點對它做了一些修改。他把舊本《圖說》的第一句「無極而生太極」改為「無極而太極」。「無極而生太極」說明「無極」為世界的總根源，「無極而太極」說明「太極」是世界的總根源。因為朱熹不承認「太極」之上還有「無極」，他按自己的觀點把太極作為世界的總根源，同時又把太極解釋為「理」，認

為只有「理」才是世界的真正本源。經過他的修改,「無極」二字雖被保留下來,卻變成了「太極」的修飾語,不再是生「太極」的宇宙最初根源了。朱熹解釋說,「無極而太極」就是「無形而有理」。這種解釋顯然是牽強附會,與周敦頤的原意不符。在周敦頤的《太極圖說》中,根本就找不到一個「理」字,他的《圖說》對「無極而太極」本來就有明確的解釋。如其中說:「五行一陰陽也,陰陽一太極也,太極本無極也。」「太極本無極」已經清楚地說明了太極生於無極的觀點。總之,在周敦頤看來,「無極」才是宇宙的最初根源,而朱熹卻認為「太極」(理)就是宇宙的最初根源。朱熹將自己的觀點強加於周敦頤,其目的是為自己的宇宙發生論張目。

以上說明了周敦頤主張宇宙最初根源為「無極」。下面探討一下,這個「無極」究竟是物質性的還是精神性的,然後分析一下《圖說》的宇宙演化過程說。

先說第一個問題。周敦頤認為,作為天地萬物總根源的「無極」是宇宙的胚胎,是尚未分化成形的一種混沌狀態的物質材料。

前面講過「無極」一詞出自《老子》「知其雄」章,在那裡,老子把「無極」比作尚未散而為器的「樸」。後來的學者,如朱彝尊也認為,周敦頤在《太極圖說》中的「無極」是具有物質性的、混沌狀態的天地萬物之胚胎(其說見《周子全書》卷15、16)。

既然明確了《太極圖說》中,作為宇宙最初根源的「太極」是物質性的,這就可以確定周敦頤的宇宙論是唯物主義觀點。從這個觀點出發,再看看《太極圖說》的宇宙演化過程。《太極圖說》認為,宇宙的生成發展大致經過了如下幾個階段:

第一階段為「無極而生太極」。

前面講過,「無極」不是絕對的「無」,它是宇宙最初的原始狀態,是具有物質性的,處於混沌的天地未分的萬物之胚胎,是老子所說的「樸」或「無」。老子的「無」也不是絕對的空無,它是未散為「器」的「樸」,是宇宙未分為具體物象時的混沌狀態。「太極」則是由不具任何物象的物質「無極」演化而來的,是一種有了最初時空界限和含有分化機能的、具有運動和靜止性能的有形物質。這就是《圖

說》講的「太極……動極而靜」「靜極復動，一動一靜，互為其根」。這是說，所謂「無極而生太極」或「自無極而太極」，說明具有變化機能和初具物態的「太極」，是由「無極」演化而來的。

　　第二階段為從「太極」到陰陽。

　　宇宙發展的第二階段是從「太極」到陰陽，「太極」之中蘊含的動靜機能，使之分化為陰陽。《圖說》雲：「太極動而生陽，動極而靜，靜而生陰。」這就是說，在「太極」的運動中產生了陽氣，靜止中產生了陰氣。宇宙的原初物質發展到陰陽的階段，不但有動有靜，而且動靜相互依存、相互轉化、互為其根，於是便出現了天地之判分。這就是說，天地是在物質發展到分陰、分陽的階段上形成的。

　　第三階段為從陰陽到五行。

　　宇宙發展的第三階段，由陰陽二氣相互作用而演化為「五行」（指構成天地萬物的五種基本物質元素，即水火木金土）。《圖說》說「陽變陰合而生水、火、木、金、土」。周敦頤認為，「五行」就是五氣，因為它們和陰陽一樣，也是氣的一種形態。但這是比陰陽更為高級的物質形態，它們各自具有比陰陽更為具體的形態和性質。「五行之生也，各一其性」，說的就是這個意思。物質發展到「五行」階段，出現了四季的變化，《圖說》中的「五氣順布，四時行焉」，說的就是這個意思。

　　第四階段為從「五行」的運動到萬物化生。

　　《圖說》雲「無極之真，二五之精，妙合而凝，干道成男，坤道成女，二氣交感，化生萬物，萬物生生而變化無窮焉」。這是說，由「無極」之精髓同陰陽五行中的精細成分巧妙凝合，就產生了天地之間的男女、牝牡、雌雄，由陰陽二氣的交感和五行的不同特性相互作用，才出現了天地萬物，而萬物的變化和發展又是生生無窮的。

　　綜上所述，周敦頤的宇宙發生論，可概括為這樣一個公式：無極—太極—陰陽—五行—天地萬物。

　　周敦頤的《太極圖說》從宇宙的生成到人類的產生，都堅持了唯物主義路線，這在當時是十分可貴的思想。歷史上許多樸素唯物主義哲學家，在講宇宙自然的時候，能堅持唯物論，但當他們一涉及人類

社會問題時，就不可避免地滑入了二元論或唯心論。周敦頤則不是這樣，他認為人類化生同萬物化生一樣，也是由「無極之真、二五之精，妙合而凝」所成，人與萬物的不同之處，在於人所秉受的是「無極之真、二五之精」中最精華的部分。他說「唯人也得其秀而為靈，形既生焉，神發知矣」(《圖說》)，人類具有高於萬物的靈氣和思維等特性，就是因為人得到了「無極之真」和「二五之精」中的最精華的部分。

總之，周敦頤的宇宙生成發展論，自始至終都堅持了唯物主義的觀點。

四、周子《通書》，論性命道德之本

周敦頤的重要著作除《太極圖說》之外，還有《通書》，《通書》亦名《易通》。名為《易通》，說明它是一部講《易》的著作。《易通》全書40章，全文2,601個字，文字十分簡約，但其論及的問題卻很廣泛和深刻。雖然是一部解《易》的書，它的風格卻不同於當時其他易說著作。這部書不對《周易》進行逐卦逐句的解說，只是有選擇地引用了《周易》中的若干經文，進行闡述、發揮，用以表述自己的觀點。《易通》所涉及的卦名只有乾、損、益、家人、睽、復、無妄、訟、噬嗑、蒙、艮等部分。他認為，《易》集中體現了天地形成的奧秘和聖人之道的高深莫測。不過，《易通》又不僅僅是一部易學著作，其中還容納和貫通了《中庸》中「誠」的思想，也涉及了《論語》《春秋》《大學》《樂記》中的一些內容。《易通》也是對《太極圖說》的具體補充，二者相輔相成，互為補充，共同展現了周敦頤的理學思想。

《易通》除進一步闡述宇宙論之外，還著重闡述了人性和道德問題。

《易通》裡的宇宙論，同《太極圖說》基本一致，但其論述則更加詳細。《易通》強調了「誠」的概念，「誠」在全書中具有最高德性的含義。在作者看來，「誠」是宇宙的中心，又是聖人之大本。《易

通》說：「誠者聖人之本，『大哉乾元，萬物之始』，誠之源也。『乾道變化，各正性命，誠斯立焉。純粹至善者也』。」（《誠上》）這是說，誠源於世界的最初本原，是天地萬物之本性。因此，它就是聖人立身之德，是五常（仁、義、禮、智、信）之根本，又是「百行之原」，是至善的道德源泉。

就人性道德論來說，《易通》認為「誠」是人的一種最高超、最理想的道德境界。如其曰：「聖，誠而已矣。」人們在道德修養上一旦達到了「誠」，那就達到了至高至善的道德境界，實現了心靈的淨化，變為最完善、最高尚的聖人。但是，一般人的本性不都是至善的，所以，《易通》把人性分為剛、柔、善、惡、中五品。它再把剛與善相結合的人性稱為剛善，把剛與惡結合的人性叫作剛惡，把柔與善結合的人性稱為柔善，把柔與惡相結合的人性叫作柔惡。所以，實際上他認為人性表現為剛善、剛惡、柔善、柔惡和中性五類，總括起來仍然表現為善、惡、中三品。《易通》認為，剛善、柔善都還不是最好的人性，只有合乎中的人性才是最完善的，即「惟中也者，和也，中節也，天下之達道也，聖人之事也」。其他四種人性或全惡、或不完善。因此，最高理想的人生目標，應該是「日易其性，自至其中而止矣」。這是《中庸》中「致中和」的思想同人性論相結合的表現。所謂「中」，就是中正仁義。怎樣才會具有中正仁義的美德呢？《易通》提出了「無欲」「主靜」的修養方法。「主靜」的關鍵在於「寡欲」。《通書·聖學章》說：

聖可學乎？曰：可。曰：有要乎？曰：有。請問焉。

曰：一為要。一者無欲也，無欲則虛靜動直。虛靜則明，明則通。動直則公，公則溥，明通公溥，庶矣乎！」

(《周子全書》卷9)

為什麼無欲則「虛靜動直」？由於沒有個人私欲作怪，心則虛靜，虛靜就能明通事理，在虛靜中產生的行為是直接的行動。這就是所謂「靜虛動直」。為什麼動直則公？既能虛靜，則其動機正直，公道無私。何謂「公則溥」？《易通》說「天地至公而已矣」，像天地那樣至公無私，這就是「公則溥」。總之，要做到「無欲」，才能「靜」

「明」「通」「直」「公」，達於聖人的境界。周敦頤提倡的「寡欲」「無欲」，被後來的理學家發展成為「去人欲、存天理」的禁欲主義說教。

在《易通》的《禮樂》章中，周敦頤論述了禮樂問題。他第一次把維持封建制關係的「禮」提到了「理」的高度，即「禮，理也；樂，和也。陰陽理而後和。君君，臣臣，父父，子子，兄兄，弟弟，夫夫，婦婦，萬物得其理然後和」。禮樂的作用是維護封建秩序，這就是把禮作為規範人的思想的工具，把樂作為調和人際關係的工具，從而使這個社會既有等級秩序又能和諧統一。上述思想被二程、朱熹等理學家進行了繼承和發揮，又把「禮」提升到宇宙本體的高度。「天理人欲之辨」，應該說是由周敦頤開其端緒的。

五、理學開山，啓曠世儒學新風

宋代理學的產生，是中國儒學的第二次復興（第一次儒學復興出現於西漢時期）。儒家學派形成以後，隨著時代的變化而經受了多次的嚴重考驗，但它始終能夠延綿不絕地發展下去。其主要原因之一，就是它能夠順應一定的時代要求而進行自我更新。儒學不是一個封閉的體系，它本身就具有自我更新的能力，作為六經之首的《周易》，即強調變易。儒家學說的最大優點，就是它自西漢以來，就不斷吸取中國傳統文化中其他學派，如陰陽、五行和釋、道思想中能為自己所能容納的東西來不斷豐富自己。在北宋真、仁兩朝就出現了一批儒家學者承接了韓愈的「道統說」，開始了儒學的第二次更新活動。黃百家說：「宋興八十年，安定胡先生（即胡瑗），泰州孫先生（即孫復），徂萊石先生（即石介）始以師道明正學，繼而濂、洛興矣。故本朝理學，雖至伊洛而精，實自三先生而始。」（《宋元學案·泰山學案》）他們在學風上不重訓詁而著重探討義理，揭開了借用儒家經典來建造自己理論體系的序幕。

又《宋元學案·濂溪學案》上有黃百家一段案語：

孔孟而後，漢儒止有傳經之學。性道微言，絕之久矣。

> 元公（周敦頤）崛起，二程嗣之，又復橫渠（張載）諸大儒輩出，聖學大昌……若論闡發心性義理之精微，端數元公之破暗也。

這個案語指出了周敦頤是第一個闡發「心性義理」之學的人，他打破了理學家所謂孔孟而後道統中斷的千年幽暗，使儒家的聖學重新昌盛起來，重放光明。這段評語基本上是符合事實的。周敦頤在其生前的學術地位並不太高，只是由於他開啟了宋代新儒學的一代新風，故其影響越來越大。南宋初期的胡宏說他「啟程氏兄弟以不傳之妙，一回萬古之光明，如日麗天……其功蓋在孔孟之間」。他的學說在後來又被朱熹等人發揚光大。周敦頤被朱熹譽為「先覺」，被張栻尊為「道學宗主」。可見其在理學開創事業上的作用之大。

在這裡，我們不妨引用侯外廬、邱漢生、張豈之三位先生在《宋明理學史》中的一段話，用以結束對他的論述：

> 周敦頤的理學思想，對爾後七八百年的學術發生了廣泛而深刻的影響。《太極圖·易說》《易通》成了理學不刊經典，甚至比作《論語》《孟子》。周敦頤在宇宙論、性論、道德論、教育論、政治論中所提出的問題和哲學範疇，如無極、太極、陰陽、五行、動靜、性命、善惡、主靜、鬼神、生死、禮樂、誠、無思、無為、無欲、幾、中、和、公、明、順化等等，為爾後理學家所反覆討論和發揮。

周敦頤作為理學開山的始祖，其理論早已成為定論，對歷史影響非常深遠。

史林宗匠

司馬光

一、生於貴冑之家，勤奮好學忘寢餐

司馬光字君實，北宋陝州夏縣（今山西夏縣）涑水鄉人，學人稱「涑水先生」，生於宋真宗天禧三年（1019 年），卒於宋哲宗元佑元年（1086 年）。其家世代貴冑，遠祖是西晉皇族平安獻王司馬孚，原籍河內（今河南沁陽）。司馬孚之裔司馬陽，是北魏的徵東大將軍，死後葬於陝州夏縣涑水鄉的高堠里，其子孫便於此地家居，因以為籍貫。此後這個家族的政治地位開始下降，司馬光的高祖司馬休、曾祖司馬政、伯祖司馬炳皆因五代戰亂沒有做官。到了北宋初年，司馬光的祖父司馬炫又考中了進士，當了官。司馬炫雖然只做過縣官，但卻是一位很有名氣的人，此人「以氣節著鄉里」。他在陝西富平縣為縣令不久就使「境內大治」(《富平縣志》卷 7)。司馬光的父親司馬池，官居四品，位至天章閣侍制，「以清直仁厚聞於天下，號稱一時名臣」（蘇軾《司馬文正公行狀》）。司馬光的堂兄司馬里，也是進士出身，官至太常寺少卿。

司馬光的先輩和堂兄六七人都是進士出身，他們多是好學之士，愛好詩文，其家族世代書香，「篤學力行」，是一個具有文化傳統和學問素養的文明家族，他自小就受到了很好的熏陶。司馬光就是生長在這樣一個貴冑之家和書香門第，並且在品行端方、為官清廉、很有素養的父親的嚴格培育下成長起來的。

司馬池對子女的家教很嚴。他有 3 個兒子，司馬光最小，但他並不溺愛，從小就注意從多方面進行嚴格的教育，使他從小就養成了誠

實、節儉和刻苦學習的良好習慣。有一次，司馬光想吃青胡桃，姐姐給他剝皮，沒有剝開，就走開了，一個心靈手巧的女僕先用開水燙了一會兒，就剝開了，後來姐姐走來，問他是誰剝開的，司馬光謊稱是自己剝開的。這話被父親聽到了，便嚴厲地訓斥他說：「小子何得謾語！」此後，他再也不說假話了。這時他只有5歲。許多年後，司馬光做了官，有人問他待人律己以何為重？他答的是一個「誠」字，再問他從何做起，他說：「從不說假話做起」。由於他以「誠」為一生處事的信條，後來的朱熹說他是「腳踏實地之人」（朱熹《三朝名臣言行錄》卷7）。

司馬光6歲的時候，父親就教他讀書，還常常講些少年有為、勤奮好學的人的事跡來鼓勵他努力上進，使他逐漸養成了勤奮學習的習慣。開始讀書時，他不懂書中的意思，記得不快，往往同伴都背熟了，他還不會，於是他便加倍努力，不參加游戲活動，獨自苦讀到爛熟為止。他懂得時間的寶貴，不貪睡眠，用一截圓木做枕，稱之為「警枕」。每天晚上，「警枕」一滾動，他便立刻起來，開始讀書。他7歲時開始學習《左氏春秋》，「大愛之」，剛聽老師講完，便講給家裡人聽，「即了其大義，自是手不釋書；至不知饑寒渴暑」（顧棟高《司馬溫公年譜》，以下簡稱《年譜》）。他到15歲時，便「於書無所不通，文辭醇深，有兩漢風」（《年譜》）。並且學得很紮實，以至「終身不忘」。到成年以後一直保持著這種刻苦學習的習慣，盡量不放過一點學習時間，甚至在馬上，或夜不成寐之時，他不是讀書，就是思考問題。

他在學習中不是死記硬背，而是開動腦筋，勤於思考，堅持了「朝誦之，夕思之」的誦讀與理解並重的方法。司馬光從勤讀、善思中形成了良好的學習習慣，在他後來的一首詩中寫道：「聖賢述事業，細大無不實，高出萬古表，遠窮四海端。於中苟待趣，自可忘寢餐。」（《傳家集》卷2）由於他勤於思考，很早就展現出自己的聰明和才華。他7歲時，有一天同幾個小孩在院子裡玩，院子裡放著一口盛滿了水的大缸，夥伴們正玩得高興時，一個爬上大缸的小孩不小心掉入了缸中，其他的小孩看到這種情景，嚇得紛紛跑掉。這時，只有司馬光十

分冷靜，他搬起一塊石頭，擊破大缸，水流出來後，那小孩便得救了。這件事很快被傳播開來，有人把它畫成《小兒擊甕圖》，在京都（開封）、洛陽一帶廣為流傳。

司馬光的家庭雖然很富裕，但在他父親的節儉之風的影響之下，他從小就不喜華靡，大人給他金銀美服，他不願接受。他考中進士，去參加聞喜宴時，別人都戴了花，他卻不戴。當時一個人告訴他，這花是皇帝所賜，不可違抗，他才戴上。以後他做了大官，在生活上仍然保持了儉樸作風，「食不敢常有肉，衣不敢純有帛」（丁傳靖《宋人軼事匯編》卷11）。司馬光的節儉作風確是事實。人們從1961年文物出版社出版的《宋司馬光通鑒稿》中可以看到，他用的稿紙竟是用過的廢紙，是先用淡墨將原來的字跡塗掉，晾乾後再寫書稿。這種節約的作風在封建士大夫中確實罕見，直到晚年，他還給兒子寫了《訓儉示廉》，對兒子進行廉潔儉樸的教育。他在這封書信中說，穿衣無非是為了御寒，吃飯無非是為了充腹。他舉出歷史上許多以儉樸而成大業、揚名後世，但因奢侈而一事無成，甚至身敗名裂的事例，說明「以儉立名，以侈自敗」的道理，告誡司馬康堅持儉樸的家風。作為一個讀書之人，司馬光對書籍十分珍愛，翻閱時小心謹慎，生怕弄髒、弄壞，天氣好的時候，還取出晾曬。因此，書被他翻讀了幾十年，仍保存得完好如新。他訓告兒子說：「商賈收藏的是金錢貨幣，我們儒生只不過有些書籍而已。」這種愛護書籍的習慣，也為讀書人樹立了榜樣。當然，司馬光的儉樸之風，不能和千百萬勞動人民相比，只是比與他相似地位的許多人儉樸許多，這是值得學習和稱贊的。

二、宦遊三十餘載，忠直清正敢進言

按照宋朝的恩蔭制度，中級以上（五、六品以上）大臣的子弟和後人都享有補官的特權。司馬光的父親官居四品，宋仁宗明道二年（1033年），15歲的司馬光就得到了恩補郊社郎的官位。不久，又改授他為將作監主簿。這是職位是很低的小官，實際上並沒有多少事做，他一面以學習為主，一面干一些公事，得到了初步鍛煉。但是，受恩

補入仕的人，往往不受重視。胸懷大志、飽讀經書的司馬光，畢竟不是平庸之輩。宋仁宗寶元元年（1038年）三月，剛滿20歲的司馬光便一舉高中進士甲科，顯示了他自幼刻苦學習而造就成才的豐碩成果。這樣年輕就中了進士，在當時是少見的。中進士後，朝廷授他以奉禮郎，華州判官之職。他在華州任職不到一年，又隨他父親到蘇州做官，不久，母親、父親相繼病逝，他按制度服喪數年。於宋仁宗慶曆四年（1044年）結束了五年的閒適生活，繼續做官，慶曆四年擔任了武成軍（今河南槽縣）判官之職，次年改任宣德郎將作監主簿，權知韋城（治所在今河南東）縣事，在那裡一年多就得到了「政聲赫然，民稱之」的美譽。在此期間，他還利用政務之暇讀了許多典籍，寫出了歷史論文數十篇。自此以後，他更加熱愛史學，集中精力研究歷史，用他敏捷的才思評議歷史人物和事件，意圖從中探索歷代統治者的治國得失之道。

慶曆五年（1045年），27歲的司馬光被調到京城做官，改授為大理寺評事，補國子監直講，不久又遷任大理寺丞。宋仁宗皇佑三年（1051年），由他父親生前好友、當時任宰相的龐籍推薦擔任了館閣校勘並同知太常寺禮院。館閣校勘是負責編校圖書典籍工作的職務，這對愛好經史的司馬光來說，是一個很好的職務，為他借閱朝廷秘閣藏書提供了方便，對於他研究經史十分有利。在這期間，他寫了《古文孝經指解》，並約同館閣僚友集體上疏請求把荀子和揚子的書加以考訂並印行，不致使先賢之經典湮沒。在同知太常寺禮院的職事中，他對於維護封建禮法制度也很認真負責。

皇佑五年（1053年），司馬光又在龐籍的推薦下遷任殿中丞，除史館檢討，他從此擔任了史官的職務。在此期間，他更專心致志地研究史學，探求先賢治國之道，聯繫當時政治實際取得了很大成果。宋仁宗至和元年（1054年）以後，他與當時很有名的官僚學者歐陽修、王安石、範鎮、宋敏等人有了很好的友誼，他們之間志趣相投，使司馬光在學術和政治生活中得到很多教益。這時由於多次舉薦他的龐籍失去相位，出任鄆州（今山東東平縣）知州，司馬光也被調離朝廷，做了龐籍的助手，出任鄆州學典，再升任該州通判。第二年冬，他又

隨龐籍去並州（今太原市）任通判。在並州期間，司馬光感到自己官職卑小，不能在皇帝身邊施展自己宏大的政治抱負，寫了一首送友人的詩，其中說：

> 我今三十餘，汩沒無他奇。
> 正恐浮食人，敢言位猶卑。
> （《傳家集》卷2《守次道初登朝呈同言》）

他感到前途渺茫，不能為時所用。不禁感嘆地在另一詩中說：「我年垂四十，安待無華欺？所悲道業寡，汩沒無他賢。深懼歲月頹，宿心空棄捐。」（《傳家集》卷2《初見白髮慨然感懷》）然而，他平生所懷「忠君、利國、養民」之志，卻時時不忘。當時的宋仁宗無後，到47歲還沒有立太子，朝野上下都為此事擔心，深恐將來發生爭奪皇位的宮廷內亂。但是，一般官員都怕惹怒皇帝，招來橫禍，不敢進言。對這樣的事，只有極個別不怕死的忠臣才敢出面進諫。當司馬光知道此事，並得知自己在朝擔任諫官的好友範鎮已開始上疏奏請盡快立嗣，他也立即寫了《請建儲副或進用宗室第一狀》，配合範鎮，力爭早日立儲。他在上疏中懇切地詳陳利害，說明立嗣是「朝廷至大至急之務」。並在上疏中最後強調說「若失時不斷，悔之無及」（《傳家集》卷19）。不料此疏被置之不理，司馬光義無反顧、不怕危險，又連上兩疏，哪怕官職不保也竭力議爭。結果還是「杳然若投沙礫於滄海之中，莫有知其所終者」（《傳家集》卷58《與範景仁書》），他不得已暫時沉默下來。

司馬光從20歲入仕做官直到68歲病死，其間除有15年時間從事《資治通鑒》編修工作，其餘30餘年擔任官職。在這30多年的政治活動中，最突出的表現，就是他以一個忠君、憂國和直言敢諫的賢臣的形象表現了他的政治見解，並以此顯揚於當世。特別是在他5年的諫官生涯中（公元1061—1065年），認真履行了一個諫官的職責，關心國事，對朝廷竭盡忠誠。五年之中，前後共上奏章177餘折，其中對有些重大事件一奏再奏，甚至奏至六七次，表現了他為北宋政權的鞏固出謀劃策而嘔心瀝血。在這一時期，他的進言主要表現在以下幾件大事上。

第一件大事是，他按照儒家傳統治國之道的要求進言，陳述了「三言」「五規」。他的「三言」是指關係國家盛衰的君道、官吏、軍隊三大關鍵問題如何改進。他把三個問題分別稱之為「陳三德」「言御臣」「言練兵」。關於君道問題，他提出了仁君大德有三，即「曰仁，曰明，曰武」。其大意是，作為一個好的君主，必須提高自己的修養。他提出人君的標準之一是「仁」，主要是「興教化，修政治，養百姓，利萬物」；標準之二是「明」，主要是「知道義，識安危，別賢愚，辨是非」；第三是「武」，是要做到「惟道所在，斷之不疑，奸不能惑，佞不能疑」。他認為，上述三條是治理好國家的根本條件，因為在他看來，國家之盛衰系於君王一身，他把國家命運完全寄托於皇帝。所謂「御臣」，主要講的是對官吏的選拔和賞罰，他說：「臣聞致治之道無他在，三而已。一曰任官，二曰信賞，三曰必罰。」在「言練兵」一條中，他提出了整頓軍隊的意見，主張精簡軍隊，提高戰鬥素質。

關於「五規」之諫，是在「陳三德」的基礎上規勸人君治理好國家，提出的一些補充意見。所謂「五規」，第一規謂之「保業」，勸誡皇帝要「夙必夜寐，兢兢業業」地求治，說明國家政權「得之至艱，守之至難」的道理。第二規謂之「惜時」，就是要求皇帝不失時機地「立綱布紀，定萬世之業」。他把皇帝基業比做一座巨室，要求守巨室將以傳其子孫的皇帝，即「實其基堂，壯其柱石，強其棟梁，高其垣塘，嚴其關鍵」。巨室築成之後，要求做到使其「亙千萬年無頹壞」。他說：「夫民者，國之堂基也；禮法者，柱石也；公卿者，棟梁也；百吏者，茨蓋也；將帥者，垣塘也；甲兵者，關鍵也。是六者不可不朝念而夕思也。」這段話表明了司馬光治國思想的基本觀點，完全是一派封建賢臣的金玉良言。第三規謂之「遠謀」，勸皇帝要深謀遠慮，即「制治於未亂，保邦於未危」。第四規謂之「重微」，勸皇帝時時警惕，做到防微杜漸，「銷惡於未萌，弭禍於未形」。第五規謂之「務實」，強調「為國家者必先實而後文」，凡一切政教設施，必須講求實際，做到「撥去浮文，悉敦本實。」以上五規均以「保業」為目的，其餘四規都是實現這一目的的具體途徑。

「三言」「五規」的提出，構成了司馬光治國之道的方案，也是他

的政論思想的綱目和明確的施政綱領。這些建議雖不曾被最高統治者所採納，卻在統治者集團內部產生了較好的影響。

第二件大事是繼續懇請建儲。這是司馬光為諫官之後所關注的第二件大事。做諫官之前，他曾接連三次上疏，力陳早日建儲的必要性和迫切性。任諫官後第一次面見仁宗皇帝，就當面提醒他說：「臣昔通判並州，所上三章，願陛下果斷力行。」（顧棟高《司馬溫公年譜》卷2）仁宗帝也當面贊揚了他的上疏是「忠臣之言」。可是事隔很久，仍未實行。為此，司馬光又繼續上疏，催促仁宗接納他的請求，結果終於使仁宗帝下了決心，把他的奏章發送中書省去議定實行。事隔不久，仁宗將其堂兄濮安懿王趙永讓的第十三子趙曙立為皇太子。兩年以後，仁宗就死了，遺詔命趙曙即位，他就是宋英宗。這個關係到統治核心是否穩固的大問題，在司馬光的努力下，終於得到瞭解決。

第三件大事是調解英宗和皇太後的皇室內部矛盾。宋仁宗於嘉祐八年（1063年）三月病故，趙曙於四月一日正式繼承皇位，幾天之後，生丁重病，不能親政，由皇太後曹氏垂簾，代管軍國大事。當時北宋統治表面平靜，實際上是內外矛盾尖銳，處在危機四伏之中。司馬光等人為此憂心忡忡，生怕不是親生母子的曹太後同英宗皇帝不和，造成統治核心的分裂。情況確實如此，英宗多病，同太後的關係時好時壞，在病重時對母後「時有不遜語」，加上有人從中離間，弄得太後大不高興，一些曾反對立英宗為太子的犬臣就「乘機陰進廢立之說」（朱熹《二朝名臣言行錄》卷1）。在這種情況下，兩宮的矛盾日益加深。司馬光絞盡腦汁，一再上疏調和兩宮的關係，重點是明陳兩宮不和的危害性，苦口婆心地勸導英宗孝謹太後，在他的調和下終於收到很好的效果。從而有利於統治核心的內部團結，避免了一場危機的發生。後來，太後終於還政於英宗，母子和好。

第四件大事是司馬光在任諫官期間，本著「安國家，利百姓」的原則為民請命。司馬光長時期在地方做官，對老百姓的困苦有所瞭解，他有一首名為《道傍田家》的詩，闡明了農民的艱苦情況：

田家翁嫗俱垂白，敗屋蕭條無壯息。

翁攜鐮索嫗攜箕，自向薄田收黍稷。

静夜偷舂避債家，比明門外已如麻。
筋疲力敝不入腹，未議縣官租稅促。

(《皇朝文鑒》卷21)

這首詩的內容表明司馬光對下層農民的疾苦是很關心的，他對城市貧民也很同情，在另一首詩中寫道：

因思閭井民，糊仰執薄技。
束手已連旬，妻兒日憔悴。
囊錢與盎米，薪水同時匱。
敗衣不足準，搏手坐相視。

(《傳家集》卷3《八月十七夜省直紀事呈同舍》)

鑒於這種情況，司馬光想到自己負有解救斯民之責，深深感到有愧於心，認為必須設法富民，使之能得到溫飽。於是又寫道：「一夫有不獲，伊尹深為羞。何當富斯民，比屋囷倉稠。」（《傳家集》卷32，《言蓄積札子》）他很想在這方面實現他的願望。他在諫官任上，除了關注鞏固國家基業的大事之外，也本著「國以民為本」的原則，進諫了一些要求關心人民疾苦，減輕人民負擔的意見。其主要內容是根據孔子「節用而愛民」的思想，請求統治者帶頭崇尚節儉，緊縮財政開支，禁止「亂攤亂派」現象並懲治橫徵暴斂之官，同時還要求統治者愛惜民力，不要濫徵百姓當兵。遺憾的是他的這一番苦心獻策，卻未得到採納。以上諫議，雖然是本著忠君、利國、養民的儒家政治原則，為統治階級的根本利益著想，但比起當時多數昏庸、腐敗、貪戾的統治者成員來說，算得上是一位為民請命的正直、清明的好官。

三、編修《資治通鑒》，史學成就稱高峰

司馬光一生最大的貢獻，就是他為祖國寶貴的歷史文化遺產增添了一部閃爍著光輝的史學名著——《資治通鑒》，此書是一部294卷、三百多萬字的巨著。他平生篤好史學，自青年時代就開始研究歷史，寫出了許多有見地的史學評論，並立志要在前人的基礎上，網絡眾家之說，成一家之書。通過長期對歷史的研究，他深刻地認識到，「治

國平天下者」必須熟讀歷史，吸取歷史的經驗和教訓。他說：「治亂之原，古今同體，載在方冊。」(《傳家集》卷17《進通志表》) 又說：「治國安邦，不可不讀史。」在編寫《資治通鑑》之前，他就寫成了從戰國至秦二世時期，名為《通志》的歷史八卷進呈英宗。恰遇英宗皇帝也是一個愛學習歷史的人，他「欲遍觀前世行事得失以為龜鑒」(《傳家集》卷68《劉道原十國紀年序》)，這就使司馬光編寫《資治通鑑》得到了堅強有力的支持。他決心編好這部著作，為帝王治國安邦提供一部切實可用的「龜鑒」。他對英宗說：「光承乏侍臣，嘗從容奏舊史文繁，自布衣之士鮮能該通，況天子一日曆萬機，誠無暇周覽，乞自戰國以還，迄於顯德，凡關國家之興衰，系眾庶之休戚，善可為法，惡可戒者，詮次為編年一書，刪其浮長之辭。」(《傳家集》卷68《劉道原十國紀年序》) 這是他對《資治通鑑》的編寫目標的合理設想。就是說，他計劃以編年體的方式來編寫這部書。為適應日理萬機、讀書時間很少的皇帝，他用簡明扼要的方法，將浩繁的歷史縮寫出來，為皇帝提供一部切實的可以借鑑的著作。作為治國經驗的歷史教材，其取材範圍僅限於「關國家之興衰，系眾庶之休戚」的兩大主題。這些建議被皇帝高興地採納了，從此開始，司馬光便竭力投身於此書的編寫活動之中。

原來，在宋仁宗嘉祐年間他就開始編寫《歷年譜》一書，採錄從周威烈王二十三年（公元前403年），至五代後周世宗顯德六年（959年），「凡小大之國所以治亂興衰之跡，舉其人要，集以為圖」(《稽古錄》卷16《歷年圖譜》)，用《春秋》一書的編寫形式，分別編排略記了每個朝代及分裂時代各國的歷史大事。全書共記錄了1,362年的歷史，共分為5卷，這部書已經形成了編修《資治通鑑》的提綱的雛形。接著，他又花了兩年時間，在取材上以《史記》為主，「兼採他書」，基本上按照《左氏春秋傳》體例，編成了《周紀》5卷、《秦紀》3卷，取名為《通志》，於治平三年（1066年）正月進呈英宗。這部書的內容起自周威烈王二十二年（前403年）至秦二世三年（前207年）秦亡為止，「戰國七雄」的「興亡之跡，大略可見」(《傳家集》卷17《進通志表》)。英宗看了，非常贊賞，接著便正式命他負責

編寫《資治通鑒》。由於此項工作的工程浩大，「私家力薄，無由可成」，他請求找兩個助手進行協助。不久，英宗病死，繼位的神宗也重視歷史經驗，他認為這樣的史書「鑒於往事，有資於治道」（胡三省《新註資治通鑒序》）。乃命名曰《資治通鑒》。並親自預作了書序，叫司馬光在書成之日，將此序文編進去。這樣他便在最高統治者的有力支持之下，更加充滿信心地從事這項具有重大意義的修史工作。

接著又在最高統治者的支持下成立了編書局。下一步的工作就是物色人才，協助編書。司馬光慧眼識才，他選出了兩個很有史學才能的人。一個是年僅35歲的劉恕。劉恕（1033—1078年），字道原，筠州（今江西高安縣）人。他自小酷好歷史，是一位歷史知識十分豐富的學士，被授為同編修，後遷著作佐郎。另一位是劉攽（1023—1089年），字貢父，自號公非，臨江新喻（今江西新餘）人，此人也是一位博學之士，曾著書百卷，「尤邃史學」（《宋史・劉敞傳》）。他不但精通六經，還能「讀典墳丘索之書，習知漢魏晉唐之典」（《欒城集》卷28《劉攽中書舍人製作》）。在參加書局之前，他就隨其哥劉敞，侄子劉奉世同著有《三劉漢書標註》6卷，自著《東漢刊誤》4卷、《五代春秋》15卷、《內傳國語》20卷、《經史新義》7卷。後來，他因出任外官離開了書局，走後，他的工作由範祖禹接替。範祖禹（1041—1098年），字淳甫，成都華陽（屬今四川成都市）人，嘉祐八年（1063年）進士。此人自幼「閉門讀書，未嘗予人事」（《宋史・範鎮傳》附）。他「智識明敏，好學能文」（《傳家集》卷45《薦範祖禹狀》），精通唐史，曾自著《唐史》12卷，《宋史》說他「深明唐三百年治亂，學者尊之，目為《唐鑒》公」（《貴耳集》），後來宋高宗說，「讀《資治通鑒》知司馬光有宰相度量，讀《唐鑒》知範祖禹有臺諫手段」（《範太史集》卷41）。上述諸人都是很有知識和才華的高水準歷史學家，他們為《資治通鑒》的成書都付出了大量的心血。此外，司馬光的兒子司馬康加入了書局，負責檢閱文字的工作。

《資治通鑒》於治平三年（1066年）奉命成立書局，正式進行編寫，至宋神宗元豐七年（1084年）完成，共歷時19年，全書內容上起周威烈王二十二年（前403年），下迄後周世宗顯德六年（959年）。

取材除「十七史」之外，尚有野史、傳狀、文集、譜錄等 222 種，由司馬光總其事，劉攽、劉恕、範祖禹等人各就所長，分段負責。第一步是從浩瀚的史料中選取排比材料為「叢目」，對「叢目」要求史料齊備，時間清楚。凡與時事稍有關聯的，就要求盡量依次增附，由編修人員負責收集自己分工範圍的資料，進行選取和排比編寫而成。第二步是編寫「長編」。長編就是把寫叢目時編排的資料全部檢出，經過認真分析、鑑別、考證異同、去偽存真之後，進行綜合歸納，重新整理成篇。編寫長編的原則是「寧失於繁，毋失於略」。最後是刪改定稿，由司馬光自己負責，就是在「長編」的基礎上進行刪繁去冗、修辭潤色，最後總其大成，完成定稿而成書的。從叢目到長編再到定稿的三個步驟，是司馬光對歷史編纂學的創造性貢獻。《通鑑》的成書，可以說是司馬光畢生心血的結晶，因為這部寶貴歷史文獻之所以能夠完成，是他從成年以來長期從事史學研究的最後碩果。僅從他「立志成一家之書」算起，包括《歷年圖譜》和《通志》的寫成，到《通鑑》的最後完成，共經歷了 30 年的歲月。正如他在《進通鑑表》中所說的「臣之精力，盡於此書」。在此書最後完成的第三年，他就與世長辭了。

《資治通鑑》具有很高的歷史價值。它是中國第一部規模宏大、成就空前的貫通古今的編年體通史，它的年代，起迄長達 1362 年。全書三百多萬字，在內容上除了著重記述了以政治、軍事為主的「治亂興衰」的歷史之外，對經濟、文化方面的歷史亦有所略述。它不僅內容豐富，而且構思精密、主題鮮明、重點突出、編次有序、刪繁求精、「不漏不煩」（《傳家集》卷 17《進資治通鑑表》）。在文字功夫上做到了精練明暢，使人閱讀起來鏗鏘有力、韻味無窮。此外，《資治通鑑》也是一部富於文採的佳作，它的文字簡樸生動、寓意深刻，且文學價值高、生動感人、耐人尋味。

正是因為《資治通鑑》具有很高的歷史價值，所以歷代學者對它的評價都很高。宋元之際的封建史家胡三省說：「為人君而不知《通鑑》，則欲治而不知自治之源，惡亂而不知防亂之術。為人臣而不知《通鑑》，則上無以事君，下無以治民……乃如用兵行師，創法立制，

而不知跡古人之所以得，鑒古人之所以失，則求勝而敗，圖利而害，此必然者也。」(《新註資治通鑒序》) 王應麟說：「自有書契以來，未有如《通鑒》者。」清代大史學家王鳴盛說：「此天地間可必不可無之書，亦學者不可不讀之書。」(《十七史商榷》卷1) 近代著名學者梁啓超評價《資治通鑒》時說：「司馬溫公《通鑒》，亦天地一大文也。其結構之宏偉，其取材之豐贍，使後世有欲著通史者，勢不能不據以為藍本，而至今卒未有能愈之者焉。溫公亦偉人哉！」這部歷史名著是中國古代史學的一座豐碑，司馬光也不愧是一位劃時代的偉大歷史學家。直到今天，《資治通鑒》仍然具有重大的史料價值和史學研究價值，繼續閃耀著它的智慧之光。

四、列「六先生」之目，創建理學有地位

司馬光不僅是北宋時期著名政治家和中國古代傑出的大史學家，同時也是一位很有名氣的儒學大家。朱熹在《六先生畫像贊》中把他和周敦頤、程顥、程頤、邵雍、張載同尊為北宋理學「六先生」。由此可見，在理學形成和發展的初期階段，司馬光是居於重要地位的開創人之一。只是由於他長期從事政治活動，在學術上也主要是篤志於史學研究，對理學的貢獻不及其他「五先生」那樣宏大、精深。然而，他在經史的研究中，在其政治實踐和為人處事中完全是以儒家的身分出現於歷史舞臺之上的。而且在對儒家經典的研究中所取得的成就也是不可忽視的。全祖望在《宋元學案》卷首的《序錄》中說：「小程子（程頤）謂閱人多矣，不雜者司馬、邵、張三人耳。」

按照儒家的標準來看，在北宋的重要人物中，司馬光確實是一位純厚的名儒大賢。

我們稱司馬光為名儒大賢，可以從很多方面得到說明。

首先看他的學術思想。無論從《司馬溫公集》所收錄的著作中，還是從《資治通鑒》中，我們都可看出這方面的內容。司馬光一生著作很多，除《資治通鑒》及其他史學著作之外，其儒學思想的著作主要包括：《致知在格物論》《中和論》《孝經指解》《易說》《註系辭》

《註太玄經》《揚子淺釋》《迂書》《潛虛》《大學中庸義》《原命》《說玄》等。他退居洛陽的15年期間，同程顥、程頤、邵雍等理學家往來密切，在學術活動中相互交流思想，共同從事義理之學的研究，上面舉出的那些著作，就是他在這個時期除《通鑒》之外的主要著作。綜合起來看，他的理學思想主要表現在以下幾方面。

（一）「天命論」思想

司馬光也相信「天命」，他說：「天者，萬物之父也……違天之命者，天得而刑之；順天之命者，天得而賞之。」（《迂書·士則》）在他看來，天是有意識的主宰者，因為他能賞善罰惡。所以人類只能奉天行事，才能免禍致福。他還說：「天使汝窮，而汝強通之，天使汝愚，而汝強智之。若是者，必得天刑。」（《迂書·士則》）他認為人的貧富智愚都是上天安排下來而不可移易的。然而，在天人關係上，他並不完全否定人的作用，如他說：「人事可阻生存，而自取死亡，非天命也。」（《揚子淺釋》）在此前提下，他又提出了「天人相濟」和「天人相助」的觀點。他說：「天力之所不及者，人也，故有耕耘斂藏；人力所不及者，天也，故有水旱螟蝗。」（《迂書·士則》）又說：「天之所不能為而人能之者，人也；人之所不能為而天能之者，天也。稼穡，人也；豐歉，天也。」（《迂書·天人》）這說明，在天人關係上，司馬光也繼承了荀子的一些思想，並不完全把一切事情都寄託於天命，特別是對徵服自然的生產活動，他十分強調人的作用。

（二）理學思想

對於理和氣的關係，司馬光主張以理為本。他說：「萬物皆祖於虛，生於氣，氣以成體，體以受性，性以辨名，名以立行，行以俟命。故虛者物之府也。氣者生之戶也，體者質之具也，性者神之賦也，名者事之分也，行者人之務也，命者時之遇也。」（《潛虛》）就是說，司馬光把「虛」看作是世界之本原，把物質性的「氣」看作是產生萬物的第二位原因，可以理解為「虛」生「氣」，「氣」生萬物，天地萬物和人、事都根源於「虛」，產生於「氣」。「虛」是根源，「氣」是質料，再經過演化而成萬物之體，體又各有性、名、行、命。作為萬物

之本原的「虛」,是指無形、無象的精神本體,這個精神本體實質上就是理學家們所說的「理」。在理事關係上,他主張以理為本。司馬光說:「有茲事必有茲理,無茲理必無茲事。」(《迂書·無怪》)前半句話是說,凡一事皆有一理,後半句是說,既然事事皆有其理,那麼,沒有某事的理就沒有某事的出現。總起來說,理是第一性的,事是派生的,這個觀點和二程的觀點是一致的。

對格物致知的理解和二程有不同之處。二程說:「格猶窮也,物猶理也。猶曰窮其理而已矣。」(《二程遺書》卷 25)認為格物就是窮理。司馬光說:「格猶扞也,御也,能扞御外物也。」為什麼要這樣來解釋格物這個概念?司馬光說:「人之情莫不好善而惡惡,慕是而羞非。然善且是者寡,惡且非者實多,何哉?皆物誘之也,物趨之也。」(《致知在格物論》)他認為,人們雖然都喜歡善,不喜歡惡,以是為慕,以非為羞,但實際上是者少,非者多,要想做聖賢,實在不容易。為什麼呢?這是因為受到外物的引誘和蒙蔽的緣故,所以必須抵制外物的引誘才能做到去惡從善、去非存是。司馬光說,他訓格物為抵制外物對人的侵害,也是為了更好地求得知識。因為只有能抵制住外物的蒙蔽和引誘,才能獲得知識,他是在修養論和認識論一致的前提下,講格物致知的。因此,司馬光對格物致知的理解和二程基本是一致的。

對誠意、正心的問題,司馬光也有自己的看法。他和其他理學家一樣,對《大學》提出的「格物、致知、誠意、正心、修身、齊家、治國、平天下」八條目,提出了自己的觀點。他認為,「格物致知」是基本功,既能格物致知,就能夠「依仁以為宅,遵義以為路。誠意以行之,正心以處之,修身以帥之,則天下國家何為而不治哉?」(《致知在格物論》)其中,他著重對誠意、正心進行了較為詳細的講述。司馬光說:「《中庸》所謂『誠者天之道』,言聰明睿智,天所賦也。『誠之者人之道』,言好學從諫,人所為也。」(《答秉國第二書》)把「誠者天之道,誠之者人之道」講得十分言簡意賅。講到誠的重要性時,他說:「君子所以感人者,其惟誠乎!欺人者不旋踵人必知之,感人者益久,人益倍之。」(《迂書》)司馬光自己很重視待人以誠,他說:「其誠乎,吾平生力行之,未嘗須臾離也,故立朝行己,俯仰無

愧耳!」(《三朝名臣言行錄》卷12) 說到「正心」,司馬光認為正心就是「治心」。如他說:「學者所以求治心者,學雖多,而心不治,安以學為?」又說:「小人治跡,君子治心。」(《迂書》) 在如何治心的問題上,司馬光說:「《中庸》所謂中者,動靜云為,無過與不及也。二者皆雖為治心之術,其事則殊矣。」(《答秉國第二書》) 使語言行為不過分,無不足,達到「適中」,恰到好處,就是治心之術。

格物致知和正心誠意是理學家們對修身治國的「君子」「賢人」的基本要求,所以討論得很多。司馬光也不例外,他在這方面的見解,對二程、朱熹都有一定的影響。

對性理問題,司馬光不主張講得太玄妙。他說:「《易》曰『窮理盡性以至於命』。世之高論者競為幽僻之語以欺人,使人跂懸而不可及,積瞀而不能知,則畫而舍之。其實奚遠哉?是不是,理也;才不才,命也。」(《迂書》) 他認為,有些人把性理問題講得玄乎其玄,弄得人們神智不清,不過是欺人之談。其實,所謂「理」,無非是個是不是的問題,所謂「命」,無非就是決定人的材質(本質)的那個東西。他對性理問題雖然講得不多,但比較切合實際。

五、立身處事有則　道德文章啓後人

對司馬光的為人,朱熹有如下評論:

> 公忠信孝友恭儉正直出於天性,其好學如飢渴之嗜飲者,於財利紛華如惡惡臭;誠心自然,天下信之。退居於洛,往來陝洛間,皆化其德,師其學,法其儉。有不善曰:君實得無知乎!博學無所不通。

(《三朝名臣言行錄》卷7)

這是對司馬光個人品德的一個簡要概括。這個評價雖然不無溢美之辭,但基本上是符合實際的。比如說前面提到他終生力行於一個「誠」字,這就是事實。他居洛陽時,曾派人去賣他騎過的馬,替他賣馬的人臨走時,他囑咐說:「此馬夏天有病,若有買者,事先告訴他。」(《宋人軼事匯編》卷11) 此事後來被傳為美談。他做官直言敢

諫，為人處事「言行一致，表裡相應，遇事坦然，嘗有餘裕」（《宋人軼事匯編》卷12）。修《資治通鑑》能據事直書，不為尊者諱，該褒則褒，該貶則貶，盡量按照歷史的本來面目據事直書。在治學態度上刻苦踏實，學而無厭，敢於攀登高峰。在性格上「其直如矢而歸之不止」，言行如一，怎樣說就怎樣做，只要認為是應該做的，就堅決做到底。在生活上養成了崇尚節儉的美德，不講奢華，不貪而好利。這些品德在他一生的行事中都有據可查。

　　司馬光的憂國憂民思想也是很突出的。他所憂的「國」雖是皇帝的國家，但他所愛的「民」主要還是封建統治下的勞苦大眾們。作為一個封建地主階級的政治代表，他當然不會懂得勞苦大眾的苦難根源，但他反對殺雞取卵的暴政，反對貪污腐敗，對生活於苦難之中的下層勞動者存一定的同情。他死後，黃庭堅有挽聯雲「平生兩無累，憂國愛元元」，是比較符合實際的。《資治通鑑》就是本著「敘國家之盛衰，系生民之休戚」「窮探治亂之跡」的精神編寫出來的。

　　在對待王安石變法上，司馬光是反對派。對這個問題也應當實事求是地進行具體分析。王安石的變法運動確實在歷史上具有進步意義，但他作為封建君主專制制度下的一位大政治家，其所制訂和實行的變法目的，同樣是考慮地主階級的根本利益，這一點上，同司馬光並無區別。兩人都具有憂國憂民之心，希望通過改革弊政來做到國富民安。他同王安石在變法問題上的分歧只是在同一目標下的不同方法的爭論。司馬光說：「光與介甫趨向雖殊，大歸則同。」（《傳家集》卷60《與王介甫書》）王安石也說他與司馬光「議事每不合，所操之術多異故也」（《王臨川集》卷73）。司馬光也不是頑固的保守分子，其實他先前也曾提出過許多主張變更舊制、革新弊政的意見，如認為「世變風移」，不能「因循舊貫，更成大弊」（《傳家集》卷27《論皇城司巡察親事官札子》）。他還批評過英宗「動循舊例，不顧事情」（《傳家集》卷36《上皇帝書》）。不可否認，司馬光說過「祖宗之法不可變」的話，但他並不主張消極地維持現狀，他只是要求對改革持慎重態度，對不合時用的舊習制度進行「損益」，要「精心審慮」（《傳家集》卷36《上皇帝書》），不應大刀闊斧，只能逐漸改善。他在給王安石的信中

說：「夫議法度以授有司，此誠執政事也，然當舉其大而略其略，存其善而革其弊，不當無大小，盡變舊法以為新奇也。」（《司馬溫公文集》卷10《與王介甫第三書》）

在變法問題的爭論中，司馬光和王安石都主要是為解決國家財政困難著想，但王安石著眼於「開源」，司馬光著眼於「節流」，兩人都沒有提出如何推動生產發展的有力主張。新「開源」的方法主要希望通過改革，把「聚斂之權歸之公上」，達到「國用可足，民財不匱」的目的。「節流」之法主要是要求裁減冗費，限制以皇帝為首的大小官僚大肆揮霍浪費。就這一點說，司馬光的主張不無道理。況且，由於王安石執行新法中用人不當，產生了與其本來願望相反的作用，所以，新法的失敗也是理所當然的。

就個人感情上說，司馬光和王安石早就結下了深厚的友誼，對王安石十分欽慕。在《辭修起居註第四狀》中說：「如臣空疏何足稱道，比於王安石相去遠甚……使臣之才得及安石一二，則臣聞命之日，受而不辭。」嘉祐年間，二人同修起居註，神宗即位後，兩人又同居翰林學士之職，彼此相敬重，相處「特友善」。他們和呂公著、韓維四人，在當時被稱為「嘉祐四友」（丁傳靖《宋人軼事匯編》卷11）。甚至因政見不合分道揚鑣之後，他們在感情上並未完全破裂。司馬光一直認為「介甫文章節義，過人處甚多」（《傳家集》卷63《與呂晦叔第二簡》）。王安石變法失敗，被罷相之後，也還稱贊司馬光為「君子人也」（曾敏行《獨醒雜志》卷1，轉引顧奎相《司馬光》）。宋哲宗元祐元年四月六日，中國歷史上偉大的改革家王安石病故，噩耗傳來，正在重病中的司馬光不禁為之感傷，還特地寫信給執政的呂公著，囑其「優加厚禮」（《司馬溫公文集》卷10《與呂晦叔第二簡》）。朝廷接受了他的建議，並追贈王安石為太傅。以上事實，說明司馬光確實是一位光明正直的「君子」。

總之，作為封建時代的一位偉大歷史學家和政治家、思想家的司馬光，不愧是一代名儒大賢，其在德行、政事、文史等許多方面給我們留下了很多可供學習和借鑑的精神遺產。對於他的局限和不足之處，應該用歷史唯物主義的觀點，以實事求是的態度加以對待。

關學宗師
張載

　　張載是中國北宋時期著名的思想家，是宋代新儒學的創始人之一。他創立的關學與同時代的周敦頤之濂學、二程（程顥、程頤）的洛學以及南宋朱熹的閩學並稱為理學四大派。這些人創立的新儒學史稱「理學」，是中國後期封建社會居於支配地位的意識形態，也是維護封建社會秩序的精神支柱。但從文化和學術思想的發展方面來看，也有許多值得批判繼承的內容。張載所構建的以「氣」為本體的樸素唯物論和辯證法思維內容，是對理論思維之發展的一次重大推進，也是真理發展長河中的一些寶貴的顆粒。

一、始研百家學說，終歸「六經」成鴻儒

　　張載字子厚，生於北宋真宗天禧四年（公元 1020 年），亡於宋仁宗熙寧十年（公元 1077 年），祖籍大梁（今河南開封），因其生於長安（今西安市），故《宋史・張載傳》稱「張載字子厚，長安人」。大約在他十幾歲時，其父張迪在涪州（今四川涪陵市）做地方官時死於任上。因少年喪父，在呂大臨為他寫的《行狀》中說，張迪死後「諸孤皆幼，不克歸，僑寓於鳳翔郿縣橫渠鎮之南，大振谷口，因徙而家焉」。自此，張載一家就落戶於陝西眉縣的橫渠鎮。後來因為他長時間居鳳翔郿縣（今陝西眉縣）橫渠鎮從事講學和寫作，對知識界影響很大，被當時的學者尊為橫渠先生。

　　由於父親死得早，鍛煉了張載的獨立成長能力，所以《行狀》說他「少孤自立，無所不學」。說明他成熟較早。他也喜歡談論軍事，

與邠人焦寅為友，共同議論用兵之道。因為當時在中國西北興起的西夏王國日益昌盛，經常侵擾北宋的邊境，張載還打算「結賓客取洮西之地」，他還準備組織一支武裝力量以反擊西夏的入侵。這說明張載很早就是一位關心國事的熱血青年。

宋仁宗康定元年（公元 1040 年），宋軍在反擊夏入侵中失敗，仁宗派範仲淹為陝西經略安撫副使，兼知延州，負責邊防事務。年方二十一歲的張載，毅然來到延州上書範仲淹，要求參與防務工作。據《宋史》記載：「年二十一，以書謁範仲淹，一見知其遠器，乃警之曰：『儒者自有名教可樂，何事用兵？』」認為他是可成大器的人才，不宜從事軍務，有意引導他成為儒者，教他研讀《中庸》，習儒學之經典。此後，他便潛心於學術生涯。張載讀完《中庸》之後，並未感到滿足。據呂大臨《橫渠先生行狀》（下引均簡稱《行狀》）說：「先生讀其書，雖愛之，猶未以為足也，於是又訪諸釋老之書，累年究其說，知無所得，反而求之《六經》。」這說明張載的治學途徑是從研究儒家經典《中庸》出發，繼而參訪釋老，然後再回到「六經」。其出發點與歸結點都是儒家之說，通過這種途徑得到的儒家「六經」之學，是在儒學的根基上吸收、消化了釋老之說，又用儒家之觀點加以分析批判後，才建立起與釋老相對抗的，具有新思維特點的儒家哲學，這也是關學的特別之處。

張載的學術生涯主要是在關中度過的，從學習《中庸》到探究釋老之學，再到深研「六經」，孜孜不息、苦心孤詣地探賾索隱，經過較長一段時期，終於取得豐碩的成就，因其才智卓越，在關中頗有名聲。據記載，在他三十七歲中進士之前，文彥博任長安通判時，就聽說他「名行之美，聘以束帛，延之學宮，異其禮際，士子矜式焉」（《行狀》）。

在研究「六經」的過程中，張載與其他儒家學者一樣，特別注重對《周易》思想的闡釋和發揮，他在三十多歲時，已經在《易》學研究中取得了很大的成就。暨進士第之後，他曾在開封「坐虎皮，說《周易》，聽從甚眾，一夕，二程先生至，與論《易》。次日與人曰：『比見二程，深明《易》道，吾所弗及，此輩可師之。』撤坐輟講」

(《宋史本傳》)。這段話說明，張載雖對《周易》研究取得很大成就，但他在治學態度上非常謙虛。後來，張載又繼續深入研究《周易》，最終完成了《正蒙》這部借《周易》以闡發其宇宙觀及其理學思想的重要著作。

張載將其一生的大部分時間用於弘揚儒學思想文化，用於政務工作的時間較短。從嘉祐二年中進士後，做了幾任地方官。《行狀》說：「先生嘉祐二年登進士第，始仕祁州（今河北安國縣）司法參軍，繼遷丹州雲岩（今陝西宜川縣雲岩鎮）縣令，又遷著作左郎，簽書渭州（今甘肅隴西縣）判官公事。」前後共計十二年（1057—1069年）。在此期間，並無突出政績。《行狀》又說「其在雲岩，政事大抵以敦本善學為先」，實行「明禮教、敦風俗」的政教主張。在渭州，「渭帥蔡公子正持所尊禮，軍府之政大小咨之，先生夙夜從事，所以贊助之力為多」。他協助邊防長官蔡子正辦理軍務，對抗擊西夏入侵做了很多工作。宋神宗熙寧二年（公元1069年），由御史中丞呂公著推薦入京，被神宗任命為崇文殿校書，受皇帝召見，被問治國之道，對曰：「為政不法三代，終苟道也。」（《宋史本傳》）見王安石，政見不合（他不反對變法，但不同意王安石的變革路線和方法）。次年辭職回到陝西眉縣的橫渠鎮，繼續從事著書講學至熙寧九年（公元1076年）寫完《正蒙》這部重要著作。他回到橫渠鎮時，已是載病之人，還一面養病，一面著書講學。《宋史》說他西歸之後，「終日危坐一室，左右簡編，俯而讀，仰而思，有得則識之。或中夜起坐，取燭以書。其志道精思，未始須臾息，亦未嘗須臾忘也。敝衣蔬食，與諸生講學，未始須息，每告以知禮成性，變化器質之道，學必如聖人而後已。以為知人而不知天，求為賢人而不求為聖人，此秦漢以來學者大蔽也」（《宋史張載傳》）。自此，張載的思想體系已基本成熟，其哲學體系已全面形成。《正蒙》一書的公開發表，標誌著張載的「氣」一元論哲學之邏輯結構的最終完成，也標誌著他的全部學說的構建成功。

張載一生著作很多，據史料記載，不下數十餘種，但在元明時期遺失了一些。《宋史·藝文志》錄有《易說》三卷、《正蒙》十卷、《經學理窟》十卷、《文集》十卷。此外還有《禮樂說》《論語說》

《孟子說》《春秋說》未錄入《宋史》。1978年，中華書局編輯出版的《張載集》是目前瞭解張載著作的最佳版本，可供讀者參考。

二、深究《周易》奧義，創新理論思維

（一）破「釋老」空無之說，持氣一元論主張

張載的氣一元論說，從批判「釋老」的空無觀入手。

自魏晉以後，儒學在思想意識領域的影響日益減弱，而佛老思想的影響力與日俱增。唐代的韓愈已深感儒學危機之嚴重，因而奮起「排佛」，但他們，包括二程等人的「排佛」，都沒有擊中其要害。佛老思想之所以深入人心，其根基在於他們具有較高明的理論思辨哲學。張載等人就意識到儒學在這個方面的弱點，覺察到古代儒學以人格論為最高範疇的本體論已遠遠不能滿足統治者在理論上的需求，因而迫切需要建立一個更為精緻的本體論來彌補儒學的不足。張載是一個正統的儒家學者，為了有效地捍衛儒學的正統地位，恢復昔日的權威，他決定從理論的高度對佛、道二教進行認真批判。他的批判不再停留於倫理道德等表層現象，而是著重從深層次的理論思考方面去建構自己的哲學邏輯結構，並使其成為儒家倫理道德思想之理論依據。這樣，既可以重樹儒學的正統地位，又可用新的儒學理論同釋老的思辨哲學相對抗。張載的門人範育在《正蒙序》中說：「自孔孟歿，學絕道喪千有餘年……若浮圖老子之書，大卜共傳，與六經並行。而其徒侈其談，以為大道精微之理，儒家之所不能談，必取吾書為正。世之儒者亦自許曰：『吾之六經未嘗語也，孔孟未嘗及也』，從而信其書，宗其道，天下靡然同風，無敢置疑於其間。」（《張載集・範育序》）正是在上述情形下，張載以重振儒學為己任，毅然決定對佛道哲學理論基礎進行清算。他抓住佛道哲學理論的基本要害，即佛以心為法、以空為真以及道以無為道、以我為真這個要害，來進行批判。因為「空」「無」是釋道理論中的根本範疇，也是其哲學的立足點。張載抓住了「空」「無」這兩個根本範疇，確定以「氣」代空，以「有」代「無」，用氣本體論的觀點對佛道這兩個根本範疇進行清算，並提出和

論證了「虛空即氣」的宇宙觀。

張載認為整個宇宙都是物質性的氣之存在狀態，氣有聚有散，氣聚為有，氣散則為無，為「太虛」，氣變為看不見的「太虛」乃是氣之本體（即其固有的本性）。他說：「太虛不能無氣，氣不能不聚而為萬物，萬物不能不散而為『太虛』。」（《張載集》《範育集》）氣散為太虛之後，並非真正的「無」，仍是不被人們看見的氣。他說：「氣聚則離明得施而有形，氣不聚則離明不得施而無形。方其聚也，安得不謂之客？方其散也，安得遽謂之無？故聖人仰觀俯察，但云知幽明之故，不云知有無之故。」（《橫渠易說・系辭上》）這就是說，有形和無形，都是由「氣」的運動變化所產生。因此，無形並非虛無。不言而喻，佛教所謂的「四大皆空」之說，自然就站不住腳了。

在批判釋老空無觀的基礎上，張載構建了以「太虛」為萬物之本的唯物主義自然觀。

古代的樸素唯物論一般都是從直觀的角度出發，把世界的本原歸結為自然界中的某種具體物質。張載之前，以「氣」為世界本原的樸素唯物論者都是將人們能直接感知的一種普遍存在的具體物質的「氣」作為世界之本原。張載則不以表面的氣之現象為滿足，他提出了「太虛」這個更能較抽象地表述物質特性的哲學範疇。斷言「太虛」是一種無形的氣。這個範疇可以更深刻地反應作為萬物之本體的氣的客觀實在性，這是在原氣本體論基礎上對世界本原認識的進一步深化。他解釋說：「氣之聚散於太虛，猶冰凝釋於水，知太虛即氣則無無。」（《正蒙・太和》）張載以「太虛」為宇宙本體，即是以氣為宇宙萬物之本體。他認為，宇宙間一切現象，都是由氣之運動變化而來，天地間的一切事物，都是氣的不同形態。他說：「凡可狀，皆有也；凡有，皆象也；凡象，皆氣也。」（《正蒙・乾稱》）總之，他認為「太虛」和萬物都是物質性的氣之運動變化的表現。

接著，張載又進一步對「氣」與「太虛」與萬物的關係做出如下說明，即「太虛無形，氣之本體，其聚其散，變化之客形爾」「太虛不能無氣，氣不能不聚為萬物，萬物不能不散為太虛」（《正蒙・太和》）。氣表現為兩種不同形式，一種是可聚為各種不同的萬物，另一

種是散為無形的太虛。可見蒸鬱而疑聚的菸雲之類固然是氣,而明朗的天空似乎無物可見,實際上是廣漠、清虛的氣在其中運動、流行。也就是說,整個宇宙之中,無論是有形的萬物,還是散為無形的「太虛」,都是氣存在的不同形態。無論「太虛」聚或散,都是氣的本然存在。故他說:「太虛者,氣之本體。」(《正蒙·乾稱》)總之,張載認為世界的本原是物質性的氣,一個錯綜複雜、千變萬化、多種多樣的紛繁世界,都是氣之運動變化的不同表現。宇宙萬物的根源只能是氣。

接著,張載從他的氣本體論出發,進一步論證了氣的運動變化根源和形式。

(二)「一物兩體」的矛盾觀

張載比較清楚地認識到事物內部矛盾的對立統一關係,他把這種關係概括為「一物兩體」的對立統一,並對此展開了比較深刻的論證。他說:「一物兩體,氣也。一故神(自註:兩在故不測),兩故化(自註:推行於一),此天之所參也。」(《正蒙·參兩》)由於統一物中存在著對立的「兩體」,所以能運動不息,即所謂「兩在故不測」,這就是「一故神」。因其對立的兩體是統一的,所以能變換無窮,這就叫做「兩故化」;對立兩體成為統一物,這就叫做「參」。

「一」與「兩」的關係是互相依存、不可分離的,即「兩不立則一不可見,一不可見則兩之用息」(《張子語錄下》),「若一則有兩,有兩亦一在,無兩亦一在,然無兩則安用一」(《橫渠易說》),「不有兩則無一」(《正蒙·太和》)。沒有對立的「兩體」,就沒有對立的統一,沒有對立的統一,對立兩體的相互作用就停止了,即「無一則無兩」「有兩則有一」「有一則有兩」(《張子語錄下》)。在對立統一關係中,「一物」與「兩體」是不可分割的。他說:「兩不立,則一不可見,一不可見,則兩之用息。兩體者,虛實也,動靜也,聚散也,清濁也,其究,一而已。」(《正蒙·太和》)張載的「一物兩體」論,清楚地解決了「一」與「兩」的辯證關係。他指出了統一中有對立,對立中有統一,這就促進了古代辯證法思維的發展。不過在張載的辯證法中,也存在著不徹底的缺陷,如他說:「氣本之虛則湛,本無形,

感而生,則聚而有象。有象斯有對,對必反其為;有反斯有仇,仇必和而解。」(《正蒙・太和》)雖然指出事物矛盾的雙方必然向對立而轉化(反其為),但又認為對立而鬥爭的結局不是舊質向新質的飛躍,而是矛盾雙方的和解,這陷入了形而上學的矛盾調和論。他說:「陰陽兩端循環不已者,立天地之大義。」既然矛盾雙方鬥爭的結局是調和,而不是舊質向新質的飛躍,這就是明顯的循環論,就是形而上學的矛盾調和論。總之,張載的辯證法思想確實呈現出很多閃光之點,但可惜的是「仇必私而解」之提出,最終墜入了形而上學的矛盾調和論。

(三)「動非自外」的內因論

張載的辯證法中最重要的閃光點是他提出的「動非自外」這個命題。主張事物變化不由外因而由內因推動,認為物質自身的變化發展過程是世界發生和存在的根本動力。他說:「太和所謂道,中涵浮沉、升降、動靜、相感之情。是生絪縕、相蕩、勝負、屈伸之始。」(《正蒙・太和》)「太和」是標志氣之運動變化的形態和過程(道)的概念。這裡回答了事物運動變化的根源問題,就是說,元氣自身之中,涵有陽浮陰沉、陽升陰降、陽動陰靜矛盾對立之本性,所以它具有不斷激盪、屈伸變化之功能,是元氣使萬物產生運動變化的根源。張載又說:「環轉之物,動必有機。既謂之機。則動非自外也。」(《正蒙・太和》)這個「機」就是事物運動的內在動因,按張載的說法這就是事物內部固有的「神」。他說:「天道不窮,寒暑也;眾動不窮,屈伸也;鬼神實不越二端而已……遊氣紛擾,合而成質者,生人物之萬殊;其陰陽兩端循環不已者,立天地之大義……天大無外,其為感者,二端而已。」(《正蒙・太和》)張載關於「神」的概念,並非宗教的人格神,也不是指人類的精神作用,而是指自然界中的微妙變化作用。

總之,包括寒暑屈伸等一切事物的運動變化都根據事物內部固有的「二端」性(即矛盾性),也就是說,「二端」相感是一切事物產生變化的內在原因。

「動必有機」和「動非自外」堅持了事物運動的內因論。這是對過去辯證思想的創造性發揮。它比起柳宗元「自動、自休、自峙、自

流」的觀點更明確、深刻。

（四）「變言其著，化言其漸」的變易觀

宇宙間一切事物運動變化的形式多種多樣，歸結起來只表現為兩個基本形式。一個是細微的、不顯著的變化，這是事物在數量變化中的表現形態；另一個是顯著的變化，是事物在質變過程中所表現的狀態。張載把前者稱為「化」，把後者稱為「變」。所以他說：「變言其著，化言其漸。」（《橫渠易說·上經·乾》及《系辭上》）

他說：「變則化，由粗入精也；化而裁之謂之變，以著顯微也。」（《橫渠易說·上經·臨》）由突變轉化為漸變，是由顯著到隱微的變化過程；由漸變到突變，是以顯著的變化表現出的細微變化。「漸化」是著變的準備，沒有「漸化」就不能發生「著變」；「著變」是「漸變」發展的必然結果，「著變」是在「漸化」的基礎上顯現的。

對於如何把握事物的變化，張載提出一個「中」的概念。他說：「君子知微知新，知柔知剛，未嘗不得其中，故動止為眾人之表。」（《橫渠易說·上經·剝》）他告誡人們對事物的變化要把握一個「中」的尺度。他說：「未過中之戒，猶履霜堅冰之義，《泰》之三曰：『無平不陂，無往不復，皆中之戒也。』」（《張載集》第105頁）在張載看來，這個中就是決定事物某種質量的關節點。他要把事物變化限制在「中」的程度，而不使其發生由量到質的突破。這就與其「變」的思想發生了矛盾，導致其「變」與「化」的觀點最終滑入了循環論。他說：「言反又言復，終則有始，循環無窮……深其反也，幾其復也，故曰『反覆其道』。」（《張載集》第112頁）這種反反覆復，就是典型的循環論。

三、「聞見」「德性」之說，二元論的認識論

張載在認識論的領域中雖然提出了一些合理的見解，但也出現了重大的失誤，由失足而陷入唯物與唯心的二元論歧途中。

在認識的對象上，他把世界分為兩個部分，一個是客形、客感的物質現象世界；另一個是至靜、至虛、無形、無感的「太虛」世界。

這兩個世界就是他規定的認識對象。這就使他的哲學邏輯結構具有兩重性;一方面承認物質世界的客觀實在性,承認認識來源於客體,從而肯定「聞見之知」;另一方面又提出了不依見聞而只按體認「太虛」世界的「德性之知」。由此便產生了認識結構中的兩重性。

(一)「由內外之合」的「聞見之知」

張載說:「有識有知物交之客感……人謂已有知,由耳目有受也。人之有受,由內外之合也。」(《正蒙·太和》)「內外之合」就是主觀與客觀相符合,其基礎在於「物交」,「使耳目有受」,這就是肯定了外部事物是感性知識的來源。作為感性認識中的「客感」,其內容來自客觀世界,並且是變動不居的。即「心所以不萬殊者,感外物為不一也」(《正蒙·太和》)。因此,他堅持了「有物則有感」的唯物主義反應論原則。他說:「感亦須得有物,有物則有感,無物則何所感。聞見不足以盡物,然又需要它。耳目不得,則是木石,要它便合得內外之道,若不聞不見,又何驗?」(《語錄上》)又說:「理不在人皆在物,人但物之中一物耳。」(《語錄上》)他指出,即使「不聞不見」而產生的表象,也是以往感覺經驗的再現。他說:「若以見聞為心,則止是感得聞見,亦有不聞不見自然靜生感者,亦緣自聞見,無有勿事空感者。」(《語錄上》)張載也認識到經驗的局限性,所以他認為還要「盡心」才能「窮理」(窮究事物之理)。他說:「若以聞見為心則止是感得所聞見。」(《語錄上》)他要求突破狹隘經驗的局限。他說:「萬物皆有理,若不知窮理,如夢過一生。窮理亦當有見。見物多,窮理多。如此,可盡物之性。」(《語錄上》)

張載也認為「見物」是「窮理」的基礎,所以指出,見物之多少決定窮理之深淺。又認為,「窮理」是一個逐步深入的艱苦學習過程,而且「窮理」必須「盡心」,不能只推類。他說:「若便謂推類以窮理為盡物,則亦但據聞見推類,卻聞見安能盡物?今所言盡物,蓋欲盡心耳。」(《張子語錄下》)他注意到客觀事物的存在方式和人的認識能力之間的差別和矛盾。他說:「天文地理,皆因明而知之,非明則皆幽也,此所以知幽明之故。萬物相見乎離,非離不相見也,見者由明,而不見者非無物也,乃是天之至處。」這是說,事物的存在有可見聞

（「明」）和不可直接見聞（「幽」）的兩個層面。能見不能見取決於眼睛，見不見得到取決於事物之「幽」和「明」，見不到不等於無物。他把某些不通過聞見而產生的感覺現象稱為「自然靜生感者」，這是一種對過去感覺的回憶，憑空產生感覺是不可能的。總的說來，「聞見之知」的認識路線是值得肯定和借鑑的。

（二）超經驗的「德性之知」

「德性之知」，是張載從他的道德修養論和人性論出發而設定的，用於其認識論的一個命題。什麼是「德性之知」？所謂「德性之知」就是張載所講的「天德良知」，就是以天賦於人的、以理為基礎的有經驗的知識，是高於「聞見之知」的關於宇宙神化的認識。它的認識對象不是客觀存在的事物，而是封建道德修養所追求的「性與天道」。張載說：「誠明所知，乃天德良知，非聞見小知而已。」（《正蒙‧誠明》）又說：「有知乃德性之知也。」（《經學理窟‧學大原上》）又說：「耳目不可以聞道。『夫子之言性與天道』，子貢以為不聞，是耳目之聞未可以為聞也。」（《經學理窟篇‧學大原》）他還說：「世人之心，止於聞見之狹，聖人盡性，不以聞見梏其心，其視天下無一物非我。」（《正蒙‧太和》）其中所講的「天德」就是天道，或謂之「天理」；「良知」即人本身先天具有的天性。認識的目的就在於「聞道」「盡性」以達到天人合一的精神境界。張載認為追求「德性之知」只是聖人（或「大人」「君子」）的事，而世人（「小人」「眾人」）的「聞見之知」是不可達到「德性之知」的。認識路線有兩條：一是「自明誠」，二是「自誠明」。張載說：「『自明誠』，由窮理而盡性也，『自誠明』，由盡性而窮理也。」所謂「自誠明」，就是先立誠，盡性，而後再窮理；所謂「自明誠」，就是先窮理，再盡性。他認為，這兩種認識路線都可以達到「誠明」的境界（天人合一的境界）。前者是強調從主觀出發去體驗天理；後者強調先「窮理」。張載說：「窮理即是學也，所觀所求皆學也。」（《張子語錄下》）很顯然，這種路線是錯誤的，因為他所謂的「窮理」「盡性」不是窮物之理，盡物之性，而是去學習、維護封建制度的倫理綱常，學習聖人設定的天理教義，用以盡自己心中的性。這全是唯心主義的。

「德性之知」的認識方法是「大其心」。張載說:「能以天體身,則能體物也不疑。」(《張子語錄下》)「大心」就是無限擴大的理性思維,通過冥思苦想,把主觀認識能力發揮到極致。「體」即體認。張載認為,只要發揮人心無所不能的本性,就可以與客觀物質世界實現絕對的同一。人之所以不能做到這一點,就在於把心看成是有限的(外)的,天沒有外,心如果有外(有限),就會產生有限和無限的矛盾,就不會達到天人合一(「合天心」)。如果能「以天體身」,泯滅了主客觀的界限,消除了有限和無限的矛盾,就可以實現天與人的絕對同一。這顯然是主觀唯心主義的認識論。

張載把聞見之知與德性之知對立起來,認為兩者不僅有大小高低之別,而且絕不相容,他說:「若以耳目所及求理,則安得盡。」(《橫梁易談・系辭下》)又說:「循象喪心,人病以耳目見聞累其心,而不務盡其心,故思盡其心者,必知心所從來而後能。」(《正蒙・太和》)他還說:「德性之知,不萌於見聞。」(《正蒙・太和》)又說:「若聖人,則不專以聞見為心,故能不專以聞見為用。」(《正蒙・乾穆》)張載認為,聞見之知太狹隘,只能是小人之知,聖人不以聞見為心,不以聞見為用。由此可見,在張載的認識論中,雖然在一定程度上,肯定了「聞見之知」的作用,但又錯誤地貶低了「聞見之知」,過分地抬高了「德性之知」。認為「德性之知」才是認識的高級階段,但這不是從感性認識出發而產生的、科學的理性認識,而是從體認「天德良知」而達到對所謂「天理」的認識。不言而喻,所謂「德性之知」完全是脫離客觀實際的主觀唯心論。總之,張載的認識論沒有掙脫其封建倫理觀的束縛。

四、立足封建倫理,溝通「天人」論性命

張載的人性論,也是和他的封建主義倫理觀聯繫在一起的。他的宇宙觀之主要部分雖然屬於樸素唯物論,但接觸到社會人事問題就立即滑向唯心論,受其階級立場和歷史時代性決定。他堅持「天人合一」論,這個「天人合一」的實質,就是把封建意識形態中的倫理道

德觀念和與之相應的社會等級秩序提升到與天理同等的崇高地位。為了做到這一點，他必須設法溝通天與人的聯繫，力求將天性和人性混為一體。因此，他提出了「天地之性」和「氣質之性」兩個層次的人性主張。企圖從本體論方面去尋求封建道德合理性的依據。

張載雖然用物質狀態的氣作為宇宙本體和世界各種物質形式的基本狀態，但他又把氣所具有的運動變化功能的「神」納入了「天道」「天理」「天性」之中，這就使「天理」「天道」具有物質性與精神性、自然性與社會性的雙重特性。這樣，他就把封建倫理思想同自然界的氣牽強附會到一起了。所謂「合虛與氣，有性之名」，「虛」即「天地之性」，「氣」即「氣質之性」。張載說：「形而後有氣質之性，善反之，則天地之性存焉。故氣質之性，君子有弗性焉。」（《正蒙·誠明》）所謂「氣質之性」，是指氣聚而成人之後，這個人所具有的秉性。此外還有一種由清氣之氣體本身所具有的、在人形成之前就存在的普遍的性，這就是「天性」或「天理」。張載認為，只有這種天命之性才可以稱之為性，對「氣質之性」是君子所不取的。因為前者是「氣之本」，是大，後者是「氣之欲」，是末，是私，是小。他說：「知德者離天厭而已，不以嗜欲累其心，不以小害大，以末喪本焉爾。」（《正蒙·誠明》）天地之性與氣質之性的關係，就是天理和人欲的關係。他說：「今之性（人）滅天理而窮人欲，今反覆歸其天理。古之學者便立天理，孔孟而後，其心不傳，如荀揚皆不能知。」（《經學理窟·義理》）這就是說，天理與人欲是絕對對立的，古人為學就是立天理，就是通過去人欲而實現「性」與「天道」合一。去掉了人欲，就能迴歸於天理，迴歸於人性，就可以實現「天人合一」。

說穿了，所謂「天地之性」，在張載和一切封建思想家看來，就是天理，其實質就是維護封建制度下的「三綱五常」。在他們的心目中，「君為臣綱」「父為子綱」「夫為妻綱」就是最根本的天理。「君子治小人，小人養君子」也是最根本的天理。照這些規矩做事就合乎天理，就合乎封建秩序的「禮」。他們說：「天生物，便有尊卑大小之象，人順之而已，此所以為禮也……禮本天之自然。」（《經學理窟·禮樂》）他們把「禮」所規定的社會秩序和自然秩序混為一談。這就

把規範封建主義社會秩序的禮法制度上升到「天理」的高度。這就是張載人性論的最終落腳點。

五、社會政治主張、主觀願望違時宜

張載把自己一生的抱負歸結為四句話，即「為天地立心，為生民立道，為去聖繼絕學，為萬世開太平」(《張子語錄·語錄中》)。張岱年先生說：「天地本來無心，人能認識天地，可謂為天地立心。」張載以繼絕學（即先聖之絕學）自命。絕學，指受佛教影響而衰落的古代儒學。張載認為繼承和發揚聖人之絕學，就是為生民立道。最後一句話，即「為萬世開太平」，是張載理想的最高目標。前面的三個願望都是為實現這個最高目標創造前提條件。張載是想從理論的高度為儒家的政治、倫理和社會觀建立一套根本的理論依據。因此，筆者認為，要瞭解張載的社會政治思想應該以「為萬世開太平」為出發點。

張載的社會政治理想，可以從《西銘》中得到理解。《西銘》不僅表述了他的倫理思想，同時也表述了他的社會政治理念。其基本思路是對「天人合一」論的進一步展開。他認為，自然與社會是相應、相通的，天道與人道是同一的、一致的。《西銘》說：「乾稱父，坤稱母，予茲藐焉。」認為天地是人和萬物之父母，所以是相通的。再則他認為，充塞於天地之間的「氣」，既是宇宙萬物的本體，也是人之本體。又說：「天地之帥，吾其性。」認為人性來源於天地之性，人性即天地之性，這就推論出天道與人道的統一性。

《西銘》中的「仁民」「愛物」和「民胞」「物與」的思想，體現了張載的人道思想，他繼承了儒家仁民、愛物的傳統思想。孔子說「泛愛眾而親仁」(《論語·學而》)。孟子說「親親而仁民，仁民而愛物」(《孟子·盡心上》)。《西銘》說：「民吾胞，物吾與也⋯⋯尊高年，此以長其長；慈幼孤，所以幼吾幼；聖其德，賢其秀也。凡天下疲癃殘疾，煢獨鰥寡皆吾兄弟之顛連而無告者也，予時保之，子之翼也。」儒學經典《禮記·禮運》提出了「大同」和「小康」的社會理想，即「大道之行也，天下為公，選賢與能，講信修睦。故人不獨親

其親,不獨子其子,使老有所終,壯有所用,幼有所長。矜寡孤獨廢疾者,皆有所養……是故謀閉而不興,盜竊亂賊而不作,故外戶而不閉。是謂大同」。這個「大同」理想,就是孔子「泛愛眾」和孟子「仁民而親物」思想的具體表現,也是儒家企圖解決貧富不均和社會不公而提出的救世方案。至於這個方案如何實現和能否實現,他們並沒有給出答案。

前面講過,張載以天道決定人道,而人道的內容則是仁義禮智之行,因而為政的要務就是養民和治民。他說:「養民當自井田開始,治民則教化刑罰俱不出禮外。」(《經學理窟‧禮樂》) 他把為政之道統攝於為人之道,所以非常重視教化的作用。張載的治國思想是首先讓老百姓有土地耕種,有基本的生活保障;其次對人民實行教化。他認為把這兩年事做好了,就可以實現「均」和「平」的理想,就能使社會長治久安。

對當時「不均不平」的社會問題,張載主張變革。他對《周易‧系辭上》「變而通之以盡利」的解釋是「理勢既變,不能與時順通,非盡得之道」(《棟梁易談‧系辭上》)。要求「超時盡利,順性命之理」(《橫渠易說‧系辭上》)。他的政治變革思路大致可從以下幾個方面來說明。

第一,以仁心行「聖人之誠法」。他說:「道千乘之國,敬事而信,節用而愛人,使民以時,此皆法外之意,不行先王之道,不能為政於天下。」(《經學理窟‧月令統》) 這裡講的「先王之法」主要指井田、封建、肉刑等經濟、政治、軍事、法律制度。他說:「井田而不封建,猶能養而不能教;封建而不井田,猶能教而不能養;封建井田而不肉刑,猶能教養而不能使。」(《經學理窟‧月令統》) 這說明張載的政治主張具有深厚的復古主義色彩。

其次是以足民和均平為施政之目標。張載說:「欲生於不足則民盜,能使無欲則民不盜……故為政在於足民,使無所不足,不見可欲而盜必息矣。」(《正蒙‧有司》) 又說:「利於民則可謂利,利於身於國皆非利也。」(《張子全書》卷十四《性理拾遺》) 他認為,要做到「足民」必須實行井田制,他說:「治天下不由井地,終無由得平,周

道止是均平。」(《經學理窟・周禮》) 所謂「足民」就是使老百姓得到足夠的生活資料。因此必須實行井田制，讓農民掌握一定分量的生產資料。這種「均」是在有等級差別的前提下讓大家都能生活下去的「均」；所謂「平」是希望通過改革達到太平。

張載認為，治理百姓，不外「養」「教」「使」三個方面。首先要「養」，然後是「教」，有養有教，然後才可以「使」。他認為，對老百姓實行教化和給予物質資料的滿足，就是行政的基礎，是正確的為政之道。

張載政治思想的最終目的是要實現天下一家的願景。這就是《西銘》一文中所表述的「以乾坤為父母，以萬物為朋友」。這樣，就把天地、萬民、萬物當成一個封建的大家族。基於這種觀點，張載提出要對天地盡孝道，對長輩要尊，對孤弱要慈，對困苦者要待之如兄弟，對待貧富貴賤要樂天安命。這種設想就是用封建道德處理人與天地萬物以及人與人的關係，這就是張載企圖達到「為萬世開太平」的指導思想。

在變革的方法上，張載提出了「善與人同」和「為之以漸」的主張。他認為變法要照顧到各方面的要求，並且不能操之過急，應該為之以漸。他說：「動必擇義，善與人同。」(《橫渠易說・上經・隨》) 所謂「善與人同」，就是指變法必須妥善處理好各方面的意見和要求。例如，他既要恢復井田，又要不傷害地主的利益，「使有租稅人不失故物」(《經學理窟・周記》)。所謂「不失故物」，就是實行井田後，讓大地主仍然享有原來土地的租稅，「使不失其為富」(《經學理窟・周記》)；另一方面是讓地主「為田官以掌其民」(《經學理窟・周記》)。認為這就可以做到使「悅者眾，而不悅者寡」(《經學理窟・周記》)，這就達到了「善與人同」的目的。不言而喻，張載的主觀意願是與當時的社會現實和歷史發展趨勢相違背的。戰國以後，西周時代的井田制度早已變為地主所有制，政治上已由封建制度改為郡縣制，這是歷史發展規律決定的，要「復古」，注定是行不通的。況且在當時的社會情況下，「善與人同」是絕對做不到的。

儘管如此，張載的社會政治思想仍然具有一定的進步意義，因為

他的改革願望和改革方案也在一定程度上反應了當時大部分人民的要求和願望。與此相應,他對當時社會制度下產生的各種矛盾和積弊也做了分析和批評。如他說:「貧富不均,教養無法,雖欲言治,皆苟而已。」(《行狀》引)他企圖通過改革以逐步達到均平的願望也是值得肯定的。

六、關學獨樹一幟,流傳後世影響深

張載一生的大部分時間在從事學術研究和教育事業。他自幼酷愛學習,刻苦自勵,希望能對社會和國家有所貢獻。他做官的時間並不長,自公元 1057 年開始做官,到公元 1071 年辭官回鄉,只有十四年時間。即使在這段時間,仍是亦官亦儒,並未中斷對儒學的研討。辭官回鄉之後,更是全身心地研讀儒家經典,寫出了大量著作,形成了獨特的思想體系。直到公元 1077 年生命終結為止,他都是在勤奮鑽研中自得其樂,說他「終日危坐一室,左右簡編,俯而讀,仰而思,有得則識之,或中夜起坐,取燭以書,其志道精思,未始須臾息,亦未嘗須臾息也」(《行狀》)。與此同時,他還大量招門徒,傳授自己的學術思想。由於他的學說自成體系,獨具風格,當時在關中頗具影響,自然成了關中學者的宗師。門人聞風雲集,從者甚眾,形成了以他為中心的、被稱為「關學」的宋代理學四大門派之一。

作為宋明理學創始人之一,張載對儒學發展的貢獻是很大的。

首先,他站在理論思維的高度,重振了儒學的權威。他平生的抱負之一就是「為去聖繼絕學。」他所繼承的儒學主要是《周易》和《中庸》中的學說,發揮了《周易・大傳》中的唯物主義和辯證法思想,還發揮了《中庸》的性與天道之論。其主要貢獻是從理論思維的層面上比較透澈地批判了佛道的唯心論,發展了唯物主義的氣本體論。

在宋代以前,儒學的最大弱點是其哲學基礎薄弱,特別是表現在它沒有從宇宙論的高度去論證其學說的合理依據。這就造成了儒、佛道三家爭雄,從而嚴重地動搖了儒學在意識形態中的正統地位,因而導致其衰退的局面。北宋興起的新儒學各派都認識到上述這個致命的

弱點，於是就開始建構自己的宇宙本體論。張載在這方面做出了巨大的努力和貢獻。建構了自己氣本體論的哲學基礎，在此基礎上，又建構了自己的人性論和政治理論學說。張載的著作對儒學經典的義理化做出了突出的貢獻，不愧是宋代新儒學（理學）的傑出開創者之一。

其次，在治學方法上突破了前人的束縛。自漢代以來，儒家的學者們一味依附於經學，他們都以註經、解經的方法去闡釋自己的見解，習慣於因襲舊說，拘泥於章句，嚴重地束縛了學術思想的創新發展。加之儒家經典繁多，學者各立門戶，解說紛繁，出書形成汗牛充棟的現象。使得學者莫衷一是，使人皓首窮經而不得要領。這種情況也是使後來儒學走向衰退的原因之一。

鑒於上述情況，張載在治學方法上力求擺脫前人的思想束縛，注重獨立思考，力求創新。他說：「義理有所疑，則濯去舊見，以來新意。」（《語錄》）又說：「當自立說此明性，不可以遺言附會解之。」（《語錄》）他還說：「學貴心悟，守舊無功。心解則求義自明，不必字字相校……若只泥文而不大體則失之。」（《經學理窟·義理》）張載把「理」作為考訂和整理儒學經典的基本依據，主張治理儒學經典必須突破文字訓詁的舊傳統。他認為，只有如此，才能使已經走入死胡同的儒學獲得新生。張載用半生精力以上述方法對儒學的復興做出了巨大貢獻，也對推進古代學術的發展建立了不朽功績。

《宋史·張載傳》說他「以《易》為宗，以《中庸》為體，以孔孟為法，拙怪妄，辯鬼神」。他繼承了《易傳》的唯物主義思想，建立了唯物主義自然哲學，啟迪了明清時期唯物主義哲學思想的發展。明清之際的唯物主義大師王夫之就一再宣稱自己是張載哲學的繼續者。他對張載十分推崇。王夫子說：「張子之說，上承孔孟之志，下救來茲之失，如皎日麗天，無幽不燭，聖人復起，未有能易焉者。」（《張子正蒙註·序論》）明清時期的主要唯物主義思想家王廷相、王夫子、戴震等人都是張載哲學的繼承者。張載無愧是宋元明清時代唯物主義氣一元論的開創者。

宋明理學是中華民族思想文化發展中的新形態，其理論體系所宣揚的以孔孟學說為指針、以儒學經典為依據的思想文化，作為支居於

配地位的主流文化，支配中國人的思想和社會生活，對中國人的思想和社會生活的各個方面都產生了重大影響。作為宋明理學重要奠基者之一的張載，在儒學乃至中國文化的發展史上具有崇高的地位。宋理宗淳祐二年（《公元1241年》）詔令：「周敦頤、張載、程顥、程頤……其令學宮列諸崇祀，以示獎之意。」（《續資治通鑒》卷170頁）他從祀孔廟，還被封為郿伯。他的思想和學說影響中國社會達數百年之久。

宋學泰門
程顥·程頤

程顥和程頤是親兄弟，世稱「二程」，他們在中國儒學思想發展史中佔有很重要的地位，是中國儒學第二次復興的骨幹人物。由於二程的思想十分接近，生活經歷大體相同，一般學術史和評價對他們的學術思想亦很少做分別介紹，筆者遵從舊例，將他們同列一傳。

一、官僚世家兩兄弟，經歷不凡有名聲

二程的家世歷代居官，他們的高祖程羽，是宋太祖趙匡胤手下一員將領，在宋太宗為晉王時，又是趙光義的幕僚之一，以後又做過宋真宗的老師，官至兵部侍郎，死後贈封少卿。二程的曾祖父程希振，曾任尚書虞部員外郎；其祖父程遹，曾任開封府儀同三司吏部尚書；其父親程珦以世家蔭庇，照例做了一個「郊社齋郎」，得到了晉升機會，由此起家，連續做了幾十年的中央和地方官，官至太中大夫。到了暮年，才因老病致仕（退休）。

程顥，字伯淳，生於宋仁宗明道元年（1032年），死於宋神宗元豐八年（1085年），後人號為「明道先生」。

程顥自幼聰穎，幼年時期就開始習誦儒家經典，10歲就能寫詩作賦。他天資聰穎，學習刻苦，20餘歲即中進士。隨後做了幾任地方官，在任上，是一位干練的官員。其弟程頤在《明道先生行狀》中敘述了其兄做地方官時期的一些重要事跡。

中進士後，調京兆府鄠縣（今陝西戶縣）主簿。剛上任時，縣令因其年輕，所以不瞭解他的才能。就在這時，縣衙受理了一宗比較複

雜的案件：有個縣民借居其兄長的屋宅，很多年之後，在此住宅中挖出很多埋藏於地下的錢幣，這個縣民的兄長之子認為是他父親所藏，兩家爭訟到縣衙。縣令覺得難以判案，對程顥說：「此事沒有證據說明錢幣為誰人所藏，應該如何斷案？」程顥說：「此事容易辨明。」他對原告說：「你父親是在什麼時候把錢幣埋在宅內的？」原告說：「四十年了。」又問：「被告借住這所房子多少年了？」原告說：「二十年了。」程顥即派人取出十千錢幣，進行了仔細考察，然後對原告說：「如今官府鑄錢，不到五六年就流行於全國，這些錢幣都是未藏前數十年所鑄造的，怎麼解釋？」原告不能答對。案子判清了，縣令對程顥十分佩服。

後來，程顥為江寧府上元縣（今南京）主簿。此處田稅不均的現象十分嚴重，同江寧府靠近的好田土，都被有權勢的人用高價購買了，可是，這些好田土的賦都很輕，一般小民百姓所有的遠郊田，其購價雖低，賦稅卻很重。程顥幫助縣令籌劃良策，平均了賦稅。由於這一措施對富人有所損害，引起他們的不滿，因而企圖阻止其實行。程顥沒有讓步，後來無人敢公開反對了。此後，宋朝中央政府也曾在全國各地推行均稅法，但未收到成效。這件事說明程顥辦事果斷，能做到令出必行。不久縣令離職，由程顥代其職務。當時的上元縣，民情十分複雜，訴訟每月不下二百起，以往的官員終日忙於文案，沒有認真去做實事，程顥「處官有方」，不到一個月，訴訟案件大大減少。又上元縣的稻田連年遭受澇災，長期未得到治理，程顥發動民工，於當年就修好了陂塘，使糧食獲得豐收，為地方辦了一件天大的好事。

程顥在地方官任上，積極推行了儒家的政治路線。在澤州晉城（今山西晉城縣）為令時，「澤人淳厚，尤服先生教命。民以事至邑者，必告之以孝悌忠信，入所以事父兄，出所以事長上」。向縣民宣示儒家禮教。他按照儒家政治理想管理政事，「度鄉村遠近為伍保」「使之力役相助，患難相恤，而奸偽無所害。凡孤煢殘廢者，責之親戚鄉黨，使無失所。行旅出於途者，疾病皆有所養。諸鄉有校，暇時親至，召父老而與之語；兒童所讀書，親為正句讀；教者不善，則為易置。俗始甚野，不知為學。先生擇子弟之秀者，聚而教之，去邑才

十餘年，服者蓋數百人矣」（《河南程氏文集》卷 11《明道先生行狀》）。這些都說明程顥在年輕時期，就是一個忠實地實踐儒家學說的人。此外，在晉城任職期間，他還實行了一些減輕人民負擔的措施。如當時國家有科買制度，每年都給人民造成嚴重的負擔，每當任務一來，「雖至賤物至官取之，則其價翔踊，多者至數十倍」（《河南程氏文集》卷 11《明道先生行狀》）。這時，百姓必須用昂貴價格買進，再以低價賣給政府，人民苦不堪忍。程顥為緩和這種情況，「常度所需」，使家裡預先儲備當年政府所需之物，到徵收時以合理定價賣出。這樣，既可富家又可取倍息，鄉民的負擔也比過去減輕一半以上。又如，該縣所收人民糧賦，照例要送至邊疆，由於道路遙遠，運輸不便，若在近處買進，則價格昂貴。程顥選擇了一些信得過的富民，令其預先購粟於邊郡，這樣就大大節省了費用，寬紓了民力，減輕了人民的負擔。另外，程顥還在晉城實行了一些其他好的措施，如在縣庫儲錢以補民力；按照家產的多寡合理調整差役制度等。上述一些措施在一定程度上使人民得到好處，所以《明道先生行狀》說他「在邑三年，百姓愛之如父母」，離任那天，人們對他依依不捨，群情激動，以至「哭聲振野」。此處雖有溢美之詞，但也多少反應了一些真實情況，至少說明程顥是按照儒家的「仁政」原則實行了一些「惠民」之政，在一定程度上減輕了百姓痛苦。

　　由於程顥在地方上有一些政績，神宗即位之初，由御史中丞呂公著推薦，調回朝廷做了太子中允、權監察御史裡行。大概呂公著的本意是想讓他當個正式的監察御史，但沒有如願，他僅僅做了個實習御史，並加上了一個「權」（代理）字。當時，宋神宗鑒於內外交困，很想有一番作為，有時也召見程顥，想聽聽他的高見。可是，程顥畢竟是個道學先生，「每進見，必為神宗陳君道以至誠仁愛為本，未嘗及功利。神宗始疑其迂，而禮貌不衰。嘗極陳治道，神宗曰：『此堯舜之事，朕何敢當？』先生愀然曰：『陛下此言，非天下之福也。』」（《河南程氏文集》卷 11《明道先生行狀》）神宗本來對他寄予厚望，聽了他的進言之後，以為不切實用，不感興趣。這樣，程顥又請求退出朝廷，外補做官，遂為京西路提點刑獄，做了一個和知縣職位相等

的司法官。

程顥在政治上同司馬光、富弼等大官僚聯合在一起，共同反對王安石的新法，所以在實行變法的神宗時期，沒有得到信任與重用。公元1072年，二程之父程珦，從四川漢州回京師，旋即致仕（退休）。此時的程顥也「厭於職事」，便以其父年老多病、需要照顧為由，要求退居閒職。他回洛陽後，便與其弟程頤一起日以讀書勸學為事。神宗去世後，哲宗年幼，由高太皇太後聽政。這時，反對新法的舊黨人物，又被起用，掌握了政權，程顥也同時被召入京，授為中正寺丞，但還未及上路，便病死在家，終年54歲。

程頤，字正叔，生於宋仁宗明道二年（1033年），死於宋徽宗大觀元年（1107年），後人稱他為「伊川先生」。朱熹在《伊川先生年譜》中，說他「幼有高識，非禮不動，年十四五，與明道受學於舂陵周茂叔先生」。他也是一位早熟的道學先生，在18歲時，就以布衣身分上書仁宗皇帝，勸其「以王道為心，生靈為念，黜世俗之論，期非常之功」，懷有雄心壯志。在此次上書中，他還請求皇帝召見，陳其所學。可惜上書未達於仁宗。也是在18歲時，他在太學讀書，撰成一篇名為《顏子所好何學論》的文章，得到當時掌管太學的大儒胡瑗賞識，立即傳他相見，又「處以學職」。年輕的程頤從此一舉成名，與他同在太學讀書的呂希哲等人竟來拜他為師，「而四方之士，從遊者日眾」。此後，他的名聲和影響就更大了。程頤雖然沒有考中進士，但按舊例，程家世代為官，其父程珦享有蔭庇子弟當官的特權。而程頤卻把每次「任恩子」的機會讓給了本家族的其他人，自己沒出去做官，長期以「處士」的身分潛心於孔孟之道，並且大量接收學生，從事講學活動。

公元1059年，程頤受詔，賜進士出身。據今尚保存在河南嵩縣程村的碑刻記載：神宗元豐五年（1082年），太尉文彥博鑒於程頤「著書立言，名重天下，從遊之徒，歸門甚眾」，就在洛陽鳴皋鎮的一個小村莊撥了一塊土地，專門為他修建了一座「伊皋書院」（即伊川書院），讓他在此講學近20年。

宋神宗元豐八年（1085年），哲宗即位，王安石變法失敗。由司

馬光、呂公著等人推薦，程頤被授為汝州（今河南臨汝縣）團練推官、西京（洛陽）國子監教授等職。在司馬光等人的推薦書中說：「臣等竊見河南處士程頤，力學好古，安貧守節，言必忠信，動遵禮義，年逾五十，不求仕進，其儒者之高蹈，聖世之逸民。伏望特加召命，擢以不次，足以矜式士類，裨益風化。」（《二程集·伊川先生年譜》）說他是一位高標準的儒者，應讓他出來做官，如此可以鼓勵知識分子，使之以程頤為典範，便有助於形成良好的士風。程頤沒有接受任命。次年應詔入京，受命為崇政殿說書，其職務是教皇帝讀書。當時的哲宗年幼，司馬光等人推薦程頤教他讀書，其目的是讓哲宗不再奉行神宗的改革政策。程頤就職之前，就給皇帝上奏，提出了君子應重視「涵養氣質，熏陶德性」，注重道德修養，還要經常接近品行高尚、敢於當面規勸君主之過失的臣僚。此外，他還提出，要讓給皇帝講書的侍講官坐著講，以示「尊儒重道之心」（《二程集·論經筵事劄子》）。上述建議，表現了自孔、孟以來，儒家學者不遺餘力宣揚「聖王之道」和以「帝王之師」自任的本色。就職以後，他經常以向皇帝講書的機會，借題發揮，議論時政。由於他在君主面前，敢於「議論褒貶，無所顧避」，這就一方面使其名聲越來越大，吸引了許多讀書人紛紛向他拜師問學，另一方面也引起了一些朝臣對他的不滿，有人指責程頤「經筵陳說，僭橫忘分。遍謁貴臣，歷造臺諫。騰口開亂，以償恩仇」，要求把他「放還田裡，以示典刑」（《道命錄》）。在這種形勢逼迫之下，他只好上書，自動要求辭職回鄉。程頤自1088年起，便基本上脫離了政治生活，在洛陽從事講學活動。儘管如此，到了1096年，在新、舊兩黨的鬥爭中，因新黨再度執政，他仍被定為反對新黨的「奸黨」成員，被貶到四川涪州（今四川綿陽市），被地方官管制起來。後來，這種打擊又累及他的兒子和學生。1102年，恢復新法的宋哲宗還下令追毀了他的全部著作（實際上，由於其著作對鞏固封建統治有用，在其門人保護之下，仍被保留下來）。程頤在此境遇下，不久病死於家。死後，洛陽地區凡與他有關係的朋友和門生都不敢去送葬。「故祭文惟張繹、範域、孟厚、尹焞四人」（《二程集》）。

二、創立洛學弘聖道，傳經授業為人師

二程不僅是北宋時期開創新儒學的「五子」之一，他們所創立的「洛學」，還使理學具有了完整的形態，因而又是宋明理學的實際創立者。

二程兄弟自幼熟讀聖賢之書。《宋史·道學傳》說：「程顥自十五六時，與弟頤聞汝南周敦頤論學，遂厭科舉之習，慨然有求道之志。泛濫於諸家，出入於老釋者幾十年，反求諸六經而後得之，秦漢以來，未有臻斯學者。」後來，兄弟二人終於成一代儒學大師，受到各地士人的尊崇，紛紛拜師於其門下。二人不僅竭盡全力為之傳道授業，還開創了自己的學派——洛學。程頤年輕時在太學一舉成名，20 餘歲就開始接納門生，教授儒學。程顥自詡於「孟子沒而聖學不傳，以興起斯文為己任」(《二程集》第 638 頁)。文彥博稱大程子「生於千四百年之後，得不傳之學於旁經，志將以斯道覺斯民」(《二程集》第 640 頁)。程顥於 1072 年退休回鄉，便同其弟住在一起，二人日以讀書勸學為事，當時「士大夫從之講學者，日夕盈門，虛往實歸，人得所欲」。由於兄弟二人長期講學於洛陽，其所形成的學派才被稱為「洛學」，這個學派在中國學術思想上具有重大的影響。

關於「洛學」興起的情況，範祖禹做了如下記載：

> 先生（程頤）以親老求為間官，居洛殆十餘年，與弟伊川先生講學於家……士之從學者不絕於館，有不遠千里而至者。先生於經，不務解析為枝詞，要其用在己而明於天。其教人曰：「非孔子之道，不可學也。」蓋自孟子沒而《中庸》之道不傳，後世之士不循之本而用心於末，故不可與入堯舜之道。先生以獨智自得，去聖人千有餘歲，發有關鍵，直睹堂奧，一天地之理，盡事物之變。故其貌肅而氣和，志定而言勵，望之可畏，即之可親，叩之者無窮，從容以應之，其出愈新，其學者之師也。成就人才，於時為多。

(《伊洛淵源錄》卷 2《門人朋友敘述》)

上面的記載，概括了「洛學」的興起及其特點，同時還指出了程

顥作為一代儒學宗師的學問、道德風貌和師表範式。

「洛學」在學風上不像兩漢以來的儒生那樣，只埋頭於對儒家經典的訓詁考釋，而是著眼於根本，追尋其精神實質，著重於對儒學經典之精妙奧義的探索與發展，抓住關鍵，「直睹堂奧」，從而達到了「一天地之理，盡事物之變」的目的。在學風上，程頤同程顥一樣，認為「凡學之道，正其心，養其性而已，中正而誠，則聖矣」（《二程集》第 577 頁）。他認為，應學聖人之道，「只誦其言辭，解其訓詁而不及道，乃無用之糟粕耳！」（《二程集》第 671 頁）他們認為，讀書是為了窮理、致用，而不僅僅「滯心於章句之末，則無所用也，此學者之大患」（《二程集》第 1,187 頁）。他們也提倡學以致用，二程說：「百工治器，必貴于有用。器而不可用，工不為也。學而無用，學將何也？」（《二程集》第 1,189 頁）二程認為求學治道，在於實用，就像工匠製造用具一樣，如果無用，工匠就不造它，學而無用等於白學。然而二程所講的致用，主要是指把孔孟之道的「義理」及其所體現的封建道德、綱常倫理用之於修身治國。

二程從事學術活動多年，培養了一大批理學人才，特別是跟隨程頤求學的弟子很多，其中著名人物有謝良佐、楊時、遊酢、呂大中、呂大均、呂大臨、邵伯溫、蘇口、尹焞、張繹等人。在這些人之中，又以楊時和謝良佐最為出色，此二人對洛學的貢獻、對二程學說的承傳都起到了重大的作用。

「洛學」的著作計有二程的《遺書》25 卷、《外書》12 卷、《文集》12 卷，以及《易傳》《經說》《粹言》等。《文集》的前四卷是程顥的詩文集，後八卷是程頤的詩文集。《經說》中的《系辭》《書》《詩》《春秋》《論語》為程頤所作。《改正大學》為二程所作。《伊川易傳》是程頤對《易經》的註解，這部書集中體現了二程的理學思想，是程頤平生耗費精力最多的著作。《粹言》是由楊時精選後編寫出來的二程語錄。以上各種著作，現已被合編為《二程集》，由中華書局出版發行於世。

三、天理學說有層次，格物致知明本末

從哲學角度講，理學所探討的中心問題仍然是宇宙自然和人生的問題，其重點是探討社會人生問題，對於宇宙自然的探討在儒家來說，歷來重視不夠。《論語・公冶長》說：「夫子之文章，可得而聞也；夫子之言性與天道，不可得而聞也。」對於人的本性問題，孔子只講述「性相近也，習相遠也」一句，他基本上不講天道，對自然和社會的關係採取存而不論的態度。這大概是受「天道遠，人道邇」這一思想影響。然而，孔子很重視「天命」，相信命運之天或主宰之天，因為這個「天」是不可捉摸、不可駕馭的。從經驗上講，天似乎有意志又似乎無意志，故孟子說「莫之為而為者，天也；莫之致而至者，命也」(《孟子・萬章上》)。孔子強調盡人事、知天命，對有益社會國家的正義事業，要竭盡全力去做。作為一個「君子」，應該對社會負責到底，做得到的，則是「天命」可為，如果失敗了，也「不怨天，不尤人」。荀子十分重視對天人關係的研究，提出了「天人相分」和「制天命而用之」的學說。他不相信「天命」，認為天是自然現象，沒有意志，特別強調人的地位和作用。漢代的董仲舒從神學角度鼓吹「天人合一」，斷言天有意志，能主宰萬物、主宰社會人事，把一切自然現象都說成是天的意志所為，乃至說人是天的副本，是天依照自己的模樣複製的。他還提出「天人感應」的說教，斷言一切人事皆由上天支配。他從《公羊春秋》出發，把儒學思想同天命神學相結合，從而神化了儒家學說。這種理論經不起社會發展和人類社會實踐的檢驗，因而失去了它作為封建統治者的精神支柱作用。

理學創始人，雖然也著重研究人道問題，但他們為了從形而上學的高度去論證「聖人之道」和倫理道德的至高無上性，為把天道與人道統一起來，因而也重視對天人關係的研究。理學奠基人之一的邵雍就說：「學不際天人，不足以謂之學。」(《皇極經世・觀物外篇》)他認為，天地萬物和人，都歸於「道」。二程主張「理」即是「道」，程顥說「理便是天道也」(《遺書》卷20)，又說「理無形也」「無形為道」(《粹言》卷1)，還說「天有是理，聖人循而行之，所謂道也」

(《粹言》卷1)，所以人們也把理學稱為「道學」，因為在他們那裡，「理」和「道」是同等的概念。

(一) 二程的「天理」論

二程學說的核心是「天理」論。程顥說：「吾學雖有所受，天理二字卻是自家體貼出來。」(《遺書》卷12)「天理」是二程的最高哲學範疇，二程一般稱「天理」為「理」。「理」的概念，韓非早就提出了，和二程同時的張載、周敦頤、邵雍都提出了「理」的概念，但他們所講的「理」還不具有最高範疇的意義。張載說：「天地之氣，雖聚散，攻取百涂，然其為理也，順而不妄。」(《正蒙》) 周敦頤說：「禮，理也；樂，和也。陰陽理而後和。」(《通書·理·性·命》) 邵雍提出了「以理觀物」的思想，他說：「夫所以謂之觀物者，非以目觀之也……而觀之以理也。」(《皇極經世·觀物內篇》) 然而，張、周、邵的「理」都不具有最高哲學範疇的含義，只有二程才把「理」上升為其思想體系中的最高範疇。

二程的「天理論」是有系統、有層次的。概括地說，他們的「天理論」具有如下幾個層次：

第一，理是超時空的，完滿的精神實體。二程說：「天理雲者，這個道理，更有甚窮已？不為堯存，不為桀亡。人得之，故大行不加，窮居不損，這上頭來，更怎生說得存亡加減？這元無少欠，萬理俱備。」(《遺書》) 說明理是不以人為轉移的永恆存在，它無比完滿，「元無少欠」，沒有存亡加減，也不受時間上今與古的限制，更不因社會治亂和人的意志而改變。這種超越時空、永恆存在、無比完滿的「理」，只能判斷其為客觀精神。《易傳》說「形而上者謂之道，形而下者謂之器」，二程謂：「一物之中，其可見之形即所謂器；其不可見之理，即所謂道也。」(《文集》15) 認為形上和形下的區別在於有形與無形。又說：「氣是形而下者，道是形而上者。」(《遺書》卷15) 氣雖然無形，它具有物質特性，因而是形而下者。二程把氣和道截然區分開來看，說明他們的「理」或「道」是完全脫離物質形態的精神實體。

第二，理是世界萬物的總根源。二程把具有精神屬性的「理」視

為宇宙萬物之根本和總根源。他們說：「理者實也，本也。」（《遺書》卷11）所以「謂萬物一體者，皆有此理，只能從那裡來」（《遺書》卷2上）。又說：「理則天下只有一個，故推之而四海皆準。」（《遺書》卷18）他們斷言，萬物都是從理中派生和推衍出來的，所以是宇宙萬物的總根源。

在理與氣的關係上，二程堅決反對張載的氣本論思想，指責張載「立清虛一大為萬物之源，恐未安」（《遺書》卷2上）。所謂「清虛一大，是指「氣」。二程認為，把氣作為宇宙萬物的本源是不妥的。他們說：「有是理，後生是氣。」（《語錄》卷1）又說：「有理則有氣，有氣則有數。」（《經說》卷1）這就是說，理是氣之本，氣是理之用，理氣之間，以理為本。在二程看來，萬物的「氣化」，僅僅是該事物的表面現象，在這表面現象的背後，還存在著一個更根本的「理」，即事物「知所以然」的東西在起著支配的作用。比如「如火之所以熱，水之所以寒，至於君臣父子之間，皆有是理也」（《遺書》卷19），「實有是理，故實有是物；實有是物，故實有是用；實有是理，故實有是心；實有是心，故實有是事」（《程氏經說》卷8）。在二程看來，如果只著眼於事物的表面現象，如天高、地深、火熱、水寒等現象，那就不能把握事物之根本，不能從「形而下」上升到「形而上」。所以二程才說：「一陰一陽之謂道，道非陰陽也，所以一陰一陽，道也。」（《遺書》卷3）又說：「離了陰陽更無道，所以陰陽者道也。陰陽，氣也。氣是形而下者，道是形而上者。」（《遺書》卷15）這就強調了「道」是陰陽二氣之所以然，是脫離具體物質形態的精神本體。他們的圖式是：理—氣—萬物。

第三，理是自然和社會的最高法則。二程的「理」或「道」包含著規律或法則的意義。他們說：「天下之物，皆可以理照。有物必有則，一物統有一理。」（《遺書》卷18）「萬物皆有理，順之則易，逆之則難，多循其理，何勞於己力！」（《遺書》卷11）這是說，由於「當然之則」的理，「順之則易，逆之則難」，對事物之中的這種客觀法則，人們必須遵循。這個觀點無疑是二程唯心主義體系中同辯證法相符合的合理成分。此外，二程還比較全面地揭示了事物的對立統一關

係，提出了「萬物莫不有對」和「理必有待」的合理命題。程頤說：「萬物莫不有對，一陰一陽，一善一惡，陽長則陰消，善增則惡減。」（《遺書》卷11）「道無對，有陽則有陰，有善則有惡，有是則有非，無一亦無三。」（《遺書》卷11）認為天地萬物都處於相互對立、彼消此長的關係之中。程頤還說：「理必有對待，生生之本也。有上則有下，有此則有彼，有質則有文，一不獨立，二則為文。非知道者，孰能識之？」（《程氏易傳》卷2）「有對」「有待」是二程表示事物之間以及事物內部對立關係的範疇。他們認為，事物之間的對立關係，是一種普遍的法則，由於對立事物的相互作用，才推動了事物的變易和發展。斷言「對待」是「生生之本」，肯定了事物的「變易」，肯定一切事物都是變易的。程頤說：「隨時變易，乃常道也。」（《程氏易傳》）又說：「天理生生，相續不息。」（《粹言》卷2）事物之所以不斷地新陳代謝、生生不息，乃自然之常道。這些思想在一定程度上揭示了事物發展變化的法則，是合理的思想。然而，二程所講的發展變化，是指循環式的運動，而不是螺旋式的上升。如程頤說：「天下之理未有不動而恒者也。動則終而復始，所以恒而不窮。」（《程氏易傳》卷3）「動則終而復始」的說法，反應了二程發展觀上的循環論思想。所以他們雖然講變化、發展，最終仍歸於形而上學。特別是表現在倫理觀上，他們堅持說：「父子君臣，天下之定理，無所逃於天地之間。」（《遺書》卷5）即封建的等級秩序和倫理關係的定位不易，永遠不變。

第四，「理」是封建倫理道德之總稱。周敦頤的「禮，理也」一說，被二程進一步發展了。他們把封建道德原則和封建的等級制度概稱為「天理」，也就是說，把封建制度及其作為這種制度的人的行為規範，提升到宇宙本體的「理」的高度，認為如果誰違反了它，也就違背了「天理」。他們說：「理即是禮也。」（《遺書》卷3）封建等級制度中，君臣、父子、夫婦之別，就是理。二程說：「天地之間，無所適而非道也。即父子而父子所在親，即君臣而君臣所在嚴（一作敬），以至為夫婦，為長幼，為朋友，無所為而非道。」（《遺書》卷4）又說：「上下之分，尊卑之義，理之為也，禮之率也。」（《程氏易傳》）君臣、父子、長幼、夫婦等上下、尊卑關係，只用一個「理」字概

括。在這些關係中，人們只能各安其位，各盡其事，一切視、聽、言、動都只能按照封建的倫理道德行事，這才合於「理」的要求。

上述思想，具有十分明顯的政治意義，它為高度集中的集權政治提供了可靠的理論依據，並且成為整個後期封建社會統治者的政治思想基礎，在很長的一個歷史時期起到了維護封建制度的消極作用。

綜上所述，二程的「理」的諸多內容，涉及自然、社會、倫理等多個方面，其中也包含了一些合理成分。但從根本上看，他們混淆了自然與社會的界限，從而把自然道德化，把封建倫理絕對化、永恆化，都是為鞏固封建專制主義服務。再則，他們把宇宙的本體歸之於脫離具體事物的「理」或「天理」，並賦予其永恆存在和無比圓滿，並主宰、派生萬物的屬性。一般說來，二程的世界觀屬於客觀唯心論。再具體分析，還可發現程頤思想純屬客觀唯心論，其特點是他把「理」「性」「命」三者結合起來，認為「理」就是「天」，「天者理也」。程顥則把天理歸之於「心」，認為「只心便是理」「一人之心即天地之心；一物之理即萬物之理」（《遺書》卷2上）。故而顯示了主觀唯心論的特點。這種情況說明了主觀唯心論同客觀唯心論之間，並不存在一條不可逾越的界線，二者是互通的。

（二）「格物致知」的認識論和修養論

「格物致知」論是二程的認識論和道德論。道學家的道德修養論同他們的認識是聯繫在一起的。因為他們認為認識的目的在於明理，明理的目的在於切實地進行道德修養。

「格物致知」一詞，源於《禮記・大學》。二程說：「《大學》，孔氏之遺書，而初學入德之門也。」（《經說》卷5）《大學》的第一章說：「物有本末，事有終始，知所先後，則近道矣。」程頤說：「人之學，莫大於知本末終始。致知格物，則所謂本也，始也；治天下國家，所謂末也，終也。治天下國家必本諸身，其身不正，而能治天下者，無之。」（《粹言》卷1）這就是說，格物致知是根本，是基礎，治國平天下是在此基礎上的發展，也是最終的目的。

什麼是「格物致知」？二程說：「格猶窮也，物猶理也，若曰窮其理雲爾。窮理然後足以致知，不窮則不能致也。」（《粹言》卷1）又

說：「格至也，言窮盡物理也。」(《遺書》卷18) 據此，二程把「格物」直截了當地解釋為「窮理」。如何格物窮理？他們認為，「知」是人們心中本來所固有的，只要於心上反省內求，即可認識一切真理。程頤說：「只心便是天，盡之便知性，知性恆知天。當處認取，不可外求。」(《遺書》卷2上) 又說：「窮理盡性至命，只是一事。才窮理，便盡性，才盡性，便至命。」(《遺書》卷18) 所以只能向內用功，不需向外探求。因為天人是一體的，心、性、命、天緊密相連，天理本來就存在於心中，故不須外求。二程更明白地說：「致知在格物，非由外鑠我也，我固有之也。」又說：「知者吾之所固有。」(《遺書》卷25) 他們解釋「物」為「理」，認為心外之理和心中之理一致。因此，「格物致知」的方法只是向內探求，只要使心中之理發揚光大，就可以窮盡天地之理了。

那麼，為什麼還須格物？在二程看來，心中固有之知是潛在的，要這種潛在的固有之知顯現出來，並使之發揚光大，就要經過「格物」的功夫。二程說：「知者，吾之所固有，然不致則不能得之，而致之必有道，故曰：『致知在格物』。」(《遺書》卷25) 怎樣去格物呢？二程說：「窮理亦多端，或讀書講明義理，或論古今人物，別其是非，或應事接物而處其當，皆窮理也。」(《遺書》卷25) 這就是說，窮理的方法包括讀書明理、評論古今人物的是非、對人接物處理得當等方面。這裡一點也沒涉及改造自然的實踐，這說明他們在認識論上，也基本上是唯心論者。程頤說過，窮理需要一件一件地進行研究，累積多了，就會脫然貫通。他說：「須是今日格一件，明日格一件，積習既多，然後脫然有貫通處。」(《遺書》卷18) 這說明，他在認識過程論上，就有從量的累積到質的飛躍這一思想。然而，他的這種貫通並不是歸納，也不是科學的抽象，而是直覺思維中的脫然覺悟，同佛教禪宗的「頓悟」是一致的。

不過，二程的認識論也不全是唯心主義的先驗論，其中還包含了一些合理因素，這主要表現於他們對「聞見之知」的承認。二程把認識分為「聞見之知」和「德性之知」兩個層次。關於什麼是「聞見之知」，二程說：「聞見之知非德性之知，物交物則知之，非內也，今之

所謂博物多能者是也。德性之知，不假聞見。」(《遺書》卷 25) 這就是說，聞見之知是人的感官與外界事物相接觸（物交物）而得到的知識。程頤認為「聞見博而智皆明」「多識前言往行，識之多，則理明」(《遺書》卷 18)。強調要多去掌握「聞見之知」，還強調要多去學習前人的經驗，認為只有這樣，才可使人從迷到悟，從愚到智。在強調學習的同時，二程也重視「思」，他們說：「學而善思，然後可以適道；思而有所得，則可與立。」(《遺書》卷 25) 這些都是二程認識論中的合理因素。然而，從「德性之知，不假聞見」的觀點來看，他們在認識論上最終沒有脫離先驗主義的窠臼。

二程的格物致知論，同他們的道德修養論雖然不可分開，但其認識論並不是其修養論的全部，如「涵養須用敬，進學則在致知」(《遺書》卷 18)。有人問二程：「進修之術何先？」程頤答曰：「莫先於正心、誠意。誠意在致知，致知在格物。」(《遺書》卷 25) 由此可見，格物致知在他們那裡雖然是涵養的基本功，但二者仍有區別。格物致知固然是把握「天理」的基本途徑，但還必須從「主敬」入手，要從正心、誠意、修身做起。二程說：「學者不必遠求，近取諸身，只明人理，敬而已矣。」(《遺書》卷 2) 從根本上講，是要通過內心的反省來體驗天理的存在。更重要的是，必須做到「存天理，滅人欲」，才能恢復人「至善」的本性。二程說：「性即理也」。因為在二程看來，人生來就稟受了「天理之性」，同時也稟受了「氣質之性」，他們所稟受的「氣」有清、濁之分，因而其性有善、惡之分。惡的方面表現為「人欲」，善的方面表現為「天理」，只要通過認真修養，做到「存理去欲」，就可以變為至善的聖人。然而，對普通人來說，所謂「存理去欲」，就是要求他們按照封建的綱常倫理、道德準則辦事，這就是「存天理」；去掉一切不符合這一要求的「私欲」，這就是「滅人欲」。只有「存理去欲」才能當好封建專制主義的順民。上述理論，無疑是二程思想中的糟粕。

四、一代儒宗紹孔孟，影響後世七百年

宋明理學是中國思想發展史中的一個重要階段，是中國學術思想

史中的一種不同於以往的特殊形態。它是宋、元、明、清時期占據統治地位的意識形態，這種意識形態也是儒學發展史上的一個重要環節。宋明理學的產生，經過了一個比較長期的醞釀、準備過程。從唐代的韓愈、李翱起，經過宋初的胡瑗、孫復、石介等理學先驅者之準備工作，至北宋開始形成體系。周敦頤、邵雍、司馬光、張載等人都是理學的創建者，但真正使理學形成體系，具有初步完整形態的人，則是程顥、程頤兄弟。

二程對宋明理學的開創之功表現為如下幾個方面：

首先，他們最後確立了自韓愈開始所標榜的「道統」說，使儒家的學說在古老的中國重新樹立了自己的權威。文彥博在為程顥所寫的《墓誌銘》中說：

> 孟軻死，聖人之學不傳。道不行，世無善治；學不傳，千載無真儒……先生於千四百年之後，得不傳之學於遺經，……使聖人之道渙然復明於世。
>
> （《宋史·程顥傳》）

二程終生深思熟慮，闡發儒經之義理。又吸取佛、道學說中的一些思想成果，集其思維方法於理學之中，用以豐富和發展了儒家學說，並使之更具有理論思想的色彩，從而大大增強了儒學對讀書人的吸引力。一種學說之所以能長期獨尊於百家之上，不僅僅是靠統治者的青睞與強力推行。如果它本身不具備懾服人們思想的精神力量，沒有自己的生命力和生存價值，肯定不可能長期延續下去。

二程的理學之所以能夠成立和被其後代加以繼承發揚，除了他們本身具有獨到的思維能力、具有開創學派的聰明、睿智之外，還在於他們善於繼承和總結前代與同代儒學大師的成果。在這方面，張載、周敦頤、邵雍等人已經為他們奠定了可靠的基礎。

其次，在學風上，二程開創了有別於「漢學」的治經途徑。他們突破了漢人治經專重名物訓詁和嚴守師傳、不敢獨立思考的舊習，而特別注重探求義理、闡發孔孟之道，並提出了「窮經以致用」的主張。這種治學方法雖然不為二程所獨具，但在他們那裡表現得最充分。他們所探尋的「義理」，雖然集中在對儒家經典中「性與天道」和綱

常倫理大義的闡發上，但它卻突破了漢學不敢獨立思考的、墨守成規的治學方法，不失為一種大的進步。當然，在理學後來被定位為屬於支配地位的意識形態以後，就長期束縛了人們的思想，阻礙了知識分子開放思想以及自然科學的發展。故其消極面仍然是不可忽視的。

最後，二程所開創的理學，被朱熹加以繼承和發展，形成了一個龐大的、具有比較嚴密邏輯體系的學說之後，程朱理學從此便在中國後期封建社會的思想領域中長期占據統治地位。理學中的「心學」一派，也是從二程那裡產生而來的。所謂「陸王心學」，基本上來源於程顥的主觀唯心論思想，這一理學流派，也對後期封建社會產生了重大的影響。自北宋至清末，理學在中國思想意識形態領域占據統治地位達七百餘年，這都和二程有著直接的聯繫。

五峰先生

胡宏

胡宏是南宋初期一位愛國主義的進步思想家，他的理學思想對宋代理學的形成和發展影響較大，具有承上啓下的作用，是這一時期理學陣營中居於重要地位的理學家。

一、志在立身行道，不求富貴利達

胡宏，字仁仲，生於宋徽宗崇寧元年（1102年），卒於宋高宗紹興三十一年（1161年），建寧崇安（今屬福建）人。人稱「五峰先生」。他一生潛心於對儒學經義的研究和發揮，沒有做官。

胡宏的父親胡安國是北宋時期的著名經學家，在理學中也有很大的名氣。胡宏是胡安國的少子，很小就跟隨其父接受理學思想，後來又師事二程弟子楊時和侯仲良，「而卒傳其父之學」「初以蔭補右承務郎，不調」（《宋史·儒林五》）。後來，由於其父早年同秦檜有較好的私交，秦當國之初，曾致書胡宏之兄胡寅，「問二弟何不通書？意欲用之」（《宋史·儒林五》）。胡宏不願與秦檜為伍，回信嚴辭謝絕了秦檜。當時有人問他為什麼這樣做，胡宏說，「政恐其召，故示以不可召之端」（《宋史·儒林五》）。在回信中，他表明了自己立志專做學問，不求功名利祿。胡宏說：「稽諸數千年間，士大夫顛名於富貴，醉生而夢死者無世無之，何啻百億，雖當時足以快胸臆，耀妻子，曾不旋踵而身名俱滅。某志學以來，所不願也。至於杰然自立志氣，充塞乎天地，臨大事而不可奪，有道德足以替時，有事業足以撥亂，進退自得，風不能靡，波不能流，身雖死矣，而凛凛然長有生氣如在人

間者，是真可謂大丈夫。」(《五峰集》卷2、《與秦檜書》) 表現了他不阿奉權勢、不隨波逐流，決心不去做官，只願做一個有道德、有大節的、有助於治世的堂堂正正的大丈夫。秦檜死後，胡宏又一次被召，他仍稱病不出，此後竟終身不仕。黃百家在《五峰學案》的按語中說：「文定（胡安國）以遊廣之薦，誤交秦檜，失知人之明。想先生兄弟竊所痛心，故顯與秦檜絕……先生初以蔭補承務郎，避檜不出，至檜死，被召以疾卒……其志昭然千古著見焉。」其大節大義真如他自己所說：「身雖死而凜凜然長有生氣如在人間。」

胡宏一生矢志於道，以振興道學為己任，他說：「道學衰微，風教大頹，吾徒當以死自擔。」(《宋元學案》卷42《五峰學案》) 他自幼從其父研習儒學，又在楊時和侯師聖那裡學習了二程理學，後來曾「悠遊南山（衡山）之下餘20年，玩心神明，不舍晝夜；力行所知，親切至到」(《知言序》)，其成就卓著，終於成為南宋初期對振興理學起了重大作用的關鍵人物。

二、心系社稷安危，關注人民疾苦

生活於內憂外患時代的理學家胡宏，並不是一個只知閉門讀書、不問天下之事的人。恰好相反，他之所以做學問、求大道，不僅是為了做一個有學問、有道德、有大節的人，同時還本著「有道德足以替時，有事業足以撥亂」的理想和抱負，力圖將其所學用於匡時救世。身雖在野，心系社稷安危，不忘抗金復仇、收回故土，他反對苛斂無已，關心人民疾苦。對於如何抗金復仇、如何安邦治國，胡宏自有一套系統的思考。他在《上光堯皇帝書》中，詳盡地表達了自己的意見。在這封萬言書中，一開頭就說：「臣聞二帝三王，心周無窮，志利慮天下而己不與焉，故能求賢如不及，當是時，公卿大夫體君心，孜孜盡下，以進賢為先務。是時，上無乏才，而山林無遺逸之士，士得展其才，君得成其功名，君臣交歡而無纖芥，形跡存乎其間。」其意是要求宋高宗效法二帝三王之為政，第一要出於公心，志利天下；第二要廣求賢才，使之不被埋沒於村野，使他們充分施展才能，輔助

人君成其功業。

接著，他不無針對性地說：「逮後世衰微，心不及遠，志不周揚，據天下勢利而有輕疑士大夫之心，於是始有遁世不返，寧貧賤而輕世肆志者；於是始有奔走名利之途，納交於權勢之門以僥幸高貴者。」這裡所指的「後世」，顯然主要是指當世。在當時的南宋王朝，上至皇帝，下至各級文武官吏，多是文恬武嬉的勢利之徒。他指出當時那些「奔走於名利之途，納交於權勢之門」以僥幸謀取富貴者比比皆是。與胡宏同時代的岳飛，在當時也很有感慨地說：若要天下太平，除非「武官不怕死，文官不愛錢」，二人都是愛國志士，自然具有共同思想。

胡宏的萬言書，主要是向皇帝「陳王道之本，明仁義之方」。要求宋高宗施行仁政，並具體提出了如何抗擊金人和治國安邦的五條建議。

首先，要求興兵北伐。鑒於靖康之難，徽欽二帝為金人所虜，已歷時九年，使國家蒙受奇恥大辱，他說：「陛下大仇未報，叛臣未誅，封疆日蹙，危機交至，義之不可已也。」因此，他要求「加兵北伐，震之以武」，使金人知懼，迎接徽、欽二帝回國，使父子兄弟得以團聚，決不應該「以天子之尊，北面事仇」。他指出儘管朝廷竭盡委曲忍辱事仇，而「金人謀我之心烏有限制？土我土，人我人，然後彼得安枕而臥也」。因此，要求孝宗皇帝「立復仇之心，行討亂之政，積精積神而化之，與民更始」。

第二，整飭三綱，施行仁政。胡宏說「三綱」為「中國之道、治國之本」，並且「三綱立，邊鄙之叛逆可破也」。他認為，若能「定名分，正三綱，行仁政，施恩萬姓」，就可使「四海歸命」，收復中原，指日可待。

為此，他要求慎選官吏，「黜庸冗之官，以俟英賢；奪冒濫之職，以屈高士」。胡宏要求，「在官者按實功罪，誅賞必行。任官稱職者，使久於其位；過惡已張者，編之於民」。他說：「夫國之所恃而上之所保者，億兆之心也。」對於那些貪戾失職的「生民之蠹賊」，若能「汰而黜之，則得民心」。他規誡人君：「仁覆天下，則眾得所願而戴之；後不體元，為政不仁，無以保天下，則民擇仁厚而歸之。」

第三，鑒於宋室南渡之後，國家尚處於困難時期，人民生活於水深火熱之中，他建議要關心人民，要有「愛民之心」。胡宏指出，當時官府對老百姓「誅之若禽獸，取之若漁獵，發求無度，科斂無已，脅之以勢，卻之以威」，使得他們「慘毒切於饑膚，凍餒迫於憂慮」。因此，要求減輕人民負擔。他說：「財者，天地有時，四民致功者也，取財於四地則無窮，取財於四民則有盡。」反對朝廷對人民「科斂無已」的政策。胡宏強調說：「國之有民，猶人之有腹心也；國之有兵，猶身之有手足也。手足有病，心能保之；心腹苟病，四肢何有焉？是故欲富國者，務使百姓闢其地；欲兵強者，務使有司富其民……今乃行誅剝之政，縱意侵民，以奉冗卒，使田萊多荒，萬民離散，此臣所來解者一也……」他把人民看做是國之心腹，強調愛民、富民，不能使之有所損傷。這種重民思想，是胡宏對儒家民本思想的光大和高度發揮。在萬言書中，他用了大量的筆墨揭露了南宋政權的害民之政，認為要對人民施行仁政，做到「視民如傷」，實行減輕賦斂，懲貪養廉，鼓勵發展生產，要使「仁得加於百姓，邦本安，而討逆復仇之兵可振矣」。把對人民施行仁政看作是振興社稷和實現復仇統一的根本保證。不難看出，胡宏的建議雖然是從維護封建國家的根本利益出發，但其同情和關心人民疾苦的思想也是值得讚揚的。

第四，建議孝宗皇帝重視和精選人才。他說：「夫欲成王業者，必用王佐之才，所謂王佐之才者，以其有王者事業素定於胸中者也，故　旦得君舉而措之，先後有序，綱施紀布，望道期功如臂運指，莫不從心。」他認為，首先要選好輔相，「輔相者，百官之精，選才之所自進，政事之所由定」。胡宏又指出，如果用人不當，「守令非其人，則政繁賦重，民力殫竭，而盜賊起於困窮矣；將帥非其人，則仇敵外縱，孽孽內生，而披枝傷心之禍萌矣……誠得賢士舉而任之，使盡其積，則天下之善，何所不進」。他認為，選好人才的關鍵在於人主，如果人主「好暴佞，惡剛直，則守正之士不可得而用矣；安齷齪而忌英果，則高才之士不可得而使矣」。他對重用人才的必要性和精選人才的重要性提出的正確建議，不僅對當時，而且對後世的治國者亦有借鑑作用。

第五，他在上書中，還採用裁減冗兵、大興屯田、沒收天下僧尼道士產業等開源節流的正確建議。

此外，胡宏還提出了用積極進取之策，加強邊防力量以扼制金人南侵並徐圖進取的建議。對於楊麼的起義軍，他建議實行招撫之策。胡宏說：「楊幺（麼）為寇，起於重斂，吏侵民急耳！」他指出，那些參加起義的人「本為農畝漁樵之人，其情不與他寇同，故治之之法，宜與他寇異」。主張用寬厚之策進行招撫，實行分化瓦解。這樣的建議，說明胡宏在當時不愧是卓識遠見的學者。

三、議論別開生面，理學獨樹一幟

胡宏的理學思想雖然基本上是對二程學說的繼承，其所探討的主要範疇包括道、理、心、性等內容，然而他對這些範疇的運用和發揮卻表現了許多獨到之處。

（一）性本體論

二程哲學以「理」為宇宙本體，胡宏的哲學理論則是以「性」為本體作為其主要特色。

胡宏論性，不僅指人性，他說：「天命之謂性，性，天下之大本也，堯舜禹湯文王仲尼六君子先後相詔，必曰心而不性，何也？曰：心也者，知天地，宰萬物以成性者也。」（《宋元學案》卷42《五峰學案》）又說：「大哉性乎！萬理具焉，天地由此而立矣。世儒之言性者，類指一理而言之爾！未有見天命之全體者也。」（《知言》卷4《一氣》）他認為性即是天命，為天下之大本，萬理皆出於性。因此，這個「性」不僅僅指人性。

在性與心的關係問題上，胡宏以性為體，以心為用，認為性是心的本體和本原，心是性的表現和作用。二者的聯繫表現為「未發」為性，「已發」為心。他說：「未發只可言性，已發乃可言心」（《五峰集》卷2），心是從性中萌發出來的，沒有性之體，就不會產生性之用。他又說：「聖人指明其體曰性，指明其用曰心，性不能不動，動則心矣。」（《宋元學案》卷42《五峰學案》）為了更明確地說明性體心用，

胡宏又以水和流來比喻心性之關係，他說：「性譬諸水乎！則心猶水之下，情猶水之瀾，欲猶水之波浪。」（《知言》卷3）這就是說，性的本體地位譬如水，性與心、情等的關係則是水與流的關係。如果說水是性，那麼，心、情、欲等意志活動就像水之向下，水之有瀾、有波浪一樣，都是由水這一本體決定的。由此可見，在性與心的關係上，胡宏主張性體心用，即主張以性為本體，把心看作是本體的屬性和作用。不過，胡宏還說：「心也者，知天地，宰萬物以成其性者也。」這似乎是以心為本體的說法，但仔細看來，這句話是緊接於「天命之謂性，性，天下之大本也」之後，而後又說：「六君子盡心者也，故能立天下之大本。」（《宋元學案》卷42《五峰學案》）不難看出，這是用孟子「盡心」—「知性」—「知天」的認識程序來說明性的本體性和本原性。其意思非常明顯，心之所以能知天地、宰萬物，是因為能盡心，即可知性知天，這並不是說「心」是天地萬物之本體。在「天」與「性」的關係上，則可從「天命之謂性，性，天下之大本」這一語句中得到解釋。這就是說，他認為性就是天命，把天命和性看作是同一意義的範疇。

在性與理的關係上，胡宏基本上沿襲二程的說法。程頤說：「理，性也，命也，三者未嘗有異，窮理則盡性，盡性則知天命矣。」（《遺書》卷21下）胡宏也說：「性，天命也；夫理，天命也」（《知言》卷4）。其不同於二程的是，胡宏不以理為本體，而以性為本體。在他看來，「理」主要指「物之理」（即事物的規律性），如他說：「物之生死，理也；理者，萬物之貞也。」（《知言》卷1）又說：「靜觀萬物之理，得吾心之恍也。」（《知言》卷1）還說：「物不同理，生死不同狀，必窮理然後能一貫也。知生然後能知死也。」（《知言》卷4）其次是指義理之理，他說：「為天下者，必本於義理。理也者，天下之大本也；義也者，天下之大用也。理不可以不明，義不可以不精，理明然後綱紀可正，義精然後權衡可平。綱紀正，權衡平，則萬事治，百姓服，四海同。」（《知言》卷4）又說：「以理服天下易，以威力服天下難。理義本諸身，威力假諸人。」（《知言》卷3）這裡所說的「天下之大本」是指治理天下的「大本」，而不是作為本體的大本。在胡宏那裡，

作為本體的大本是性，而不是「理」。

在「性」與「物」的關係上，胡宏認為性是本體和本原，物是由性派生的。他說：「性也者，天地所以立也……鬼神之奧也。」這就肯定了「性」為天地萬物之所以存在和變化的根據。他還用「形上」和「形下」的說法來說明性與物之關係，胡宏說：「形而在上者謂之性，形而在下者謂之物。」（《五峰集》卷5）這樣，他就顛倒了「性」與「物」的關係，不但把形而上的性從事物中分離出來，而且認為「性」是「物」的本原和主宰者，「物」是「性」派生的被主宰者。因此，他斷言：「非性無物，非氣無形，性其氣之本」「氣之流行，性為之主」（《知言》卷3《事物》）。他雖然承認非氣無形，但仍認為「性為氣之本」「氣之流行，性為之主」（《知言》卷3《事物》）。這就是說，不僅物是由性所派生，就連作為構成萬物的質料——氣，也是性的派生物。以上這些說法雖然吸取了張載氣本體論中的一些思想，但又把氣降低到被派生的地位，使之變為第二性的東西。由此可見，胡宏既不同意張載的氣本體論，也不贊成二程的理本體論，而是獨樹一幟，提出了他的性本體論。

在一些地方，胡宏和二程一樣，也講到了「道」和「太極」的範疇，如他說：「道者，體用之總名，仁其體，義其用，合體與用，斯為道矣。」又說：「中者道之體，和者道之用，中和變化，萬物各正性命。」（《知言》卷2《往來》）這樣看來，又似乎是以道為本體的本體論。然而，這裡的「道」，明顯是對人道而言，如「仁義」這個範疇在儒家學說中是一個廣泛的道德範疇，「中和」也是一個倫理範疇。儒家把「仁義中正」看做是修身處事的最高準則，他們認為，人的修養如能達到「中正仁義」的境界，就可使「天地位焉，萬物育焉」。胡宏也說了「中和變化，各正性命」的話。因此，胡宏在此處所講的「道」就是聖人之道，即倫理道德之道，是修身處世的最高準則。不過他又說「天者，道之總名也」（《知言》卷5《漢文》）。在這裡，「天」比「道」的層次更高，因為天是「道之總名」，這就是說，作為倫理道德的「道」，是從屬於「天」的。胡宏還說：「形形之謂物，不形形之謂道，物據於數而有終，道通於化而無盡。」（《知言》卷3

《紛華》）他認為「道」確實是指本體，然而，聯繫他所說的「形而在上者謂之性，形而在下者謂之物」來看，他是把「性」和「道」這兩個範疇作為同等意義來使用的。

胡宏還講到了「太極」這一範疇，他說：「一陰一陽之謂道，道何也，謂太極也。陰陽剛柔，顯極之機，至善以微……天成象而地成形，萬古不變。仁行其中，萬物育而大業生矣。」（《知言》卷3《紛華》）這個說法同周敦頤的《太極圖說》基本上一致，「太極」是作為本體意義來運用的，但是，在胡宏那裡，「太級」和「道」或「性」都是同等程度的範疇。

總之，胡宏理學中的「天」（或天命）、「性」「道」（或太極）都是本體範疇，只是從不同的側面分別加以使用，來說明他的本體論思想。然而比較起來，還是對「性」的本體意義闡述得最為充分。

（二）人性無善惡論

胡宏在人性問題上也提出了自己的獨立見解。和其他理學家不同，他反對以善惡論性。他說：「性也者，天地鬼神之奧也，善不足以言之，況惡乎哉！」（《宋元學案》卷42《五峰學案》）認為性是奧妙而難於言狀的，僅僅以善惡言性，是不可盡其意的。因此，他不同意用「性善」或「性惡」講人性問題。為此，他以委婉的口氣否定了孟子的性善論，他說：「某聞之先君子曰：孟子之道性善者，嘆美之辭，不與惡對也。」（《宋元學案》卷42《五峰學案》）他不便直接與孟子性善論對抗，而是借「先君子」之口，以「嘆美之辭不與惡對」，修正了孟子性善說的本意，表示他並不是和孟子唱反調。

既然不以善惡言性，其根據何在？胡宏說：「凡天命所有而眾人有之者，聖人皆有之。人以情為有累也，聖人不去情；人以才為有害也，聖人不病才；人以欲為不善也，聖人不絕欲……」（《宋元學案》卷42《五峰學案》）這是說，凡人有情、有才、有欲，聖人也有，這些東西不是聖與凡的區別所在。胡宏認為區別聖與凡的標準，在於對情欲等活動是否適度。他說：「聖人發而中節，而眾人不中節也，中節者為是，不中節者為非。挾是而行則為正，挾非而行則為邪。正者為善，邪者為惡。而世儒之以善惡言性，邈乎遼哉！」（《宋元學案》

卷42《五峰學案》）這是說，善惡非人性所固有，而是由對情欲等的意念和要求是否合理來決定。在胡宏看來，世儒以善惡言性，不過是遠離實際的迂闊之談。

「中節」一詞，出自儒家經典之一的《中庸》，即「喜怒哀樂之未發謂之中，發而皆中節謂之和」。這是說，人的喜怒哀樂之情的發生，有兩種情況，即「未發之前謂之中，無所謂善惡之分；既發之後，應該合於中和之道，不偏不倚，無過，無不及，不乖戾」。這就是「中節」，也就是中和。胡宏說：「誠成天下之性，性立天下之情，情效天下之動，心妙性情之德，誠者命之道乎，中者性之道乎！」（《宋元學案》卷42《五峰學案》）胡宏不以善惡言性，是因為以善惡言性同他的「中者性之道」的人性論相抵觸，所以他又說：「凡人之生，粹然天地之心，道義完具，無適無莫，不要以善惡辨，不可以是非分，無過也，無不及也，此中之所以名也。」（《知言疑義》，轉引自《宋明理學史》第8章）在胡宏看來，人性本為中道，無善惡可言，這就是他的基本觀點。

胡宏又說：「好惡，性也。」（《知言》卷1）他認為，好惡之情，君子小人皆有，其區別在於「小人好惡以己，君子好惡以道」，好惡本身無善惡可言，關鍵是看好惡的內容如何，好之以道是善，好之以己則為不善。他說「察乎此則天理人欲可知」，合乎天理的好惡謂「天理」，不合乎天理的好惡則是「人欲」。因此，「好惡，性也」的說法同「性無善惡論」不相矛盾。胡宏所講的好惡，包括人的生理要求和精神追求。他說：「夫人目於五色，耳於五聲，口於五味，其性固然，非外來也。」（《知言》卷1）這同告子的「食色，性也」是同一意思。無論「好惡以己」，還是「好惡以道」，都是人的本性（主要根據人的生理要求）所需。需求合理，就是天理，否則就是人欲。

綜上所述，胡宏的人性論已經偏離了正宗理學的性善論。不過，他對「性無善惡論」的論證是不夠周密的，比如「君子好惡以道，小人好惡以己」是由什麼決定的？對此沒做出說明。又如，在情欲上，「聖人發而中節，而眾人不中節也」，這又是什麼原因？他也沒做出解答。這一點恰好被朱熹抓了辮子，機敏的朱熹把「發而中節」用來作

為性善論的根據。況且，胡宏的人性論，仍然離開了人的社會性來講人性，所以他也不可能真正揭示出人的本質問題。這些都是他在理論思維上的缺陷。

（三）「緣事物而知」和「循道而行」的知行論

理學家一般都講格物致知，胡宏也不例外。在這個問題上，他的理論也有獨到之處。

首先，他提出了「緣事物而知」的命題。胡宏說：「致知在格物，物不格，則知不致。」（《知言》卷4《大學》）如何格物致知呢？他說：「夫人非生而知之，則其知皆緣事物而知⋯⋯是以世事取物，不厭不棄，必身親格之，以致其知焉。」（《五峰集》卷3《復齋記》）可以看出來，胡宏的「格物致知」就是緣事物而知。他認為「人非生而知之」，「知」是後天得到的，是通過對客觀事物的瞭解得來的。接觸和瞭解客觀事物必須用耳目等感覺器官。他說：「夫耳目者，心之所以流通也；若夫目形具而不能見，耳形具而不能聞，則亦奚用夫耳目之官哉⋯⋯耳目通則事情判矣。」（《五峰寨》卷2《與吳元忠四首》）肯定了只有通過耳目等感官，才能瞭解和辨別事物的真相，這就肯定了感性經驗在「致知」過程中的基本作用。

與上述觀點相應，在「名實」問題上，胡宏肯定有實而後有名，他說：「有實而後有名者也。實如是，故名如是。實如是，名不如是則名實亂矣。名實亂於上，則下莫之所以，而危之至矣。」（《知言》卷5《漢文》）從這個思想出發，胡宏反對知識分子「專守方冊，日談仁義」的虛華之見。他說：「執書冊則言之，臨事物則棄之，如是者終歸於流俗，不可不戒。」（《宋元學案》卷42《五峰學案》）這種重視實功、實事的精神是值得稱贊的。

胡宏不僅強調了感性知識的重要性，同時也注意到了它的局限性，所以他又認為，致知不能僅僅「安於耳目形器」。他說：「夫事變萬端，而物之感人無窮，格之之道，必立志以定其本，而居敬以持其志，志立於事物之表，敬行於事物之內，而知乃可精。」（《五峰集》卷3《復齋記》）又說：「惟安於耳目形器，不知覺之過也。」（《知言》卷2《往來》）這段論述雖然沒有說明如何從感性認識上升到「知可精」的

高度，但也肯定了感性認識之局限性，認識到必須「立志以定其本，而居敬以持其志」。當然，所謂立志以定其本，就是要求在認識事物之前，必須堅持一個認識事物的指導思想，沒有涉及如何由「表」到「內」、由「粗」到「精」的認識過程和方法。不過，他還是認為不可以把認識停留於感性經驗。

在胡宏的認識論中，還提出了「循道而行」，即按規律辦事的思想。他說：「夫事有緩急，勢有輕重，知所先後，則近道矣。循道而行，則危可安，亂可治；悖道而行，則危遂傾，亂遂亡。」（《五峰集》卷 2《與吳元忠》）胡宏雖講「天命」，但不主張安於天命，在一定程度上強調人的主觀能動作用。他說：「深於道者富，用物而不盈。」（《宋元學案》卷 42《五峰學案》）又說：「道無不可行之時，時無不可處之事。」（《知言》卷 1《修身》）有人問：「人可勝天乎！」胡宏說：「人而天則勝，人而不天，則天不勝。」（《知言》卷 3《紛華》）這就是說人如果依賴於天，則天必勝人，若能依靠自己的力量，則天不勝人。其關鍵在於是否「循道而行」，即是否按規律辦事。因此，他又說：「人之道，奉天理者也……得其道者，在身身泰；在國國泰，在天下天下泰；失其道，則否矣。」（《知言》卷 5《漢文》）此處所講的「天理」或「道」，主要是針對規律而言，認為如果按規律辦事則泰，違反規律則否。胡宏又指出：「道可述，不可作。」這是說：作為客觀規律的道，不以人的意志為轉移，人們可以認識它，但不可以製作和改變它，這就肯定了事物規律的客觀性。

胡宏的認識論雖然不系統、不完備，論證不夠嚴密，甚至也有錯誤，但其基本觀點是唯物的，這在理學陣營中，也表現了他不同於別人的可貴之處。

四、「紹興諸儒所造，莫出五峰之上」

北宋「五子」或「六先生」所開創的宋代理學曾經顯揚於時，但是自程頤去世之後，其聲勢便日漸下降。雖有門弟子楊時等數人繼承師說，但他們基本上只能謹守師傳，缺乏創新精神。特別是經過「靖

康之亂」的衝擊，理學便走入低潮。在南宋王朝處於內憂外患的情勢下，不少的理學傳人雖然孜孜於其道，但並未出現冒尖人物。胡宏的學術生涯正是在這樣的環境中開始的。在當時，與胡宏同時從事理學活動的還有李侗和羅從彥等人，但他們的成就都不及胡宏顯著。正因為如此，《宋元學案》作者之一的全祖望評論說：「紹興諸儒所造，莫出五峰之上。其所作《知言》，東萊以為過於《正蒙》，卒開湖湘學統。」（《宋元學案》卷42《五峰學案》）這個評論無疑是公允的。

胡宏終生不仕，潛心於儒學研究，終於建立了在宋代理學中具有獨創精神的學派，其學說對嗣後的理學振興起到了承上啟下的作用。他的學生，也是南宋大理學家之一的張栻曾指出：「《知言》一書，乃其平日之所自著。其言約，其義精，誠道學之樞要，制治之龜也。」（張栻《知言序》）張栻把胡宏的學說看作是道學之樞要，治理社會之根據，這個評論大體上符合實際。爾後出現的理學名人張栻、朱熹，都從胡宏的著作中得到了教益。張栻是胡宏的門弟子，他繼承和發揚了胡宏的學說，形成了頗具影響的湖湘學派。朱熹在修正胡宏學說的基礎上，也借用和吸取了《知言》中的許多觀點和思想資料，將其納入自己的體系。在《知言疑義》中，人們可以充分地看到這一點。

胡宏的理學淵源主要從二程門人那裡繼承而來，但又在許多方面體現了自己的獨創精神，因而對二程一脈的正宗理學既有所繼承，又有所偏離。其繼承是主要的，偏離是次要的。正因為如此，就很容易被朱熹所利用，朱熹寫了《知言疑義》，對他的「性體心用」之說，「天理人欲同體異用」之論和「性無善惡」論進行了機智地修正、篡改，並用他精巧的「理」本體論體系取代了「性本體論」。更由於朱熹的學說在後來受到封建統治者的青睞，使其地位和影響日漸增大，胡宏的學說因而被冷落下來，但無論如何，都不可否認他在儒學成就上的造詣和貢獻。

胡宏雖然不是理學的反對派，但他的性本心用之說和性無善惡論及其重視實功實事的思想，對爾後的進步思想家如葉適、陳亮，乃至戴震和龔自珍等人都有著直接或間接的影響。

胡宏的愛國憂民思想也值得稱讚。

理學大師
朱熹

朱熹是先秦以來儒家學派中的著名代表人物之一，也是中國後期封建社會在文化思想領域中影響較大的一位思想家。從學術成就上看，他是宋代理學的集大成者，也是宋明理學最突出的代表。從他的歷史地位和社會影響上看，朱熹在中國古代學者之中，可算是屈指可數的幾位偉人之一。

一、自幼勤奮好學，立志要做聖人

朱熹，字元晦，又字仲晦，別號晦庵，60歲以後自稱晦翁。祖籍徽州婺源（今屬江西婺源縣），宋高宗建炎四年（1130年）出生於福建南劍（今福建南坪）龍溪縣，卒於宋寧宗慶元六年（1200年）。卒後葬於建陽塘石里之大林谷。

從朱熹的家世來看，其祖輩世代做官，為「婺源著姓，以儒傳家」，其家族在地方上很有名望。據江永編著的《近思錄集註·考訂朱子世家》記載，「唐末，有朱古寮者，世為婺源鎮將，因家焉」。自朱古寮傳至朱森為第七代，是朱熹之祖父，「以子贈承事郎，森生松，為朱熹之父。朱松字喬年，號韋齋，官吏部」，他不到20歲就中進士，授建州政和尉，後來「因召對，稱善，改左宣教郎，除秘書省校書郎」。他之後在吏部做官，他曾上疏極力反對秦檜與金人議和，最後受任出知饒州（今江西波陽）。未赴任，「得主管臺州崇道觀」。喜歡研究歷史，「取經子史傳，考其興衰治亂，應時合變」。他也是一位理學家，是羅從彥的學生，學習過楊龜山（時）所傳的河洛之學，其著

作有《書齋集》12卷、《外集》10卷。但朱松在朱熹出生的那年就失去官職，只好以教學為生，家境比較困難，更為不幸的是，當朱熹14歲時，其父就去世了。年少的朱熹，只好遵照遺囑的安排，依靠父親生前好友劉子羽過日子。

從朱熹的生平事跡看，他一生的大部分時間都從事讀書、講學和註釋儒家經籍。因此，他在學術上的成就比在其他方面更為卓著。他雖然多次擔任地方官職，但每次的時間都不長。他自24歲開始做官，到71歲去世，共被授官20餘次，而由於權臣當道，多次遭受排擠，或辭而不就，真正在地方上做官總計不過10年，在朝做官40天。可見，其仕途坎坷，很不順意。

朱熹出身於儒學世家，他的父親朱松對朱熹的教育十分認真。《宋史本傳》記載：「熹幼穎悟，甫能言，父指天示之曰：『天也。』熹問曰：『天上何物？』」這個傳說，說明朱熹自幼就是一個具有強烈求知慾望的人。由於朱松是在二程理學思想教育下成長起來的儒生，他對兒子的要求自然是按照儒家學做聖賢的目標去實行。據《朱子年譜》中記載，朱熹在10歲時就「厲志聖賢之學」，他每天如痴如醉地攻讀《大學》《中庸》《論語》《孟子》。他自己回憶說：「某十歲時，讀《孟子》，至聖人與我同類者，喜不可言。」從此，便立志要做聖人。以後他又教育學生說：「凡人須以聖人為己任。」

朱熹在學習上的勤奮用功，可以從《年譜》的記載中得知一二。據記載，他十五六歲時，讀《中庸》「人一己百，人十己千」一章，「悚然警厲自發」，決心「以銖累寸積而得之」。「人一己百，人十己千」是《中庸》第二十章中的話。其原文說：「博學之，審問之，慎思之，明辨之，篤行之。有弗學，學之弗能，弗措也；有弗問，聞之弗知，弗措也；有弗辨，辨之弗明，弗措也；有弗行，行之弗篤，弗措也。人一能之，己百之；人十能之，己千之。果能此道矣，雖愚必明，雖柔必強。」這段話是指導人們做學問的重要途徑和方法。所謂「博學之」就是要廣泛地汲取各種知識；所謂「審問之」就是在學習過程中須詳審察問，把不明白的問題弄清楚；所謂「慎思之」就是指思考問題須在慎字上下功夫；所謂「篤行之」，就是要把所學的東西

認真付諸行動。《中庸》是儒家經典之一，它講的學、問、思、辨、行本來是學習和實行聖賢們的學說和道德規範。但作為一般的為學方法，上以上論述對我們也是具有借鑑作用的。朱熹在學術上之所以能夠取得那麼巨大的成就，就是因為他能夠按照這個途徑和方法去實行。他後來深有體會地說：「某自十六七時，下功夫讀書，彼時四旁皆無津涯，只自憑地硬著力去做，自今雖不足道，但當時也是吮了多少年苦讀書。」（《年譜》卷1）由於他在學習上進步很快，他18歲時就考上建州鄉貢，19歲時又考中進士。取得進士資格以後，朱熹繼續勤奮讀書。24歲時，朱熹竟徒步數百里，求學於當時著名理學家，即他父親的同學李侗。公元1160年，朱熹正式拜李侗為師。

李侗是程頤再傳弟子羅從彥的高足弟子，而羅從彥則是二程著名弟子楊時的學生。朱熹受學於李侗之後，便潛心於理學的研讀，很快就成為李侗的得意門生。李侗曾贊揚他：「穎悟絕人，力行可畏，其所詫難，體人切至，自是從遊累年，精思實體，而學之所造亦深矣。」並說朱熹「進學甚力，樂善畏義，吾黨罕有」（《年譜》卷1）。這樣，朱熹終於全面繼承了二程理學，並且進而集理學之大成，成了宋明理學家中的最高代表。

朱熹年輕時，讀書的範圍十分廣博，除四書五經外，對先儒的書乃至諸子百家、禪、道、《楚辭》、兵書、史書無不涉獵，並且還汲取了許多自然科學知識。他是一位知識非常廣博的大學問家。

二、仕途生涯多艱，做官清正有為

宋高宗紹興二十一年（1151年），朱熹22歲，官授左迪功郎，被派往泉州同安縣為主簿。他在任職期間，主要是為封建國家催收賦稅，按照儒家禮教整飭民風。他糾正了當地貧民因「貧不能聘」而行的「引伴為妻」的陋習。他還積極搜集藏書，在同安建立了「經史閣」和「學宮」，招收生徒進行講學，並以《周禮》《儀禮》和唐、宋禮制為藍本，繪製了禮儀、器用、衣服等圖，教授學生習用。此外，也協助當局鎮壓過一次饑民暴動。

朱熹為官正直，能體察民情。公元1167年秋天，福建崇安發生大水災，朝廷派他前往視察災情，他曾遍訪於崇安。在視察中，朱熹發現「肉食者漠然無意於民，直難與圖事」(《文集》卷43)。他說：「若此學不明，天下事決無可為之理。」(《文集》卷43) 由於災情嚴重，糧食無收，地方官不認真救濟，到次年青黃不接之時，就在崇安發生了饑民暴動。這時，朱熹與知縣諸葛廷瑞共同發起，要求地方豪富，用藏粟賑救饑民，他又請求朝廷以「六百斛賑濟」，這才平息了饑民的暴動。由此，朱熹便想出了建立「社倉」的辦法，並建議朝廷廣為推行，作為解決農民在青黃不接之時的口糧問題的機構。他規定「社倉」的任務，是在青黃不接之時貸谷給農民，一般取息百分之二十，這就可以不向豪民以高利貸糧，若發生小饑，息利可以減半，若發生大饑，則可免除利息。當然設立社倉的最大好處是可以防止農民暴動。為此，朱熹於公元1171年在其家鄉首創「五夫社倉」，作為試點，並上疏朝廷，建議按其辦法在全國範圍推行。由於此法對官僚地主和高利貸者不利，因而未能廣為推行，只有極少地方，如福建建陽和浙江金華等地實行了這個措施。

　　朱熹在做官期間，由於能夠體察民情，對於民間疾苦有所瞭解。他的任務雖然是維護封建剝削制度，但又竭力反對那種「竭澤而漁」的政策。公元1178年，他知南康軍(治所在今江西星子縣)，就在上任的那年，南康發生災荒，朱熹發布了《勸諭救荒文》，勸導富裕之家要同情和救濟他們的佃客，應「務令民食」，應將餘糧以公平的價格和足夠的斤兩開賣給農民，避免「流移饑餓之患」。同時要求農民「各依本分，凡事循理」，不要離鄉流亡，「若有不軌，定當追捉」。他又竭誠上奏，懇求朝廷免徵星子縣的稅錢，並要求上級撥支錢糧修復該地長江沿岸堤防，用以工救饑的辦法解決口糧問題。自此以後，朱熹得出經驗，認為要安撫百姓，使他們不犯上作亂，就必須恤民。公元1180年，他又上《封事》，請朝廷「恤民」「省賦」。

　　公元1181年8月，浙東發生饑荒，朱熹受命提舉兩浙東路常平茶鹽公事。到浙東後，他不帶隨從人員，單車微服，去四方察訪民情，「所至人不及知，郡縣官吏憚其風采」(《宋史本傳》)。經過察訪，朱

熹親眼看到許多農民因受殘酷剝削和災荒而掙扎於死亡線上的淒慘現象，同時得知一些地方官的貪贓枉法行為。為此，他大膽奏劾了紹興府一個官員偷盜賑救饑民官米 4,160 石的犯罪事實，又彈劾了衢州守臣李峰隱瞞災情和謊報功績的事實。更值得一提的是，當朱熹發現當朝宰相王淮的親戚，即吏部尚書鄭丙和侍御史張大經的密友臺州太守唐仲友「違法擾民，貪污淫虐，蓄養亡命，偷盜錢糧，偽造官會」等諸種罪行之時，能夠不顧自身安危，連續六次上疏彈劾，終於逼迫王淮撤去了唐仲友的官職。與此同時，他又雷厲風行地下令懲辦了一些貪官污吏，還懲罰了一些暴虐鄉民的惡棍土豪。朱熹在浙東上任，上疏要求考察「盡出內庫之錢，以供大禮之費為收糴之本」，詔諭戶部減免欠稅，撤去那些不負責任的官吏，「遴選賢能，責以荒政」（《朱史本傳》），以期達到「下結民心，消其乘時作亂之意」的目的。

公元 1189 年，朱熹出知福建漳州。到任以後，便「奏除屬縣無名之賦七百萬，減輕總制錢四百萬」（《朱史本傳》）。在漳州任期內，他又提出了「行經界」的主張，要求核實田畝，繪圖造冊。為什麼要行經界？這是因為一些貧苦農民的田產早被官僚地主兼併，造成了「產去稅存」的不合理現象。田產被人奪走，稅額仍在失去土地的農民頭上，使「貧者無業而有稅，富者有業而無稅，則公家有隱瞞失陷，稅計不足之患」（《文集》卷 21《經界申請司狀》）。在這種情況下，不僅貧苦農民深受其害，而且使國家坐失常賦，出現了「歲計不足」的財政困難。故朱熹認為，若能「正板籍」，核實業戶田畝，實行「隨畝均產」，則既可減少佃民的痛苦，又可增加政府的收入。然而，由於這種辦法有損於豪民利益，因而遭到了大官僚地主的反對，未能實行。

上述事跡，說明朱熹在各地做官期間，表現了他的卓識遠見，能夠不畏強暴，以一定的魄力去反對邪惡勢力，也提出了一些補救時弊的正確主張，同時還做出了一些救民於水火的好事。這雖然是為了從根本利益上鞏固趙宋王朝的統治，但比起那些昏庸腐敗的官員來說，還是顯示了朱熹的正直和遠見卓識。但也應指出，朱熹作為一個篤行道學的封建衛道者和統治階級的上層分子，其根本立場，還是與農民

相對立的，因為他最恨人民「犯上作亂」，所以每當「饑民」或「流民」聚眾鬧事時，他就毫不猶豫地進行鎮壓。

三、力主推行理學，竟遭落職罷祠

朱熹一生從事理學研究，又竭力主張以理學治國，卻不被當道者所理解，加之他在政治道路上舉步維艱，所以其結局十分不妙。然而他為了實現自己的學說，卻表現了孔子那種「知其不可而為之」的精神。公元1162年，他向孝宗上封事說：「帝王之學，必先格物、致知，以極夫事物之變，使義理所存，纖悉畢照，則自然誠意、正心，而後可以應天下之務。」勸說孝宗以身作則，遵照儒家經典中的義理辦事，「任賢使能，立綱紀，正風俗」，以期達到國富兵強，抗金雪恥的目的。至次年，朱熹又乘孝親召見之機，重申前議說：「大學之道，在於格物以致其知。陛下未嘗隨事以觀理，即理以應事，平治之效，所以未著。」上述建議的基本內容是要求用「三綱領」（即明明德、親民、止於至善）和「八條目」（即格物、致知、誠意、正心、修身、齊家、治國、平天下）為指導。先從皇帝本身做起，再施行於臣民。這些意見雖受到孝宗的贊許，但因阻力太大，未能得以施行。

在知南康軍任上，朱熹又應詔上疏說：「天下之務，莫大於恤民，而恤民之本，在人君正心術以立紀綱。」（《年譜》卷2）在這次上疏中，由於他力陳時弊，指斥朝中諫官失職，使皇帝言路閉塞，「所與親密謀議者，不過一二近習之臣。上以蠱惑陛下之心者，使陛下不信先王之道，而悅於功利之卑說，不樂莊士之讜言，而安於私褻之鄙態。下則招集天下之士大夫之嗜利無恥者，文武匯分，各入其門。交通賄賂，所盜者皆陛下之財；命卿置將，所竊者皆陛下之柄」（《年譜》卷2）。這次上疏，雖是耿直之言，但卻觸怒了皇帝。幸好有人幫他說情，這才免於治罪。此後不久，朱熹便感到其理想難以實行而辭去官職，專心研究經學，講論義理。不過，他並未就此罷休，還是繼續向孝宗進言國事。有人勸他：「正心誠意之論，上所厭聞，戒勿以為言。」朱熹講：「吾平生所學，惟此四字，豈可隱默以欺吾君乎？」

(《宋史本傳》）公元1188年，朱熹又借孝宗召他入對之機，大講「正心誠意」，共上《奏札》5篇，其中以《戊申封事》著稱於時。《封事》說：「今天下大勢，如人有病，內自心腹，外達四肢，無一毛一發不受病者，且以天下之大本與今日之急務為陛下言之。大本者，陛下之心；急務輔翼太子，選任大臣，振綱紀，變化風俗，愛養民力，修明軍政六者是也……今日官省之間，禁密之地，而天下不公之道，不正之人，顧乃得以窟穴盤踞於其間。是以綱紀不正於上，風俗頹弊於下。」此《封事》到達宮中，孝宗已就寢，又立即起床，秉燭披閱，並於次日下詔，授朱熹主管太一宮，兼崇政殿說書。朱熹雖力辭未就，但說明這次上奏得到了重視。

寧宗即位之後，朱熹得到提倡理學的宰相趙汝愚推薦，官拜煥章閣侍制兼侍講。這是朱熹一生唯一一次在朝中做官，他抓住為皇帝講書的機會，多次向寧宗大談「正心誠意」的意義，要求皇帝身體力行。他在進言中，一是指出朝廷不應在京畿百姓遭災之年大興土木，「以慰斯民饑餓流離之難」；二是要求寧宗「下詔自責，減省興衛」；三是要求整肅紀綱，以維護朝廷的尊嚴，令「近習不得干預朝權，大臣不得專任己私」（《文集》卷14《經筵留身而陳四事札》）。這些言論，引起了寧宗的反感，而朱熹仍多次進言，即「斥言左右竊柄之失」（《宋史本傳》）。這更使寧宗對他產生了厭惡之心，他僅在朝40日，就被撤去職務。此後，他只好回到家鄉，專心從事講學著書。不久，趙汝愚也受到實權人物韓侂冑等人的排擠而失去相位。接踵而來，便發生了一場反理學的鬥爭。公元1195年，由監察御史沈繼祖出面，指控朱熹犯有十大罪，又說他是一個偽君子。甚至有人上書請斬殺朱熹，使他終於受到「落職罷祠」（取消做官資格）的處分。公元1196年，又「更道學為偽學」，列《六經》《語》《孟子》《中庸》《大學》為禁書。公元1198年再下詔，令道學偽邪之徒「改視回聽」，若「遂非不悔」，則「必罰無赦」。

同時又制定了《偽學逆黨籍》，被列為「逆黨」者共59人，其中包括宰執4人、待制以上13人、其他官員31人、武臣3人、士8人。這是一次重大的政治事件，在這次事件中，朱熹受到了沉重打擊，以

致門人、故交常過其門而不敢入。但朱熹卻能鎮靜自若，照常「講學不休」，直至老死。

四、朱陸「鵝湖論學」，理學殊途同歸

在南宋的理學家之中，陸九淵也是名氣很大的人物。陸九淵小朱熹9歲。二人在治學目標上基本一致，而其思想方法和認識途徑卻大不相同。朱熹的理一元論把自然界和封建社會中的一切社會關係以及一切思想、行為準則都歸結為「理」的體現。在治學方法上，他主張通過多讀書，「泛觀博覽」去達到對「理」的認識。由於這種方法十分複雜，必須下最大功夫才能達到目的，因此陸九淵覺得它太繁瑣。按照他的「心即理」觀點，他主張求理不必向外用功，只須「自存本心」「保吾心之良」，就可以達到對「理」的把握。

從哲學觀點上講，朱、陸兩家是南宋時期唯心主義理學內部的兩個不同學派，由於觀點不同，兩家在學術問題上進行了長期的爭辯。朱陸二人的辯論方式，主要是通過書信的往來進行交鋒，然而「鵝湖之會」卻是一次例外。

宋孝宗淳熙二年（1175年），為了調和朱陸之分歧，由另一位著名學者呂祖謙發起，邀請了朱熹和陸九淵、陸九齡兄弟共四五人在信州鵝湖寺（今江西鉛山縣境內）集會，討論的主要問題是「為學之方」。這便是中國學術史上有名的「鵝湖之會」，會議開始，陸九齡首先發難，作詩《鵝湖示同志》表明觀點：

孩提知愛長知親，古聖相傳只是心。
大抵有基方築室，未聞無址忽成岑。
留情傳註翻蓁塞，著意精微轉陸沉。
珍重朋友相切琢，須知至樂在於今。

朱熹聽了一半，就對呂祖謙說：「子壽（陸九齡字）早已上子靜（陸九淵字）船了也。」辯論開始，陸九淵又用一詩《鵝湖和教授兄韻》表達自己的觀點：

墟墓興衰宗廟欽，斯人千古不磨心。

涓流積至滄溟水，拳石崇成泰華岑。
易簡功夫終久大，支離事業竟浮沉。
欲知自下升高處，真偽先須辯古今。

陸氏兄弟把他們的為學之方標榜為「易簡功夫」，而譏笑朱熹的治學之道是「支離事業」。陸學是從「心即理」的宗旨出發，認為朱熹的「泛觀博覽」和「即物窮理」的認識途徑繁瑣、不切實際，因而主張「切己自反」「發明本心」，這就是他們的「易簡功夫」。實際是一種直覺主義認識方法。

朱熹聽了陸氏兄弟的詩，很不高興。會議進行了三天，雙方各持己見，最後只好不歡而散。事後，朱熹批評陸九淵說：「子靜之學，只管說一個心⋯⋯若認得一個心了，方法流出，更都無許多事⋯⋯所以不怕天，不怕地，一向胡叫胡喊⋯⋯便是『天上地下，唯我獨尊』。」（《語類》）這個批評對陸學來說，真是擊中要害。

「鵝湖之會」雖然只辯論「為學之方」，但也涉及兩派在心物、心理關係上的分歧。朱熹認為「理」在心外，所以要通過「泛觀博覽」和「格物致知」達到對理的認識；陸九淵則認為「理」在心中，「心即理也」，所以主張通過向內用功，「發明本心」去達到對「理」的認知。

「鵝湖之會」以後，兩派繼續進行辯論。主要是對「無極」「太極」和「形上」「形下」等問題的分歧。朱熹講「無極而太極」，強調「無形而有理」，其目的在於說明「理」是形而上的，貫通萬物的根本。陸九淵不同意朱熹的說法，他認為，沒有必要去區分「形上」「形下」。在陸九淵看來，太極就在心中，心就是理，就是宇宙萬物之根本，不承認心外有道。因此，陸九淵指責朱熹在「太極」之上加「無極」是「疊床上之床」「架屋下之屋」，全是多餘。通過「無極」「太極」和「形上」「形下」的辯論，充分表明在本體論上，朱熹屬於客觀唯心論者，陸九淵是主觀唯心論者。從哲學基本問題上講，他們都是唯心主義者；從治學目標上看，他們都是為封建主義的統治制度製造理論依據。對這一點，後來黃宗羲做了正確結論，他說：「二先生同植綱常，同扶名教，同宗孔孟，即使意見不合，亦不過仁者見仁，

智者見智，所謂學焉而得其性之所近，原無有背於聖人。」(《宋元學案》卷58) 總之，朱、陸在學術上的分歧，不屬於世界觀上的根本分歧，而是殊途同歸。

「鵝湖之會」5年過後（1180年），陸九淵來到白鹿洞書院拜訪朱熹，請其為其兄陸九齡撰寫墓志銘，二人一見如故，十分友善，並且表現了互相仰慕之情。朱熹不僅接受了陸的請求，同時還邀請陸九淵為書院師生講學，陸也欣然同意。他的題目是講解《論語》「君子喻於義，小人喻於利」，聽者深受感動，給師生們留下了良好印象。這件事說明朱、陸的觀點雖有分歧，但他們在學術交往和待人處事的態度上都具有寬容大度的君子之風。

五、倡辦文化教育，重建書院學規

朱熹既是中國歷史上著名的思想家，又是一位著名的教育家。他一生熱心於教育事業，孜孜不倦地授徒講學，無論在教育思想或教育實踐上，都取得了重大的成就。他倡辦文化教育的目的雖然是為了宣揚維護封建制度的政治倫理思想、傳播儒家的道德文化，但也做出了許多有益於後世的貢獻，起到了弘揚民族文化、推進學術發展的作用。朱熹在世之時，曾經整頓了一些縣學、州學，又親手創辦了同安縣學、武夷精舍、考亭書院。特別應當提出的是，他重建了白鹿洞書院，並且還親自制定了學規，編撰了「小學」和「大學」的教材。為封建國家培養了一大批知識分子，其中包括不少著名的學者，形成了自己的學派。下面主要介紹一下朱熹重建江西白鹿洞書院和湖南岳麓書院的事跡，以窺見其教育活動和教育思想。

公元1179年，朱熹知南康軍的時候，重建了著名的白鹿洞書院，白鹿洞書院是宋代四大著名書院之一。原址在江西星子縣境內的廬山五老峰東南。此處曾經是唐代名士李渤隱居講學之處，當年李渤喜養白鹿，因此得名。南唐開始在此建立學舍，號為廬山國學，宋時又在此建立書院。淳熙六年（1179年）十月，朱熹知南康軍時，派人訪查白鹿洞舊址，並撥款重建了書院，又遍搜江西諸郡書籍文字以充實藏

書，購置田產供辦學之用。書院得到朝廷的認可，教學活動由朱熹親自主持。他特為書院訂立了學規，又經常為學生解答疑難問題，誨人不倦。

從朱熹的學規（《白鹿洞書院揭示》）的基本精神上看，主要是按照聖賢的教導要求學生。第一條：以「父子有親，君臣有義，夫婦有別，長幼有序，朋友有信」為「五教之目」；第二條：以《中庸》所提出的「博學之，審問之，慎思之，明辨之，篤行之」為「為學之序」；第三條：以「言忠信，行篤敬，懲忿窒欲，遷善改過」為「修身之要」；第四條：以「正其義不謀其利，明其道不計其功」為「處事之要」；第五條：以「己所不欲，勿施於人。行有不得，反求諸己」為「接物之要」。這些學規的內容，完全在於實行封建的綱常倫理，它總結了孔孟以來儒家的禮教體系，體現了其理論與實踐相結合的人際關係準則。因此，這個學規就成了後來各書院訂立學規的標準。

公元1194年，朱熹在知潭州荊湖南路安撫使任內，又在長沙重建了岳麓書院。岳麓書院舊址在長沙岳麓山，原為北宋初期潭州太守朱洞所創建，也是宋代四大著名書院之一。然而這個書院在朱熹來潭州以前，已是名存實亡。那時潭州已是「師道凌夷，講論廢息，士氣不振」（《文集》卷100）。朱熹來此之後，雖然政務繁忙，仍積極抽出時間著力恢復書院，又親自參加講學。他還在湖南各地延聘了一些教師，並廣招生徒，來此就學者曾達到千人。據《朱子年譜》記載：「先生窮日之力，治郡事甚勞，夜則與諸生講論，隨問而答，略無倦色，多訓以切己務實，毋厭卑近而慕高遠，懇惻至到，聞者感動。」這說明朱熹在岳麓書院講學期間，對書院的建設做出了很大的貢獻，同時也產生了很大的影響。這所書院直到明清時代仍然是著名的高等學府。

六、闡義理之奧秘，集理學之大成

理學又稱道學，是中國後期封建社會居於統治地位的社會意識體系，它是以研究儒家經典的義理為宗旨的學說，即所謂義理之學。從研究方法上說，理學不同於過去以註釋儒家經典為主的「漢學」。故

人們又稱宋代開始的義理之學為「宋學」。從世界觀的理論體系來看，理學是在中國後期封建社會的特殊歷史條件下形成的一種新的哲學思潮。在這一思潮的代表人物中，有以「氣」為最高範疇的哲學家，如張載、羅欽順、戴震等人，也有以「理」為最高範疇的哲學家，如二程、朱熹、陸九淵和王守仁等人。人們一般所說的「理學」，主要是指程朱和陸王之學，因為無論程朱或陸王，都把「理」作為自己哲學體系的最高範疇。這是宋明理學的主流。

理學思潮的興起，從政治上說，是為適應趙宋王朝加強封建中央集權的需要。鑒於唐宋藩鎮割據，以及「君君臣臣父父子子之道乖」「三綱五常之道絕」（《五代史》卷16）的歷史教訓，為防止再度發生「臣弒其君」和「以下犯上」的事件，經過北宋建國以來幾十年的艱苦營造，才建構了理學這樣一種學術思潮。它萌發於晚唐韓愈的「道統說」和李翱的「復性論」，奠基於周敦頤、邵雍、張載，初創於程顥、程頤兄弟，朱熹則是理學的集大成者。其基本思想大致如下：

（一）健全理本體論，闡發義理之奧

朱熹深化和完善了理本體論思想，他在二程初創的唯心主義理學基礎上，總結了北宋以來唯心主義理學和唯物主義理學鬥爭的經驗教訓，建立了一個精致的、富於理性思辯的唯心主義理學體系，又使之達到了唯心主義理學的最高水準。後人在習慣上把朱熹和二程的學說稱為「程朱理學」。

朱熹和二程一樣，把「理」作為最高的哲學範疇。他說：「宇宙之間，一理而已，天得之而為天，地得之而為地，而凡生於天地之間者，又各得之以為性，其張之為三綱，其紀之為五常，蓋皆以此理流行，無所適而不在。」（《朱文公文集》卷70，簡稱《文集》）宇宙間的一切都充斥著一個普遍流行著的無所而不在的「理」，理生天地，成萬物之性，展現為「三綱五常」。無論自然、社會和倫理道德領域，都體現了「理」的流行。理無所不在，這是對二程理一元論的繼承和概括。

在此基礎上，朱熹又提出了「太極」這個概念，認為「太極」是「理」的總體。他說：「總天下之理，便是太極。」（《朱子語類》，簡

稱《語類》）他還認為「太極」是「理」的最高體現，即「至於太極，則又初無形象方所之可言，但以此理至極而謂之極耳」（《語類》）。這就進一步完善了理一元論的世界觀，使之更加完備。朱熹的理一元論哲學體系，主要包括以下三方面。

首先，在理與氣、理與事的關係上，主張理氣統一。為此，他借用了張載氣化論的思想，對理本體論的世界觀做出了合乎邏輯的論證。其論證方式分兩個步驟：

第一步，就具體事物而言，朱熹斷言「萬物皆有理」。如在自然界，四時變化，「所以為春夏，所以為秋冬」是理；在動物界，「甚時胎，甚時卵」是理；在植物界，「麻、麥、稻、糧甚時種，甚時收，地之肥瘠，厚薄，此宜種某物，亦皆有理」（《語類》）。這些「理」都是指具體事物的「當然之則」及其「所以然」之故。他說：「至於所以然，則是理也。」（《語類》）這都表明理是事物的必然規律，也說明「理」在「氣」中，「道」在「器」中。朱熹說：「理是虛底物事，無邪氣質，則此理無安頓處，然理又非別為一物，即存乎是氣之中。無是氣，則理亦無掛搭處，有理而無氣，則理無所立。」（《語類》）在這裡，朱熹認為「理」寓於事物之中，把「氣」當作「理」的安頓處、掛搭處、立足處，主張「理未嘗離乎氣」「道未嘗離乎器」。認為具體規律不能脫離具體事物，這一思想是正確的、合理的。

第二步，從理本體論的角度看，朱熹則說：「理未嘗離乎氣，然理形而上者，氣形而下者，自形而上下言，豈無先後？」（《語類》）說明理氣雖然不可分離，但理是具有無形體特徵的精神抽象，「氣」是有形體特徵的物質現象。就精神和物質形體的關係而言，豈能無先後之分？他又說：「理與氣本無先後可言，但推上去時，卻如理在先，氣在後相似。」（《語類》）所以朱熹還是認為「有是理後生是氣」。他說：「天地之間，有理有氣。理也者，形而上之道也，生物之本也；氣也者，形而下之器也，生物之具也。」他從邏輯上強調了理在氣先，「理」和「太極」是產生萬物、支配萬物的根本，「氣」只是形成萬物的具體材料。這樣，朱熹就從宇宙的本原、本體上否認了理不離氣，而堅持了理為本的客觀唯心論。

在「理」和「物」的關係上，朱熹強調「理」在「物」先。他說：「無極而太極，不是說有個物事光輝輝地在那裡，只是說這裡當初皆無一物，只有此理而已。」(《語類》) 在宇宙萬物形成之前，只是無形而實有的「理」存在著，「未有天地之先，畢竟也只是理。有此理便有天地，若無此理便亦無天地，無人無物，都無該載了。有理便有氣，流行發育萬物」(《語類》)。這說明「理」存在於天地形成之先，是產生天、地、人、物的總根源。

「理」「事」關係也是如此。朱熹說：「未有這事，先有這理。如未有君臣已先有君臣之理，未有父子已先有父子之理，不成元無此理，直待有君臣父子，卻旋道理入在裡面。」(《語類》) 從常識上講，「未有這事，先有這理」無論如何都講不通，因為任何思想和道理都絕不會憑空而來，如朱熹所講的「未有君臣已先有君臣之理」，這是絕對不可能的。朱熹這種「理在事先」的思想，只不過是他顛倒了的世界觀的最高體現，為了證明封建道德和上下尊卑的等級關係不僅存在於人類社會，而且存在於自然界。朱熹說：「虎狼知父子能孝，蜂蟻知君臣能義，豺狼知報本能孝，雎鳩知別能禮。」(《語類》) 所以他說：「理便是仁義禮智，道者古今共由之理，如父之慈，子之孝，君仁臣忠，是一個公共道理。」(《語類》) 在朱熹看來，「理」實際上就是忠、仁、孝、義、禮、智等道德倫理的共性。這樣，他就把封建的倫理道德上升到宇宙本體的高度。「理在事先」是朱熹理論的又一塊理論基石。其次，在「理」的性質上，朱熹做了比二程更為抽象的論證和更明確的規定。他把作為宇宙本體的「理」和具體事物的「理」嚴格區分開來。有人問：「未有物之時為何?」朱熹回答說：「是有天下公共之理，未有一物所具之理。」(《語類》) 這個「天下公共之理」就是總理「太極」，它存在於萬物開始之先，而「物所具之理」則是以後才形成的，不是宇宙的本體。

朱熹給「理」規定了以下的性質：其一，理永不生滅，生於天地之先，即「有此理便有天地」；又存於天地既亡之後，即「萬一山河大地都陷了畢竟理卻在這裡」(《語類》)。理是超越時空的永恆存在。其二，「理」無形體，無方所，也是跨越空間的絕對精神。他說：「周

子所以謂之無極，正以其無方所、無形狀。以為在無物之前，而未嘗不立於有物之後；以為在陰陽之外，而未嘗不存乎陰陽之中；以為貫通全體，無乎不在，則又初無聲臭影響之可言。」(《文集》) 通過對周敦頤「無極而太極」這個宇宙本體論的闡發，說明「太極」具有無形、無臭、無聲的特性，又說明它貫通一切領域，既在無物之前，又在有物之後；既在陰陽之外，又在陰陽之中，是一個無處不在的精神實體。

在論證「理」是精神實體的過程中，朱熹採取了「體用一源」「有無統一」的精巧方法，使他的哲學更具有抽象性和迷惑性。從「體用一源」來看，「體」就是「理」或「太極」，「用」就是「氣」和「陰陽」。「體用一源」似乎是認為「理氣」共為宇宙本體，是同一本體的兩個方面。這實質上是一種巧妙的手段，表面上調和「理」「氣」的對立，骨子裡是為理本體論服務。從「有」「無」關係上看，他避開了把本體說成絕對的「有」或絕對的「無」，認為如果「說得死了，落在一邊」，就是一個片面。因此「不言無極，則太極同於一物，而不可為萬化之根；不言太極，則無極淪於空寂，而不能為萬物之根」(《文集》)。只有把本體放在有無之間，說的活才能使精神本體擺脫形體的局限，又可避免淪於空寂。朱熹認為，這是同佛家的「空」和道家的「無」區別開了。

再次，在「總理」與「萬理」的關係上，朱熹提出了「理一分殊」的命題。他說：「總天地萬物之理便是太極」，「太極」是理的總體，就是「理一」。「理一」又有分殊，「萬殊各有理，馬則為馬之性，又不做為牛的性。牛則為牛之性，又不做為馬的性，物物各有理」(《語類》)。分殊就是「理」體現於萬事萬物之中。「理一」和「分殊」之間存在著互相聯繫的依賴關係。他說：「蓋合而言之，萬物統體一太極也；分而言之，一物各具一太極也。」(《語類》) 說明萬物皆統一於太極，而太極又分屬於萬物。他借鑑了佛教華嚴宗「理事無礙」和「一即一切，一切即一」的理論，認為分殊於萬物之中的「理」是「太極」完整的全理，而不是全理中的一部分。他說：「雖然又自有一理，又卻同出於一個理爾。如排數氣水相似，這盂也是這樣

水,那盂也是這樣水,各各滿足,不待求假於外。然打破放裡,卻也是水。」(《語類》)同樣,「太極」分殊在萬物之中的「理」,雖物物有別,物物有一太極。正如佛教禪宗玄覺在《永嘉正道歌》中所說「一月普現一切水,一切水月一月攝」(《語類》)。天上的月亮普映在一切水中,一切水中之月又都是天上那一月的整體映象。

「理一分殊」否認了個別和一般的差別,把一般與個別相等同,這是形而上學的觀點。這個觀點在政治上是為封建等級制度做辯護的。朱熹說:「天分即天理也,父安其父之分,子安其子之位,君安其君之分。」(《語類》) 只要人人安於所居之位,就體現了「天理」的最高原則。這在當時,正是對貧苦農民「均貧富」「等貴賤」革命要求的否定。

(二) 承認矛盾對立終歸形而上學

朱熹發展了二程「無獨必有對」的矛盾觀。認為在自然界和社會的一切現象中,都存在著兩兩相對的矛盾。他說:「天下之物,未嘗無對,有陰便有陽,有仁便有義,有善便有惡,有動便有靜。」又說:「蓋所謂對者,或以左右,或以上下,或以前後,或以多寡,或以類而對,或以反而對。反覆推之,天地之間,其無一物無對而孤立者。」(《語類》) 這種「天下之物未嘗無對」的思想,是朱熹對二程「天下之物無獨必有對」的進一步發展。他說:「然就一言之,一中又自有對。且如眼前一物,有背有面,有上有下,有內有外,二又各自為對。雖說無獨必有對,然對中又自有對。」(《語類》)「對中又自有對」的思想,進一步揭示了事物內部矛盾對立的關係,說明在每一事物內部都是一分為二的。他指出:「陽中又自有個陰陽,陰中又自有個陰陽。以是一分為二,節節如此,以至於無窮,皆是一生兩爾。」(《語類》) 把每一事物內部的「一生兩」「一分為二」的關係看成是「節節如此,以至於無窮」,這是對二程「無獨必有對」思想的進一步深化。

事物除了對立關係之外,對立事物之間還存在著相互聯繫和相互依存的關係。朱熹說:「蓋陰之與陽,自是不可相無者。」(《語類》) 進而他又說:「天地之化,包括無外,運行無窮,然其所以為實,不越乎一陰一陽兩端而已,其動靜、屈伸、往來、闔闢、升降、浮沉無

性,雖未嘗一日不相反,規亦不可一日不相無也。」(《語類》) 他得出結論說:「凡物無不相反以相成。」(《語類》) 這是對事物矛盾對立統一關係的基本概括。朱熹還認為,對立的事物也可以相互轉化,即「陰變陽、陽變陰」,各向其反面轉化。他說:「陰陽之道,無日不相勝,這個退一分,那個進一分,陽極生陰,陰極生陽。」(《語類》) 陰陽之間存在著相互克服和鬥爭的關係,向著相反的方向發展,超過極限,就相互換位。

以上是朱熹思想中的閃光之點。然而在其理一元論世界觀的約束下,上述合理思想最終又走上了形而上學的歸途。朱熹講矛盾運動和轉化,只限於部分自然現象,不是普遍法則。他說:「陰陽有個流行底,有個定位底。一動一靜,互為其根,便是流行底,寒暑往來是也。」這是說,陰陽一動一靜,互為其根,形成寒暑往來,這是陰陽運動變化的性能。陰陽既分之後,形成天地、上下、四方,就永遠定位不變了。這顯然是形而上學的觀點。與此相應,在社會政治倫理方面,朱熹也持形而上學觀點。他認為封建的等級秩序和綱常倫理是永恆的「天理」,永遠固定不變。他說:「君臣父子定位不易,事之常也。三綱五常,禮之大體,三代相繼,皆因之而不能變。」(《文集》) 他把君臣父子之位和封建倫理綱常視為永恆不變,這是直接為鞏固封建統治服務的形而上學觀點。

在動靜關係上,朱熹也提出了一些合理的看法。他說:「動靜無端,陰陽無始。今以太極觀之,雖曰動而生陽,必竟未動之前須靜,靜之前又須是動。推而上之何見其端與始。」(《語類》) 在陰陽動靜的源頭上,朱熹比周敦頤更進了一步。「動靜無端,陰陽無始」的看法是朱熹對動靜起源的辯證猜測,對後人具有啓迪作用。他看到了動靜之間既相互矛盾又相互依存。他說:「動靜二字,相為對待,不能相無,乃天理之自然,非人力所能為也。」(《文集》) 說明動靜之間的對立依存關係是天理之自然的規律,非人力所為。因此,「動靜相資,陰靜之中自有陽動之根;陽動之中又有陰靜之根」(《語類》)。這種動靜相因的思想無疑是正確且深刻的。但是,朱熹的動靜觀最後還是以循環論告終。他強調動靜相因,但又主張「靜主動用」和「理靜氣

動」。認為陰陽二氣之所以運動，是本體「理」的作用，「理」主靜而「氣」生動，「理」是客觀精神本體，因此運動是由外面的「理」支使。這就陷入了形而上學的外因論。在運動的方向上，朱熹又提出循環論的觀點。他說：「一動一靜，循環無端。」（《語類》）又說：「蓋天地之間，只有動靜兩端，循環不已，更無餘事。」（《文集》）認為運動是以循環的形式存在的。循環論看不到事物的螺旋發展和波浪式前進的趨向，而認為其如木、火、土、金、水相生相克，往復循環，永仍在原來的圈子中踏步。

綜上所述，朱熹在發展觀上是從承認矛盾對立和發展開始，最後又歸宿於形而上學的不變論的。

(三) 提倡「格物致知」，強調「知先行後」

「格物致知」出於《大學》「致知在格物」一語，原無認識論意義，基本上是講對一般道德的體認。明確從認識論的意義上解釋「格物」的第一個人是程頤。他說：「格猶窮也，物猶理也。猶曰窮其理而已矣。」（《二程遺書》）朱熹繼承了二程的說法，並建立了更系統的格物窮理說。他說：「所謂致知在格物者，言欲致吾之知，在即物而窮其理也。」（《大學章句‧格物致知傳》）他通過對「格物致知」的闡釋，表述了自己的認識論思想。

從認識的目的來看，朱熹講「格物致知」是為了當聖人。他說：「《大學》格物致知處，便是凡聖之關。物未格，知未至，如何煞也是凡人。須是物格知至，方能循循不已，而入聖賢之域。」（《語類》）認為若做不到「格物致知」，無論如何都是凡人，只有達到「物格知至」，方可進入聖賢之域。

「格物致知」的具體內容是「窮天理，明人倫，講聖言，通事故。」（《文集》）這裡的「天理」主要是指仁、義、禮、智等封建道德，「人倫」「聖言」「世故」則是天理的闡發應用。朱熹認為，如果放棄對天理的追求，只把精力花在草木、器用的研究上，那就如散兵遊勇那樣，回不到老家。他說：「兀然存心乎草木、器用之間，此何學問！如此而望有所得，是炊沙而欲成飯也。」（《文集》）

在認識路線上，朱熹提出了「以身為主，以物為客」的命題。注

意了認識主體和客體的區別。他說:「人心之靈,莫不有知,而天下之物,莫不有理。」(《語類》) 這「知」是指認識能力,「理」和「物」指認識對象。他說:「格,致也,盡也,物,猶事也。」窮究事物之理達到極點就是「格物」。「致」,推究也,「知」猶識也。推展心中的知識至於極致,就是「致知」,由格物才能致知。因此,朱熹也主張向外追求知識。他說:「上而無極太極,下而至於一草一木、昆蟲之微,亦各有理。一書不讀,則缺了一書道理,一物不格,則缺了一物道理。須著逐一與他理會過。」(《語類》) 這是朱熹認識論中的合理部分。他主張一事一物地去格物窮理,而窮理的方法又是學、聞、思、辨等形式,是一個由淺入深的過程。學與問是聞見功夫,通過讀書論學、評論古今人物、應事接物等途徑去認識物理。第二步思辯功夫,朱熹主張「沉思」「潛思」「反覆推究」「觸類旁通」,通過分析類推,達到內心「豁然貫通」、窮盡天下之理的目的。他說:「一物格而萬里通,雖然顏子亦未至此。惟今日而格一物焉,明日又格一物焉,積習既多,然後脫然有貫通處耳。」(《四書或問》) 這裡的「脫然貫通」是建立在「積習既多」,即不斷積蓄知識的基礎上,含有認識飛躍的合理因素,故不可簡單地認為是神祕主義的「頓悟」。

朱熹的上述合理思想,由於受其理一元論世界觀的局限,最後還是被窒息於唯心主義體系之中。他講「致知」,是擴大心中的先驗認識,由於物我都統一於「太極」,「太極」分殊之理既在物中,又在心中,「理之在物與在吾身只是一般」(《文集》)。心中之理與外物之理是一回事,因此,「格物」只是把心中和心外之理結合起來的手段,是用物理去啓發心中之理,下學而上達,最後達到「眾物之表裡精粗無不到,而吾心之全體大用無不明」(《語類》) 的最高境界,這是先驗主義的認識路線。要達到如朱熹所說的這種境界,純屬主觀幻想。

在「知」「行」關係上,朱熹主張「知先行後」。他說:「知行常相須,如目無足不行,足無目不見。」(《語類》) 知和行如眼與腳的關係的說法有一定道理,但如果追問知與行誰先誰後,孰輕孰重?朱熹則說:「論先後,知為先;論輕重,行為重……先知得,方行得。」(《語類》) 如走路,應先知方向路線方可移步,否則就胡闖亂行。對

「行為重」，朱熹解釋道：「方其知之而行未及之，則尚知淺；既親歷其域則知之益明，非前日之意味。」（《語類》）知而不行是知得不深，只有親身履歷之後，有了感受，才知得清楚真實。他說：「學之要，未如知之之要；知之之要，未若行之之實。」（《語類》）學不如真知，真知不如實行，所以「行」重於「知」。

朱熹的知行觀，是指儒家的個人道德修養和實踐。由於道德實踐需要封建倫理指導，因此「知為先」。又因封建倫理不能只流於空談，所以「行為重」。「知先」「行重」是實踐道德的兩個方面，有其內在的邏輯一致性。如果從認識的角度看，「知先行後」顛倒了主次關係。認識來源於實踐，知行之間應以「行」為第一性。「知為先」的主張顯然是錯誤的。至於所謂「行為重」，雖有其合理因素，但它強調的也只是封建知識分子的個人道德實踐，這和我們今天所講的社會實踐有本質的不同。

（四）性分「天命」「氣質」，明申理欲之辨

在人性問題上，朱熹直接繼承了張載和二程的思想。張載把人性分為「天地之性」和「氣質之性」兩種，認為人性的善惡是禀氣不同所造成的。朱熹對此說法十分贊賞，認為這個思想「有功於聖門，有補於後學，發明千古聖人之意，甚為有功」（《語類》）。二程繼張載後，對「天理之性」和「氣質之性」做了區分。在張、程思想的基礎上，朱熹又全面論證了「天命之性」和「氣質之性」的人性二元論。他說：「人之所以生，理與氣合而已。」（《語類》）「理」與「氣」，人生不可缺少。「理」在人未形成之前渾然於天空，於人一旦形成，便附於人體，成為先驗禀賦於人心的仁、義、禮、智等封建道德，是先天的善性所在，人人皆有，故名「天命之性」。人體形成之時，必禀此氣，由於氣精粗、厚薄、清濁、久暫的不同，就產生了善惡、賢愚、貧富、壽夭的不同和性格上的差異。它有善有惡，名曰「氣質之性」。上述二性並存於人身，這就是朱熹的人性二元論觀點。

朱熹的人性二元論反應了當時的統治者十分重視從思想上控制人心的傾向。朱熹說：「人之性皆善，然而有生下來善底，有生下來便是惡底，此是氣禀不同。」（《語類》）這一「氣禀有定」論，可為統

治者階級的剝削壓迫開脫罪責，它要求人民在貧賤中聽從命運安排。因此，朱熹的人性論就成了鉗制人民思想的武器。

　　基於上述目的，朱熹又把「天命之性」稱為「道心」，把「氣質之性」稱為「人心」，並斷言前者是「善」，後者是「惡」。其根據是《尚書‧大禹謨》中的「人心惟危，道心惟微，惟精惟一，允執厥中」。朱熹認為上述十六字是堯、舜、禹的真傳，因而特別重視。什麼是道心？朱熹說：「道心者，天地也，微者精微。」（《文集》）他認為道心就是天理，所以是精微的、至善的，只有聖人才具有。什麼是人心？朱熹說：「心者，人之知覺，主於身而應事物者也。指其生於形體之私而言，則謂之人心。」（《文集》）人心的特點是「易動而難反，故危而不安」。人心就是人欲，即「人心者，人欲也；危者，危殆也」（《語類》）。他把人心和人欲相等同，因為它是被物欲所迷惑而產生的邪念，是「惡底心」。所以朱熹認為，道心和人心的關係，就是心中至善之理與邪惡欲念之間的關係。人要去惡從善，就必須用「天理之公」去戰勝「人欲之私」。

　　從上述思想出發，在道德修養上，朱熹提出了「存天理，滅人欲」的主張。這個天理實際上指「三綱五常」等封建道德。他說：「所謂天理，復是何物？仁、義、禮、智豈不是天理，君臣、父子、兄弟、夫婦、朋友豈不是天理。」（《文集》）所謂「人欲」，就是受物欲迷惑而產生的私欲。他說：「只為嗜欲所迷，利害所逐，一齊昏了。」（《語類》）他認為人欲本是惡的，和人的正常慾望不同。慾望人人都有，饑而思食、寒而思衣的慾望是聖凡共有的。他說：「饑食者，天理也；要求美味，人欲也。」（《語類》）又說：「夏葛冬裘，渴飲饑食，此理所當然。才是葛必欲精細，食必求飽美這便是欲。」（《語類》）因此欲有善惡，並非全都不好。朱熹對「欲」和私欲的區別，是對二程理欲觀的修正。他主張保證人民的基本需求，讓其生活下去，只有那些過高的慾望，才應該堅決克制。因此，朱熹反對「過欲」「縱欲」，也具有一定合理性。不過，朱熹把「天理」和「人欲」絕對對立起來，認為「天理人欲不容並立」（《文集》），又認為「天理存則人欲亡，人欲勝則天理滅」（《語類》）。克得一分人欲，就復得一分

天理，當人欲被克盡之日，就是天理流行之時。這就達到了超凡入聖的境界。

上述「存天理，滅人欲」的道德信條，在中國後期封建社會中，長期起著鉗制人民思想、維護封建剝削制度的作用。

七、絕世儒學宗師，一代孔孟傳人

朱熹一生的建樹，主要表現為他適應中國後期封建社會政治的需要，建立了一個博大而精深的、龐雜的、以「理」為核心範疇的客觀唯心主義哲學體系。這個體系以儒家政治倫理為中心，廣泛吸取和融合佛、道思想，又在理一元論基礎上吸收了一些唯物主義思想資料而建立起來的。清人全祖望說朱熹的學說「致廣大，盡精微，綜羅百代」(《宋元學案》卷48)。朱熹的學生黃榦在《朱子行狀》中說：「道之正統，待人而傳……由孟子而後，周、程、張子繼其絕，至先生而始著。」此後，人們公認為朱熹是孔、孟之後最偉大的一位儒學家。如清初的江藩就說：「晦翁是宗孔嗣孟，集諸儒之大成者也。」

朱熹一生孜孜不倦，嘔心瀝血所營建的一套封建主義意識形態，雖在其生前未被統治者所用，但在他死後不久就得到理解和重視。南宋理宗認為理學「有補於治道」，追封朱熹為「太師」「朱文公」，不久又改封「徽國公」，下詔將朱熹的牌位供奉於孔廟，讓他與孔子同享後人的祭祀。

由於朱熹的學說對維護封建制度有用，因而自南宋末年，歷經元、明、清三代，各個王朝都把他的學說定為指導思想。從元朝開始，朱熹的《四書集註》和其他經學註釋就被定為科舉考試的依據，他的言論幾乎成了判斷是非善惡的最高標準。因此，中國後期封建社會的儒家思想，實際上就是朱熹的理學思想。

朱熹之所以能夠在中國後期封建社會取得如此崇高的地位，除了上述原因之外，還由於他是中國歷史上一位少有的博學多識和思想深邃的著名學者，因而在他的哲學體系中也包含了一些真理的成分。從總體上講，朱熹的哲學固然是唯心主義和形而上學的，但從其中某些

方面來看，卻表現了為許多古代唯物主義哲學家所不及的唯物主義和辯證法因素。例如，他在以「理」作為宇宙本體的同時，又強調了「理」不離「氣」；他的「格物窮理」說也具有合理的成分；在他的形而上學中，也講了「一個包兩個」「一分為二」等。上述這些合理的思想，對爾後的唯物主義思想家，如王廷相、王夫之等都有啓發作用。作為一位博學多識的大學問家，朱熹有很多方面值得後人學習。他一生學而不厭，誨人不倦，博覽經史，治學嚴謹，著作宏富。他在訓詁、考證、註釋古籍以及整理文獻資料等方面都取得了豐富的成果。另外，他對天文、地理、律曆等許多自然科學，也都進行過廣泛的研究。作為封建社會的一位官員，他在努力維護那個制度的同時，也能體察民情，反對橫徵暴斂與為富不仁者，敢於同貪官污吏和地方豪紳的不法行為做鬥爭。在地方官司的任期內，朱熹也做了一些如賑濟災荒、鼓勵生產等安定民生的有益工作，在封建社會的官員中，不失為一位正直有為的人。最後還應指出，朱熹還是中國教育史上的著名教育家之一。

湖湘學宗

張　栻

　　張栻是南宋時期與朱熹、陸九淵、呂祖謙齊名的思想家，朱、呂、張栻三人傳學於東南，被時人譽為「東南三賢」。同時代的另一位學者陳亮說：「乾道間東萊呂伯恭（呂祖謙），新安朱元晦（朱熹）及荊州（張栻）鼎立，為一代學者宗師。」（《陳亮集》卷 21）《宋史·道學傳》將朱、張並列一傳。兩人的學術思想基本傾向一致，並且交往很深，他們相互切磋，相得益彰，共同發展了二程的理學思想，而由朱熹集其大成，因此，張栻在理學史上佔有重要地位。

一、愛國名臣之子，憂國憂民之人

　　張栻生於宋高宗紹興三年（1133 年），卒於宋孝宗淳熙七年（1180 年），字敬夫，又字樂齋，號南軒，漢州綿竹（今四川綿竹）人。出身於大官僚家庭，他的父親張浚，字德遠，徽宗時進士，做過南宋高宗、孝宗兩朝的丞相，一生以恢復中原為職志。在他主持政務和執行軍務時期，力主抗金，反對議和，並選拔重用韓世忠和岳飛等抗金名將，對穩定南宋統治做出了貢獻。張栻從小就隨父輾轉各地，後來才定居於衡陽。出生於這樣家庭的張栻，從小就受到良好的教育和熏陶。

　　公元 1163 年，孝宗繼位，張栻「慨然以奮戰仇虜，克服神州為己任」（《宗文公集》卷 89《右文殿修撰張公神道碑》）。這時他父親再被起用（這以前受秦檜等主和派的排斥，被謫貶 20 年），開府治兵，都督軍事，張栻「時以少年，內贊密謀，外參庶務，其可綜畫，幕府之

人皆自以為不及也」(《宋史‧道學三》)。他秉承父志，反對和議，力主抗金。曾因軍事入奏，進言孝宗，激勵孝宗「上念宗社之仇恥，下閔中原之塗炭」(《宋史‧道學三》)，要求孝宗勵精圖治，革除因循之弊，報仇雪恥，匡扶社稷。這次入奏，得到孝宗賞識，於是「乃定君臣之契」。公元1163年，張浚再度被主和派排斥下臺，於第二年含恨去世。張栻辦完喪事，又屢次上疏言事，鼓勵孝宗堅持抗戰決心，總結失敗之教訓，明賞罰，悅人心，充士氣，「誓不言和，專務自強，雖折不撓」(《宋史‧道學三》)。其後，又多次上疏，要求堅持抗金，反對和議。他說：「自虜入中國，專以『和』之字誤我大機……謀國者不可以不知也。」(《南軒全集》卷34) 他指出，抗金之所以屢遭失敗，是因為朝廷的抗戰決心不堅定。他要求孝宗「誓不言和」「雖折不撓」，表示了抗戰到底的決心。張栻的主張，同那些不切實際空喊抗金或寄希望於僥幸取勝者不同，他認為，要取得抗金戰爭的勝利，必須增強自己的實力，要「專務自強」，其關鍵是得民心。他說：「夫欲復中原之地，先有以得中原之心，欲得中原之心，先有以得吾民心。求所以得吾民心者，豈有它哉，不盡其力，不傷其財而已矣。今日之事，固當以明大義，正人心為本。」(《宋史本傳》) 這樣的戰略思想，是從根本上考慮問題，不單純從軍事上考慮問題。從根本上考慮問題，就是要得到人民的支持，而要得到人民的支持，就必須愛護民力，減輕其勞役負擔，並且「不傷其財」，減輕其經濟負擔，讓老百姓好好生活下去。如果不愛護民力，減輕人民負擔，使老百姓生活不下去，大後方不穩，就談不上抗金復仇。由此可見，張栻的建議是很有卓識遠見的。據《宋史》記載：宋孝宗乾道元年(1165年)，張栻受湖南安撫使劉珙之聘，主管岳麓書院教事，在此苦心經營三年，使書院聞名遐邇，從學者達幾千人，初步奠定了湖湘學派之規模。乾道五年(1169年) 又由劉珙推薦，除知撫州，未及上任，又改知嚴州 (今屬江西)。次年招為吏部員外侍郎，並暫時兼任起居郎侍立官，兼待講。

在京一年，得孝宗詔對達七次之多，所言「大抵皆修身務學，畏天恤民，抑僥幸，屏讒諛」(《宋史本傳》)。在這段時間，他做了幾件很出色的事。第一件是在宋孝宗乾道元年 (1170年)，虞允文認為敵

勢衰弱可圖，建議派遣使者前往金國，以索取徽、欽二帝陵寢為名，要金人歸還洛陽、鞏縣等失地，「士大夫有憂其無備而召兵者，輒斥去之」(《宋史本傳》)。獨張栻不怕被打擊、排斥，進見孝宗皇帝，陳述了自己不贊同虞允文貿然出兵之理由。當時的孝宗本想支持虞允文的建議，於是問張栻：「卿知敵國事乎？金國饑饉連年，盜賊四起。」(《宋史本傳》) 張栻答對說：「金人之事臣雖不知，境中之事卻知之矣。」孝宗曰：「何也？」張栻答曰：

> 臣切見比年諸道多水旱，民貧日盛，而國家兵弱財匱，官吏誕漫，不足倚賴，正使彼實可圖，臣懼我之未足以圖彼也……今日當下哀痛之詔，明復仇之義，顯絕金人，不與通使，然後修德立政，用賢養民，選將帥，練甲兵……且必治其實而不為虛處，則必勝之形隱然可見。

(《宋史本傳》)

他分析了當時的形勢，認為國內連年天災嚴重，民貧日盛，國家兵弱財匱，並且官吏荒誕很不可靠。自己沒有足夠的力量，因而沒有足以使敵人屈服的實力。正確的做法應該是修德立政，用兵養民，選將帥、練甲兵，先做好準備，使自身有了足夠的實力，才可戰勝敵人，收復失地。孝宗為他的高見所折服，便否定了虞允文不切實際的錯誤企圖。

第二件事是虞允文重用史正志為發運使，名為均輸，實際是大量掠取州縣財賦，致使遠近騷然，士大夫爭相指責其為害，張栻也向皇帝陳述其害。但孝宗因受了史正志的蠱惑，認為只是取之於諸郡縣的財賦，不是取之於子民。張栻說：「今日州郡財賦大抵無餘，若取之不已，而經用有缺，不過巧為名色取之於民耳！」孝宗矍然曰：「如卿所言，是朕假手於發運使以病吾民也。」事後經過查實，確實如張栻所言，便停止了此項弊政。

第三件事是朝廷準備用宦官張說除簽書樞密院事，張栻連夜起草奏疏，極力陳其不可，並在第二天早朝中，當面指責虞允文：「宦官執政，自京輔始，近習執政，自相公始。」(《宋史本傳》) 弄得堂堂宰相「慚憤不堪」。接著他再上奏勸阻皇帝不可採用張說掌管樞密院，

終於使孝宗省悟，制止了這次任命。但自此以後，他便和虞允文結下怨恨，次年就將張栻排擠出中央政府，除知袁州（今屬江西）。淳熙五年（1178年）改知江陵（今屬湖北）。淳熙七年（1180年）遷右文殿修撰，提舉武夷山衝祐觀。同年8月，年僅48歲的張栻就病逝於其住所。

張栻一生不僅力主抗金，反對和議。他居官期間，廉明清正，關心人民。每到任，常「問民疾苦」，調查當地「利病」，認真改革地方的弊政，減輕人民的負擔。公元1171年，湘中大旱，農民大量逃亡。張栻對此種情況十分關心，當時朱熹正在興辦「社倉」（由封建國家的地方政府組織籌劃，掌握部分必需的生活資料，在青黄不接之際貸給農民。年成不好，則利息減半，遇饑荒年則全免利息，然後用產品償還）。他十分贊同這種做法，認為它能減少農民流徙，還能阻止大地主的高利剝削和土地兼併。張栻提出了「薄賦寬民」的主張。他於公元1169年，除知嚴州，「到任即訪民疾苦，首以丁鹽錢捐太重為請，得蠲是歲半輸」（《朱文公文集》卷89）。他在江陵時期，多次彈劾了信陽守劉大辯，「怙勢希賞，廣招流民，奪戶熟田」，他清楚地知道劉大辯有後臺支持，冒著丟官的危險，要求朝廷論其罪，表現了他「勇於從義」的無私無畏精神。張栻作為一個封建社會的清官，對貪官污吏十分痛恨。他在任荊湖北路轉運副使、知江陵期間，竟「一日去貪吏十四人」。此外，他做地方官期間，還取締了一些有害於社會的惡劣習俗。如知靜江府時，剛上任即發布了《諭俗文》，說：「訪聞愚民無知，病不服藥，妄聽師巫，惡僧邪說，以致害人致死。」申明要對那些「誑惑百姓」的「師巫」「惡僧」重罰。《諭俗文》又說：「訪聞鄉落愚民誘引他人妻室販賣他處」，申明對拐賣人口者要「嚴行懲治」。還規定對婚喪葬禮中存在的「竭產假貸，以侈靡相誇」的有害風俗，要加以「制抑」，嚴申「若有不峻，當治其尤者以正風俗」（《全集》卷15）。張栻做地方官時，也十分重視倡辦教育事業，積極興辦地方學校。其中以靜江府為最，為倡辦學校，他先後為地方州府撰寫了許多《學記》，進行鼓吹。認為興辦學校的主要目的是「明人倫」，因為「人倫之在天下不可一日廢，廢則國隨之」，故「有國者之

於學，不可一日而忽」（《全集》卷9《袁州學記》）。不僅如此，他還親身執教，帶頭示範，在主持岳麓書院期間，為興辦教育、培養人才做出了重大貢獻。因此，他又是一位著名的教育家。

張栻為人「表裡之洞然，勇於從義，無毫髮滯吝，每進對，必自盟於心，不以人主意悅輒有所隨重」（《宋史本傳》）。他正直無私，每遇君臣問對時，不投人主之所好，不視君主之臉色行事，敢於「犯顏直諫」。據《宋史》記載：「孝宗嘗言：『伏節死義之臣難得。』栻對：『當於犯顏敢諫中求之，若平時不能犯顏敢諫，他日何望其伏節死義？』孝宗又言：『難得辦事之臣。』栻對：『陛下當求曉事之臣，不當求辦事之臣。若但求辦事之臣，則他日敗陛下之事者，未必非此人也。』」

從上面問對之中，可以看出張栻就是犯顏直諫之人，他敢於公然同皇帝爭辯，大膽說出自己與那個具有無上權威的人的不同意見。在多次問對中，孝宗為他的忠義所感動，還賜手書進行褒獎。甚至張栻在臨終前，還寫了奏疏勸說孝宗「親君子遠小人，信任防一己之偏，好惡公天下之理，以清四海，克固丕圖」。真是做到了「鞠躬盡瘁，死而後已」。他的忠義形象受到了世人的傳誦。宋寧宗嘉定年間追賜謚宣，理宗淳祐初下詔「從祀孔廟」以示對他的表彰。

二、以古聖賢自期，上承二程學統

張栻出生於一個忠義之風十分濃厚的家庭，從小接受儒家傳統思想的薰陶，「自其幼壯不出家庭而因以得夫忠孝之傳」（《南軒文集序》）。28歲以前，他沒有做官，一直在家讀書，接受聖賢之教。紹興三十一年（公元1161年），遵從父命，去衡山拜胡宏為師。胡宏是南宋著名的理學家，全祖望對此人在儒學上的造詣十分推崇，認為「中興諸儒所造，莫出五峰（胡宏）之上」「卒開湖湘之學統」（《宋元學案》卷42《五峰學案》）。在這樣的老師的指導之下，張栻受益匪淺。關於師事胡宏一事，張栻有如下記載：

僕自惟念妄意於斯道有年矣。始時聞五峰先生之名，見

其語言而心服之,時時以書質疑求益。辛巳之歲(高宗紹興三十一年,即公元 1161 年)方獲拜之於文定公(胡宏之父安國)書堂。先生顧其愚而誨之,所以長善救失,蓋自在言語之外者。然僅得一再見耳,而先生沒。自爾以來,僕亦困於憂患,幸存視息於先廬,細繹舊簡,反之吾身,寖識義理之所存……如是有五載……

(《南軒全集》卷 26《答陳平甫》)

在上面這段自述中,可以看出,張栻在師傅胡宏之前,就非常佩服他,並且經常用書信的方式向胡宏請教。正式拜師之後,得到了老師的言傳身教。可惜第二年胡宏就去世了,故謂「僅得一再見矣」。永別之情,難於言表。然而自此以後,他謹遵其師之遺教,以老師為榜樣,「反之吾身」,漸漸積識義理之所存。說明他在學問和道理上的成就,基本上得益於胡宏。

對張栻在胡宏門下的受業情況,朱熹也有記載,他說:「(栻)自其幼學而所以教者,莫非忠孝仁義之實,既長又命往從胡公仁仲先生問河南程氏學,先生一見知其大器,即以孔門論仁親切之旨告之。公退而思,若有得也,以書質焉。而先生報之曰:『聖門有人,吾道幸矣。』公以是益自奮勵,直以古之聖賢自期,作《希顏錄》一篇,晝夜視省,以自警策。」(《朱文公全集》卷 89)在這裡,朱熹既證實了張栻拜胡宏為師的事實,又指出了他在那裡的求學情況,並且說明了張栻之學上承二程的遺緒,又得到胡宏的傳授,他自己也作了《希顏錄》,以古聖賢自期,這為他成為一位正統的理學大師,奠定了堅實可靠的條件。張栻在敘述其師的學術淵博時說:「先生自幼志於大道,嘗見楊中立(二程高足楊對)。先生於京師,又以侯師聖(二程弟子)於荊門,而卒於傳文定公(胡宏之父安國)之學,優遊南山下二十載。」(《全集》卷十四)胡安國雖非二程嫡傳,但他服膺於二程,曾多次聲稱其學得之於「伊川書」,又與二程之高足謝良佐、楊時交遊切磋,因而接受了二程的學統。胡宏是他的兒子,又從其父,接受了二程學統,然後傳給張栻。全祖望在《宋元學案·序錄》中說:「私淑洛學而大成者,胡文定公其人也。文定從謝楊遊,三先生以求學統而

其言三先生又兼師友,然吾之自得於遺書者為多……蓋晦翁、南軒、東萊皆其再傳也。」又說:「南軒似明道,晦翁似伊川。」所以從根本上講,張栻之學上承二程統緒是毫無疑問的。

張栻的著作經朱熹審定的有《南軒文集》44卷刊行於世;還有《論語解》10卷、《孟子說》7卷。清康熙年間由無錫華希閔重刊,道光年間又由陳仲詳將《南軒文集》《論語解》《孟子說》合刊為《張南軒公全集》,或稱《南軒全集》。

三、發揮程氏理學,闡述「天人」精蘊

人們歷來認為,朱熹繼承二程理學,並使之發展成為更加豐富、更加完備的思想體系,從而集其大成,事實的確如此。然而,從朱熹和張栻的學術交往來看,他們是互相促進的。《宋史·道學傳序》指出:「張栻之學,亦出於程氏,既見朱熹,相與,約,又大進焉。」另一方面,朱熹對張栻也很敬佩,他認為張栻對他「多有啓益」,並且說:「使敬夫而不死,則其學之所至,言之所及,又豈予之所以得而知哉。」(《南軒文集序》)黃宗羲在《宋元學案》卷58《南軒學案》的按語中說:「朱子生平相與切磋,得力者東萊、象山、南軒數人而已……惟於南軒為所佩服。一則,敬夫見識卓然不可及,從遊之久,反覆開益為多。」由此可見,朱熹的成就,也是同張栻分不開的。遺憾的是張栻早亡,其成就當然不及朱熹博大精深。然而他在理學的發展史上仍做了重大的貢獻。

張栻的理學思想基本上是沿著二程思路前進。但他對理學的發揮又具有自己獨自的特點。

第一,在宇宙觀上,張栻一方面強調「太極」是宇宙的本原;一方面,又認為「心」是萬物之主宰。

首先,他論述了「太極」(理)的本原性。他說:「太極動而二氣形,二氣形而萬物化生,人與物接本乎此者也。」(《南軒全集》卷11《存齋記》)又說:「太極者,所以生生者也,曰易有太極而作用一源可見矣。」在這一點上,他和朱熹一樣,完全繼承了周敦頤和二程的

思想。認為太極的運動產生出陰陽之氣，二氣交感化生萬物，所以太極是宇宙萬物的本源。他強調「太極」是形而上的精神實體，說：「所謂太極天地之性，語意未圓，不若雲天地亦形而下者，一本於太極……有太極則兩儀生生而不容焉。」(《南軒全集》卷11《存齋記》) 他根據什麼說「太極」是形而上的呢？他在論述理與心、性、天命之關係時說：「理之自然謂之天命，主於人為性，主於性為心。天也、性也、心也，所取則異，而理則同。」(《孟子說》卷7) 這裡肯定了「理」的本體性。同朱熹一樣，太極和理是同等的範疇。是精神性的，是宇宙的本體，也是宇宙萬物之本源。

對於太極之理與萬物之理的關係問題，張栻的觀點同二程一致，只是表述有所不同。他說：

蓋何莫而不由於太極，何莫而不具於太極，是其本之一也。然太極則有二氣五行，絪蘊交感其變不齊，故其發見於人物者，其氣稟各異而有萬之不同也。雖有萬之不同，而其本者一也，亦未嘗不具於其氣稟之內。

(《孟子說》卷6)

其所以為萬殊者，固統於一，而所謂一者，未嘗不多具於萬殊之中也。知太極之有一，而不知物物各具太極也。

(《全集》卷29)

由此可見，在太極（理）與萬物之理的關係問題上，張栻以為，雖因氣稟不同而有萬殊之異，然而從根本上講，它們都是統一於「太極」的，而作為總體的「太極」又各自「完具於」一個太極。同朱熹一樣堅持了「理一分殊」的觀點。

在理與事物的關係上，張栻主張理在事先，是事物之所以然。他說：「有是理則有是事，有是物。」(《孟子說》卷6) 又說：「事事物物皆有所以然，其所以然者，天之理也。」(《孟子說》卷6) 這個觀點同程朱理學完全是一致的，是由他們的「理本體論」引申出來的。

其次，他論述了「心」的主宰性。值得注意的是，張栻還認為「心」也具有對萬物的主宰性。他說：「心也者，貫萬事，境萬理，而為萬物之主宰者也。」又說：「蓋心宰事物，而敬者心之道所生也，則

萬理森然而萬事之綱總攝於此。」(《全集》卷12) 還說:「人心也,率性立命知天下而宰萬物者也。」(《全集》卷29) 既主張理的本原性,又強調「心」的主宰性,說明在張栻的宇宙觀中,客觀唯心論與主觀唯心論兼而有之。張栻把主觀精神的「心」提高到了與「太極」或「理」同為「萬物主宰」的地位,這與程朱理學是有所區別的。程朱理學雖然在一定程度上強調「心」的主宰性,但他們不認為「心」是事物的「主宰者」。朱熹說:「心固是主宰,然所謂主宰者即是理也。」(《朱子語類》卷1) 因此,程朱講的「心」的主宰性,僅僅指的是對性情的主宰性,這就是他們講的「心主性情」和「心統性情」說。這說明,張栻在「心」的主宰性問題上表現了與程朱理學相異的傾向,而與陸九淵有相似之處,主張具有「心」和「理」等同論的思想,陸則乾脆講「心即理也」。

最後,認為「人心」即「天理」。張栻的「心理等同論」具體表現在他的「人心」即「天理」論中。他說:

> 仁,人心也,率性主命知天下而宰萬物者也,……誠能存而識之,擴充而達之,生生之妙,油然於中,則仁之大體豈不可得乎及其至也,與天地同德,鬼神同用,悠久無疆,變化莫測。

(《全集》卷10)

在這裡,他把「心」和「仁」說成是二而一的範疇,只要能擴充發展心的作用,就可得到仁之大體,再加以擴充發展使之達於極致,就可以與天地同德了。就這樣,主觀的「心」就和「天理」相一致了。他又說:「樂天者,安天理也,畏天者,欽天命者也,其仁如天,則天下孰不歸之。」(《孟子說》卷1)

以上這些思想,是對程顥《識仁篇》的進一步發揮。程顥說:「學者需是識仁,仁者渾然與物同體,義、禮、知、信皆仁也。」(《宋元學案》卷13) 又說:「克己復禮之說,所謂禮者,天之理也……己私克則天理存,仁其在是矣。」(《宋元學案》卷50《南軒學案》) 張栻和歷來的儒家學者一樣,把「仁」看作是封建道德的最高境界,他又通過對孔子「克己復禮為仁」的闡發,說明了「仁」是「人心」的體

現，其實質就是「天理」。這樣，他通過「仁」這個中間環節，把「人心」和「天理」融為一體了。

第二，在認識論上，張栻發揮了二程的「格物致知」論，並對知行關係做了更為詳細的論述。

張栻的格物致知論大概和一般理學家相同，但又具有自己的特色。

總的來說，張栻的格物致知論以性善論為基礎，以「去人欲，存天理」為目的。在認識的來源、對象上強調「知吾所固有」，在認識途徑上主張通過內省而「格心之非」。他說：「所謂講學者，寧有他術哉，致其知而已，知者吾所固有也。」（《全集》卷15）又說：「立者所以立其身也，所知者，實之在己者也。」（《論語解》卷2）

這是說，研究學問之目的是為了「致知」，那麼「知」從哪裡「致」？回答是知為自己所固有，所以知應從自己身上下功夫。所以，他說：「聖賢曷為而可至哉？求之吾身而已。求之吾身其則蓋不遠，心之所同然者，人所固有也。」（《全集》卷2）因為我心與聖賢之心同，故求為聖賢只須向自己的內心世界下功夫。故他又說：「義理存乎吾心者，不可泯滅，蓋學者求諸由此而已。」（《全集》卷9）明白地說，「致知」就是要去認識自己心中的義理。這裡的「義理」本來指講求經義、探究名物的道理，然而按照陸九淵「六經註我，我註六經」的思想來說，自然是「義理存乎吾心」了。朱熹也說：「蓋人心至靈，有什麼道理不具在這裡」。（《朱子語類》卷14）又說：「大凡道理，皆我自己自有之物，非從外得。所謂知者，便只是知得我的道理。」（《朱子語類》卷17）在知識來源問題上，張栻、朱、陸的看法一致。他們之間的分歧只在於致知的途徑不同。朱熹認為知識雖為自己所固有，但不能直接頓悟，要通過「今日格一物焉，明日又格物」的格物過程，才能最後達到「脫然貫通」，使「眾物之表裡精粗」和「吾心之全體大用無不明」。陸九淵的致知途徑則是強調「切己反身」「發明本心」，認識不須向外探求。朱熹雖然也認為致知就是認識心中之理，但他從「理一分殊」論出發，主張把心內之理同心外之理加以溝通，這就要通過認識心外之理去明白心內之理。張栻的格物致知說有把朱陸二人的格物致知說相融合的傾向。

首先，張栻以「格」為「至」，以「物」為「理」。他說：「格，至也，格物者，至極其理也。此正學者下功夫處。」(《全集》卷26) 這就與朱熹格物致知的出發點一致，但他不主張通過「今日格一物，明日格一物」的辦法，而是主張向內下功夫，強調「格物」要以「去心之是非」為先。

　　其次，他把格物致知同理欲之辯相聯繫。張栻說：

　　　夫心本無非，動於利欲所以非也……故當以格其心非為先，格之為言，感通至到也……所謂格也，蓋積其誠意，一動一靜，一語一默，無非格之之道也。

(《孟子說》卷4)

　　張栻以「格」為「至」，「至」就是「感通至到」。只要「積其誠意」，即無論在動或靜的時候，都要使自己的言行完全保持「善」的本性，不為利欲所動，這就是張栻的「格物」方法。他把這種格物方法稱作「收其故而存其良」。這是孟子「性善論」「良知是能」和「養心莫善於寡欲」論的進一步發揮，也同陸九淵的觀點基本相同。它對後來王守仁的思想具有重要的啟發作用。

　　總之，張栻的「格物致知」論，雖然同程朱有共同之處，但又有所區別，它同主觀唯心主義者陸九淵的思想基本相同，也表現了融合理學於心學的特點。

　　在知行關係上，他不同意程朱的「知先行後」和「知主行次」論，提出了「知行互發」的主張。

　　張栻比較清醒地看到，在當時的知識界普遍存在著「重知輕行」脫離實際的流弊。他說：「近歲以來，學者失其旨，汲汲求所謂知，而於躬行則忽焉。本之不立，故其所知特出於臆度之見……蓋憂此，特未知二者互發之故也。」(《論語解序》) 這一看法同程朱的「知先行後」「知主行次」說法很不一致，這說明他雖然學承二程遺統，但不是盲目繼承，而有自己的見解。雖然，他並未公開否定「知先行後」論，甚至也講過「知先於行」，可是他卻做了一些說明，使之與己說不相抵觸。例如他說：

　　　所謂知之在先，此固不可易之論，但只一個知字，用處

不同……譬如行路須識路頭，誠是也，然要識路頭，親去路口尋求之方得，若只端坐在室想像路，而曰：吾識之矣，則無是理，元晦所論知字，乃是謂知至之知。要之，此非躬行實踐則莫由至。

(《全集》卷 19)

他沒有否定「知先行後」的說法，也並沒有把「知先行後」看作是絕對的教條，他之所以承認這一說法，只是將其運用於具體的事情上。他認為做具體的事情的時候，應該先有計劃，有個主意，不能盲目行動，必須有個方向。他認為朱熹講「知先行後」的「知」，是指「知至之知」，即經過躬行實踐之後所得到的真知，然而這種真知「非躬行實踐則莫由至」。從根本上講，真知灼見仍然來源於「躬行實踐」，所謂「知常在先」的「知」不是「端坐在室」所能得到的。人們的行動固然需要正確的思想來指導，但是這種正確的思想只能從「躬行實踐」中得來。由此看來，張栻「知行互發」是指講行可以得到知，知又可以指導行，知行相互推進。

因此，在知行問題上，他對朱熹有不同的看法，他在一次給朱熹的信中說：

垂諭或謂人患不知道，知則無不能行，此語誠未完。然有所謂知之至者，則其行自不能已，然須致知力行，功夫到而後及此……若學者以想像臆度或一知半解為知道，而曰知之則無不能行，是妄而已。

(《全集》卷 19)

這段話從表面上看，是對朱熹說法的補充，實際上是用客氣的語言對朱熹知行觀上的錯誤的糾正，也是對「知先行後」論的否定，他同意「知無不能行」，但這種無不能行的「知」只能是「知之至」，即真知，而不是「想像臆度」或「一知半解」所得到的「知」。

張栻對他的「知行互發」做了如下的闡述：

力致聖賢之意，蓋欲使學者於此二端（指知與行）兼致其力，始則據其所知而行之，行之力，則知愈進；知之深，則行愈達。……然則聲色容色之間，灑掃應對進退之事乃致

知力行之源也。

(《論語解序》)

蓋致知力行，此兩者功夫互相發也。

(《全集》卷19)

這段話正確地指出了，人們做事情在開始的時候確實是用已有的知識指導行動，但在行動中還可以加深和發展自己的認識，反過來，又用這種經發展提高的認識去指導行動，從而把事情做得更順利。但歸根究柢，仍然是以實踐為「致知力行之源」。所以他又說：「君子主於行而非以言為先也。」(《全集》卷19) 這裡所講的「行」雖然僅指感性認識，即聲、色之間所得來的東西和灑掃應對中得來的體會，但畢竟是指的實踐活動。由此可知，張栻在其知行觀上的見解比起他的同輩來，確實是具有真知灼見。這對當時士大夫中存在的空談義理、不切實際的流弊應該說是一劑醒腦的良藥。

四、一代理學宗師，朱熹、張栻齊名

宋代理學自北宋開創，到南宋前期發展到了最高峰，其標誌之一是朱熹集「理學」之大成，其二是陸九淵開創了「心學」。這是中國儒學史上的兩件大事，也是中國思想發展史上的兩件大事。在推動新儒學走向最高峰的過程中，張栻佔有重要的地位。二程開創的「理學」學統，經過幾代人的努力，才使之發揚光大，成為當時思想意識形態的主流。朱熹同張栻在學統上與二程同宗，兩人可說是志同道合。

公元1163年8月，張栻之父，即當時的主戰派宰相張浚去世，張栻護其父靈柩到潭州衡陽，於途中的船上同朱熹相遇，與其結識。朱熹聞張浚死，又專程到豫章（南昌）祭悼，並護靈至豐城（今江西中部）。在船上，二人相談十分投契，朱熹對張栻的評價是「名質甚敏，學問甚正」(《朱文公續集·答羅參議》)，二人從此建立了深厚的友誼。張栻受湖南安撫使劉珙之聘，主岳麓書院教事時，朱熹曾專程造訪。此後十多年中，二人經常以書函往來的方式相互切磋。從學術政見到品評人物，無所不論。特別是對《大學》《中庸》《論語》《孟

子》等儒家經典，從理解到字義、詞章，都反覆交換意見。朱熹常說張栻對自己「多有啟益」。可惜張栻死得太早，朱熹十分惋惜地說：「使敬夫不死，則其學之所至，言之所及，又豈予之所得而知哉！」(《南軒文集序》) 後來黃宗羲在《宋元學案》中說：「自南軒出，與考亭相講究，去短集長，其言語過者裁之，歸於平正。」(《宋元學案》卷15)《宋史‧道學傳》說：「張栻之學，亦出程氏，既見朱熹，相與博約，又大進焉。」而朱熹不但認為張栻對他「多有啟益」，而且還認為他「敬夫見識卓然不可及，從遊之久，反覆開益為多」，並且「所見卓然，議論出人表」。這說明朱熹之所以能集理學之大成，也與張栻有著密切聯繫。《宋史‧道學傳》將朱熹與張栻並列，這是不無道理的。

在學術成就上來看，張栻雖不如朱熹那樣學問博大精深，但從對儒學的貢獻上看，張栻的貢獻仍然是卓越的。被稱為一代理學宗師，張栻當之無愧。

婺學之祖

呂祖謙

呂祖謙字伯恭，婺州（今浙江金華）人，生於宋高宗紹興七年（1137 年），卒於宋孝宗淳熙八年（1181 年），人稱東萊先生。與朱熹、張栻齊名，同被尊為「東南三賢」「鼎立為世師」，是南宋時期著名的理學大家之一。他所創立的「婺學」，也是當時頗具影響的學派之一。

一、世代宿儒，家有中原文化之傳

呂祖謙出生於一個儒學和官僚世家，其先祖本是東萊（今安徽壽縣）人，六世祖時遷至開封。從其五世祖，即北宋時期著名的大官僚呂公著時期起，呂家便開始成為顯揚於世的儒學世家。自呂公著開始，其家族「登學案者七世十七人」（《宋元學案》卷 19《范呂諸儒學案》）。全祖望考證說：

> 考正獻（呂公著）子希哲、希純，為安定（宋初大儒胡瑗）門人，而希哲自為《滎陽學案》，滎陽子切問，亦見學案。又和問，廣問及從子稽中、堅中、弸中，別見《和靖學案》，滎陽孫本中及從子大器、大倫、大猷、大同，為《紫微學案》。紫微之從孫祖謙、祖儉、祖泰，又別為《東萊學案》。共十七人，凡七世。

（《宋元學案》卷 19《范呂諸儒學案》）

這個著名的宋代儒學世家的許多家族成員都是很有名望的儒家學者，同被選入《宋元學案》，名列儒學史冊。呂祖謙的六世祖呂夷簡，

做過宋仁宗的宰相，封申國公（後徙許國公），顯揚於時。五世祖呂公著，在宋仁宗、英宗時歷任天章閣待制等職，在神宗時為御史中丞，哲宗時為尚書右僕射兼中書侍郎，死後贈申國公，是著名儒師胡瑗的學生，自己也是有名的儒家學者。呂公著之子呂希哲，在神宗朝歷任崇政殿說書、知州等職，為北宋儒林中有名的學者之一，《宋元學案》對其人專立《滎陽學案》。公著次子希績、三子希哲是著名象數學家邵伯溫的學生，均為儒林學者。希哲之子好問、切問，亦名列《滎陽學案》。好問在欽宗時，官至尚書右丞，恩封東郡侯。祖謙的伯父呂本中，官中書舍人，兼權直學士院，南宋著名詩人，也是儒學名流之一，世稱東萊先生（後人稱呂本中為大東萊，稱呂祖謙為小東萊），其學說及生平見於《宋元學案》卷36《紫微學案》。

由以上可知，呂家不僅是兩宋著名的儒學世家，同時也是顯耀於世的官僚世家，且身為重臣者，其家族代有人才出。「宋興以來，宰相以三公平章重事者四人，而夷簡公著喬梓，居其二焉，是以逮祖謙，綿歷七八世，祖武孫繩，父作子述，一以多識前言往行，以畜德為事，家學淵源最為深遠」（《重修浙江通志稿·麗澤源流傳》）。呂家的家學連綿相傳，至呂祖謙乃發展至高峰，祖謙之後仍然連綿不絕。「故論者謂中原文獻之傳，獨歸呂氏，其他名公巨儒弗及也」（《重修浙江通志稿·麗澤源流傳》）。此處雖有誇張之詞，但也說明呂學在兩宋佔有重要地位，絕非虛言。

二、創建婺學，兼採眾家，「不私一說」

宋代儒學突破了漢儒嚴守師法和偏重訓詁考據的治學方法，側重於對儒家經典義理的闡釋發揮，因而其思想方法比較靈活，有利於各家爭鳴。因此，僅在南宋的理學陣營中，就形成了呂學、朱學、陸學三大不同的學派。如果從哲學上分，朱學屬客觀唯心論，陸學是主觀唯心論，呂學企圖將心學和理學相調和，帶有明顯的折中主義色彩。全祖望在《宋元學案》中說：「宋乾（乾道）、淳（淳熙）以後，學派分而為三，朱學也，呂學也，陸學也。三家同時，皆不甚合。朱子

以格物致知，陸學以明心，呂學則兼取其長，而復以中原文獻之統，潤色之，門庭徑路雖別，要其歸宿於聖人則一也。」(《東萊學案》) 這說明在南宋理學陣容中，上述三派各有其特點，而呂學則帶有綜合朱陸之學的特色。但從大範圍看，三派同歸宗於孔孟。

「呂學」，是以學派創立人之名來名其學派，正如「朱學」「陸學」以朱熹、陸九淵之名稱其學派一樣。在《宋元學案》中，全祖望還將「呂學」稱為「婺學」，這是用地域名稱來區別不同學派的方法，正如人們把朱學稱為「閩學」一樣。其實，上述兩種稱號都不能說明某學派的性質。單就「婺學」而言，當朱、陸創立學派的同時，婺州地區還興起了唐仲友和陳亮的「婺學」，這僅僅是因為唐、陳二人所創學派都在婺州地區，其實他們之間的學術思想並不相同。如陳亮創立的永康學派則反對空談性理，帶有明顯的反理學性質；唐仲友之學雖被稱為「婺學」，他卻「不專主一說，苟同一人，隱之於心，稽之千古，合者取之，疑者闕之」(《宋元學案・說齋學案》)，強調經世之學。全祖望說：「乾、淳之際，婺學最盛，東萊兄弟以性命之學起，同甫（陳亮）以事功之學起，而說齋（指唐仲發）則為經制之學。」(《宋元學案・說齋學案》) 這說明「婺學」又分為不同學派，故後人又將呂祖謙的學派稱之為「金華學派」，這個學派和朱陸的學派同屬南宋理學內部的三大派別。

「呂學」最大的特點是「不名一師，不私一說」。《宋史本傳》說：「祖謙學以關、洛為宗，而旁稽載籍，不見涯涘。心平氣和，不立崖異，一時英偉卓犖之士，皆歸心焉。」這說明呂祖謙的儒學思想十分博大精深，不像朱熹和陸九淵那樣門戶森嚴，專守一說，而是隨和包容，具有一定的開放性。這種治學作風是呂氏家學的傳統，自呂希哲起就開始形成。全祖望說：「滎陽少年不名一師，初學焦千之，廬陵（即歐陽修）之再傳也。已而學於安定（胡瑗），學於泰山（孫復），學於康節（邵雍），亦嘗學於介甫（王安石）而歸宿於程氏，集益之功，至廣且大……。」(《宋元學案・滎陽學案》) 呂希哲雖然是一個理學家，但也是一位不名一師的儒家學者。大東萊的呂本中，是南宋時期的著名文學家，又是一位著名的理學家，他繼承了呂氏家學的風範。

全祖望說：「大東萊先生為滎陽冢嫡，其不名一師亦家風也。自元祐後，諸儒名宿如元城（劉安世）、龜山（楊時）、廌山（遊酢）、了翁（陳瓘）、和靖（尹焞）以及王信伯之徒，皆嘗從遊，多識前言往行以畜德。」（《宋元學案·紫微學案》）

「多識前言往行以畜德」是呂氏家學之傳統。全祖望在《宋元學案》中指出：「自正獻公（呂公著）以來，所傳如此，原明（呂希哲）再傳而為先生（呂本中），雖歷登楊、遊、尹之門，而所守者世傳也。先生再傳而為伯恭（呂祖謙），其所守者亦世傳也，故餘別為先生立一學案，以上紹原明，下啓伯恭焉。」（《宋元學案·紫微學案》）他又說：「紫微（呂本中）之學，本之家庭，而遍叩遊、楊、尹諸老之門，亦嘗及元城（劉安世）。多識前言往行以畜德，成公（呂祖謙）之先河，實自此出。」（《宋元學案·紫微學案》）「多識前言往行以畜德」一語，出自《周易·大畜》，即「君子以多識前言往行，以畜其德」。意思是，要學習古人之言行，多學習古代之典籍，以修身養性。自呂公著開始，其子孫都十分重視對古今歷史和文獻的廣泛學習，這個傳統一直延續到南宋。故有「中原文獻之傳，獨歸呂氏」之美稱。

呂祖謙在學風上繼承和發揚了呂氏家學「不名一師、不私一說」的傳統，終於成為宋代著名理學一派大師。《宋史本傳》說：「祖謙之學本之家庭，有中原文獻之傳。長從林之奇、汪應辰、胡憲遊，既又友張栻、朱熹，講索益精。」除上述諸人外，還同陸九淵、陳亮等人有較多學術交往，並相互學習，和他們有一些相同的觀點。《宋元學案·東萊學案》說：「先生文學術業本於天資，習於家庭。稽諸中原文獻之所傳，博諸四方諸友之所講，融洽無所偏滯。」這段記載全面地概括了呂祖謙「婺學」的基本特徵。

由於其學風「不名一師」「不私一說」，呂氏家學也受到佛學之影響。從呂希哲開始，就愛好佛學，《宋元學案·滎陽學案》說，「（呂希哲）晚年又學佛」「更從高僧遊，盡究其道」，並且得出了「佛氏之道，與吾聖人相吻合」的結論。此後，他便企圖將儒、佛兩家學說熔於一爐，即「斟酌淺深而融通之」（《宋元學案·滎陽學案》）。大東萊先生呂本中，也是一位「溺於禪」的學者，完全站在儒家學派立場的

全祖望就此提出批評，認為這是其「家門之流弊」(《宋元學案・紫微學案》)。呂祖謙也受到其祖輩學佛之影響，雖然有時對佛、道有所批評，但他又曾在《易說・家人》中說：「知此理，則知百年之嫌隙可以一日解，終身之蒙蔽可以一語通，滔天之罪惡可以一念消。」這裡透露其接受佛學思想的痕跡。

對於呂學的上述情況，論者頗有微辭，全祖望在《滎陽學案》案語中指責說，呂希哲博採眾儒之學說，即「然晚年又學佛，則申公家學未醇之害也」。又說：「呂本中溺於禪，則家門之流弊乎！」朱熹批評呂祖謙之學「太雜」「不能守約」(《金華叢書書目提要》卷7)。他雖然稱讚「東萊博學多識」，但又指責其「守約未也」。其實，他們都是根據自己的理學觀點去要求於人，如果用百家爭鳴的觀點來看問題，則不足為怪。呂氏之學能放寬視野、廣收博採，表現了其在治學方法上的優點。

呂祖謙最初以恩蔭入仕，但由於他是一位博學多才的學者，於孝宗隆興元年（1163年）便考中了進士，不久又考中了博學宏詞科。此後一直擔任文教學術的職務，先後做過儒學教授、太學博士、講官、史官，官至著作郎兼國史院編修和實錄院檢討。這就為他從事學術研究和創立學派提供了良好的條件。在此期間，不僅撰寫了許多關於理學、史學和文學的著作，而且積極從事講學授徒活動。宋孝宗乾道二年（1166年），呂祖謙護送母喪回到婺州，利用守孝的時間，在武義縣境內的招明山築室暫居。在這段時期，「四方之士爭趨之」，他專門從事講學活動三年之久。乾道八年（1182年），因為其父辦理喪事，又回婺州，守孝期間，他的許多學生又回到身邊受業。這段時期，呂祖謙還同陸九淵、朱熹等人經常往來，互相進行學術交流。中國學術思想史上著名的「鵝湖之會」就是在這一時期由呂祖謙發起並進行的。作為一個學派的創立者，呂祖謙的學生很多，據《重修浙江通志稿》記載，其可考者不下百餘人，他們來自南北各地的不同州縣，其中以浙江及其鄰省居多。僅《宋元學案・東萊學案》所載，較著名者有葉邽、葛洪、喬行簡、輔廣等20餘人，另見於《麗澤諸儒學案》記載有63人。此外，尚有私塾弟子多人。

呂祖謙之弟祖儉與祖謙共列於《宋元學案》的《東萊學案》之中，他受業於祖謙，也是當時有名的學者之一，並且是其兄長所創的「婺學」的代表人物。呂氏之學在呂祖謙之後延綿不絕，「祖謙既沒，弟祖儉繼其遺教，由是遞傳不替，歷元至明，則又四百年，文獻之所寄之也」（《重修浙江通志稿·麗澤源流傳》）。由於呂祖謙晚年的家居講舍名為麗澤書院，全祖望在《宋元學案》中，除立有《東萊學案》專述呂祖謙、呂祖儉的行事及學說之外，尚立有《麗澤諸儒學案》敘其後學。他在《案語》中說：「明招學者自成公（呂祖謙）下世，忠公（呂祖儉）繼之，由是遞傳不替，其與岳麓之澤並稱⋯⋯明招諸生歷元至明未絕，四百年文獻所寄也。」（《宋元學案》卷 73）

三、調和朱陸，欲融「理學」「心學」於一

呂祖謙的理學思想主要來自家傳，而呂氏家學雖然「不私一說」，但仍以儒學為宗，他們同其他理學家一樣，特別注重對《中庸》《大學》的「治心養性」「窮理盡性」和「正心誠意」等學說的提倡和研究。所以在呂祖謙的理學思想中，也是以「正心誠意」和「治心養性」為其主要內容。他自己從幼年時期便躬行踐履了這一思想。《宋史本傳》說他「少卞急，一日，誦孔子言『躬身厚而薄責於人』，忽覺平時忿懥渙然冰釋」。朱熹言「學如伯恭，方是能變化氣質」，算得上是履行聖人「治心養性」而改變氣質的典範。

在認識論和修養論上，仍然是以自存本心和「反求諸己」為根本。據此，他發揮了孟子的「良知良能」之說。這一路徑雖然同「心學」一致，但又把程朱以「窮理」為本的「格物致知」論同上述思想結合為一體，既主張「反求諸己」，又主張「格物致知」，以期達到保留良知、良能，存其「本心」的目的。這也是企圖把「心學」和「理學」相調和的表現。

程朱學派充分發揮了《大學》的「三綱」「八目」和「致知在格物」的思想，從而建構了他們龐大的理學體系；陸學則充分發揮了思孟學派的主觀唯心論，鑄造了他的「心學」體系；呂祖謙企圖把二者

融合歸一，他的理學思想明顯地帶有調和折中色彩。全祖望指出「朱子以格物致知，陸學以明心，呂學則兼取其長，而復以中原文獻之統潤色之，門庭徑路雖別，要其歸宿於聖人則一也」。「呂學」企圖消除理學內部的門戶之爭，調和兩家異同。「鵝湖之會」雖未達到這一目的，但在自己的學說中不僅充分體現了這一要求，同時也融匯了其他方面的儒學思想。如果避開門戶之見，呂學既不屬朱，亦不歸陸，而是具有自己的特色、自成一家之言的學術派別。在呂祖謙的學說中，也表現了一些超越於理學範圍的內容。

(一) 客觀唯心主義的「天理」觀

呂氏家學雖然博雜，但他們受二程思想影響很深。呂希哲曾與程頤共同師事胡瑗，後來又師事程頤，其子好問、切問也曾受業於程氏門人尹焞。呂祖謙不但從家學中接受了二程思想，還對楊時（楊龜山，二程之高足南渡之後，被譽為「南渡洛學大宗」，死於呂祖謙出生前二年）十分崇敬。如他認為，讀《中庸》「且專看龜山解為佳」（《呂東萊先生遺集》卷5，以下簡稱《遺集》）。他對程頤的《伊川易傳》特別推崇，認為這部書是「不可不朝夕諷閱」的重要典籍。這些事例證明，呂祖謙受二程理學思想的影響很深。因此，在他的「天理」論中，把「理」或「天理」作為自己哲學的最高範疇。歸納起來，他的「理」或「天理」包含以下幾層意義。

其一，「理」或「天理」是超越時空而存在的宇宙萬物之總則。呂祖謙說：「物之過乎大者，其終必還……大理則與乾坤周流而不息也。」（《東萊左氏博議》卷1）又說：「天理之在天下，猶元氣之在萬物也……名雖千萬，而理未嘗不一也。」（《東萊左氏博議》卷1）此外，「德者，天地萬物所用得實然之理，聖人與天地萬物同遊之也。此德既懋，則天地萬物各得其理也」（《增修東萊書說》卷8）。

其二，「理」或「天理」既是自然界的總規律和最高原則，又是人類社會的最高原則。「天理」是萬物運動變化的終極原因，即「大抵消息盈虛，天理之常，裁成輔相，君人之道也」（《增修東萊書說》卷3）。在人道中，它就是道德規範和禮樂刑政制度，「理在天下，遇親則為孝，遇兄弟為友，遇朋友則為義，遇宗廟則為敬，遇軍旅則為

肅，隨一事而得一名，名雖千萬而理未嘗不一也」(《東萊左氏博議》卷3)。同其他理學家一樣，呂祖謙把維護封建宗法制度及一切禮樂刑政和軍事等上層建築的諸多制度和法規，都說成是「理」或「天理」的體現。總之，它是社會生活中的最高原則。

其三，「理」或「天理」是人類必須遵循而不可違背的天條。他說：「循其天理，自然無妄。」(《遺集·易說》) 又說：「凡物之逆於天者，其終必還……有限之力，豈能勝無窮之天也耶？」(《東萊左氏博議》卷1) 這顯然是宿命論思想的表現。

無所不在的「天理」體現於天地萬物之中，萬物各自「得此實然之理」，雖然體現於不同事物中的「理」各異其名，但都同出於「天理」，統一於「天理」，這也是程朱「理一分殊」的觀點。斷言「理之在天下，猶氣之在萬物」的觀點，似乎是把「理」與「氣」置於同等地位的二元論，然而，如果仔細琢磨之後，就不難發現，這並不是二元論。因為他雖然承認了元氣在萬物，但實際上只是用以比喻「理」的無所不在，此處所講的「元氣」仍被看作是精神性的「理」的物質載體而已。

其四，「天理」即「天命」。在呂祖謙的天理觀中，天理和天命是緊密相結合的。他說：「命者，正理也，稟於天而正理不可易者，所謂命也。使太甲循正理而行，安有覆亡之患哉？」(《增修東萊書說》卷8) 在呂祖謙看來，天命所在，即天理所在，遵「天命」就是順「天理」，違「天命」就是違「天理」。他說：「聖人之心，即天之心，聖人之所推，即天所命也。故舜之命禹，天之歷數已在汝躬矣……此心此理，蓋純乎天也。」(《增修東萊書說》卷3) 認為聖人之心體現了天之心，又體現了「天命」和「天理」。在評論朝代的興亡時，呂祖謙斷言天命所為，即天理所在。最高統治者之所以受命於天，就是因為他的思想和行為完全合乎天意，反之，他如果違反了「天理」或天意，就一定會失去統治地位。例如，他在評論《湯誓》的論文中，認為夏桀無道，伊尹相湯伐桀，取得成功，是因為夏朝天命已絕。為什麼《湯誓》中說「非臺小子敢行稱亂」。這是因為，「湯之伐桀，非湯伐桀，乃天命也，非順天命應人心，則為稱亂矣」(《增修東萊書說》

卷 7）。夏桀無道，違反了天理，湯伐桀則是順天理、應人心的義舉，否則才是「稱亂」。《湯誓》說：「夏氏存罪，予畏上帝，不敢不正。」商湯奉行了天命，順應了天理，所以取得了勝利。這樣，呂祖謙就把「天理」與「天命」溝通了。

在呂祖謙看來，「天命」和「天理」不僅是決定國家命運的關鍵，同時也是支配人類命運的最高主宰力量，人們的一切成敗興亡，通通系於「天命」。他說：「天命雖不庸釋，然則順此道即吉，逆則凶，吉凶由於順逆之間，其報應如反掌之易。天理何常之有，當時時省察，頃刻不忘可也。」（《增修東萊書說》卷 3）又說：「抑不知天大無外，人或順或逆，或向或背，徒為紛紛，亦未嘗有出於天之外者也。順中有天，逆中有天，向中有天，背中有天，果何適而非天耶。」（《增修東萊書說》卷 3）人們的一切言行之結果，都逃不出「天命」的安排。接著他又說：「人言之發，即天理之發也；人心之悔，即天意之悔也；人事之修，則天道之修也。無動非天，而反謂無預於天，可不為太息耶！」（《增修東萊書說》卷 3）一切人事活動，都和「天命」息息相連，就看你是順天，還是逆天，順則安，違則危；順則昌，違則亡。總而言之，天人是相通的，而這種相通，又是由天命來決定的。其實，這個觀點仍然不過是「天人感應論」的翻版。這種思想，是把人們的封建意識集中地上升為「天理」，再把這種「天理」說成是主宰人類社會和人的命運的至高權威，實質上是把封建社會制度之下的倫理道德和禮樂刑政設施加以神聖化，並賦予絕對權威。應該說，這是天命神權思想在新形勢下的特殊反應。就這個方面來說，呂祖謙的理學思想，在理論的嚴密性上顯然不及朱熹。其實，在社會的精神文明日益進步的新形勢下，天命神學思想對人民的說服力無疑是十分脆弱的。

（二）企圖調和「理學」和「心學」的「道心」合一論

呂祖謙一方面在「天理」論中把「理」或「天理」作為其哲學的最高範疇和宇宙萬物的總原則，另一方面又特別強調「心」的地位和作用。他的主觀願望是要調和理學陣營中客觀唯心論和主觀唯心論的分歧，但其結果則是通過這種調和而通向了主觀唯心論。

首先，他把作為宇宙本體的「理」（「天理」）和進行思維活動而

產生意識的「心」都說成是「純乎天」的主宰者。他說:「問心與性何以別? 答曰:『心猶帝, 性猶天, 本然者謂之性, 主宰者謂之心。』」(《遺集・雜說》) 這就把人的心、性同「天」「帝」聯繫在一起了。根據此種看法, 呂祖謙明確地認為, 天命和人心完全一致。他說:「聖人之心, 即天之心; 聖人之所推, 即天命也……此心此理, 蓋純乎天也。」(《增修東萊書說》卷3) 這樣一來, 他就把主觀的「心」和心外的「理」融為一體了。由此類推, 他又進一步提出了「心即道」的命題。他認為, 「道」是無條件的, 即「道無待, 而有待非道也……心與道, 豈有彼此可待乎! 心外有道, 非心也, 道外有心, 非道也……聖人之心, 萬物皆備, 不見其為外也」(《東萊博議》卷2)。

其次, 他又根據天人相通的觀點來說明「心」和「理」的一致性。呂祖謙說:「聖人與天地萬物為一體, 天地之中, 一物順理, 無非所以發吾之良心; 一物不順理, 無非所以警吾不善之端也。」(《東萊博議》卷4) 這裡所講的「心」和「理」的一致性, 主要是指聖人之心同天理的一致性, 因為「聖人之心即天之心」。為了說明這個觀點, 他根據孟子「萬物皆備於我」的主觀唯心論進行了如下論證:

> 聖人備萬物於一身。上下四方之宇, 古今往來之宙, 聚散慘舒, 吉凶哀樂, 猶疾痛疴癢之於身, 觸之即覺, 平之即知。清嘎在躬, 志氣如神; 嗜欲將至, 有開必先。仰而觀之, 熒惑德星, 欃槍枉矢, 皆吾心之發見也。俯而察之, 醴泉瑞石, 川沸山鳴, 亦吾心之發見也。
>
> (《東萊博議》卷2)

對於一般人來講, 要使心與理相通, 則是不容易的, 所以呂祖謙又說:「告君子以理, 告眾人以事, 所謂眾人者, 見形而後悟, 按跡而後明, 遽可理曉也。」(《東萊左氏博議》卷2) 聖人之外的人, 也有「君子」和「眾人」之分, 前者是有道德、有智慧的明白人, 對他可以告之以理, 就可受到啓悟。對「眾人」來說, 只能告之以事, 因為他們的道德和智慧低下, 不能直接領悟事理, 只能依據事實(形、跡)說話, 才能使他們明白該怎樣做、不該怎樣做。這種說教, 比起「民可使由之, 不可使知之」的愚民政策固然有所進步, 但仍然是聖

賢史觀的表露。

綜上所述，呂祖謙的理學思想，既肯定了客觀唯心主義的「理」本體論，又強調了主觀唯心主義的「心」的主宰作用，目的是調和二者的分歧。然而，客觀唯心論與主觀唯心論雖然同屬於唯心論，二者可以相通，但最終仍然是不一致的。「鵝湖之會」曾企圖調和朱、陸之間的分歧，使之融合歸一，結果還是未達到目的，這就是最好的說明。不過，在呂祖謙自己的思想體系中，則做出了嘗試，但在實際上卻是融「理」於「心」，自然偏向了「心學」一邊，因為他的基本觀點同陸九淵的「心即理」的命題及其論證方法基本一致。其不同之處是承認了「理」是宇宙萬物的普遍原則，是超時空的絕對存在。其與朱熹的不同之處，還表現在他更相信「天命」，並且提出了「理即天命」的說法。

在呂祖謙的哲學思想中，也包含了一些唯物主義和辯證法的成分。由於「呂學」的眼界比較開闊，態度比較客觀，呂祖謙不僅容納了「理學」和「心學」，同時還吸取了永嘉學派的一些唯物主義思想，如在宇宙萬物生成的問題上，認為萬物都是稟受了天地一元之氣而產生的。他說：「推本原而言之也，萬物無不自天地而生者，大哉乾元，萬物資始，大哉坤元，萬物資生，故曰萬物父母也，人為萬物之靈者，一元之氣覆冒，初無厚薄，得之全者為人，得之偏者為萬物也。」（《增修東萊書說》卷14）在理氣關係上，呂祖謙主張理不離氣。他說：「理之在天下，猶元氣之在萬物也……氣無二氣，理無二理。然物得氣之偏，故其理亦偏；人得氣之全，故其理亦全。」這裡不但承認了理不離氣，而且承認了「理」的「偏」或「全」是由氣的「偏」或「全」來決定的。此外，在形神關係上，他還堅持了「形神相即」的觀點。

在呂祖謙的哲學思想中，也包含了一些辯證法思想。例如，他提出了「天下之理必有對」的觀點，即「天下之理必有對，己立則物對，有對則有爭。一矜其能，一伐其功，則爭之理存。蓋矜伐者，爭之對對也」（《增修東萊書說》卷3）。這裡雖然僅僅以一矜一伐之爭說明理必有對，其用意是主張「無我」，要求不自以為能，不自以為功，

但他畢竟提出了「理必有對」和「有對必有爭」的觀點。在事物的矛盾統一問題上，他指出了陰陽相互滲透的關係說，即「向之疑以為怪者，將來能合幽明為一耳；猶陽之發現，陰之伏匿，陽明陰幽，常若不通。及二氣合而為雨，則陽中有陰，陰中有陽，孰見其異哉？陰陽和而為雨，則群物潤，幽明合而為一，則群疑亡」（《東萊左氏博議》卷6）。

四、注重實際，提倡務實致用之學

呂祖謙雖然是一個理學家，但在他的著作中並不只是空談道德性命。他的學說一方面提倡「以性命之學起」，並且「要以三德三行立其根本」（三德包含：「至德以為道本」「敏德以為行本」「孝德以知逆惡」。三行包含：「孝行以親父母」「友德以尊賢良」「順行以事師長」）；另一方面提倡治經史以致用，他要求「學者當為有用之學」（《左氏東萊博議》卷5）。他的思想同陳亮事功之學有相似之處。他晚年與陳亮結為摯友，「相互講論切磋」，頗有共同語言。陳亮說：「亮平生不曾與人講論，獨伯恭於空閒時，喜相往復，亮亦感其相知，不知其言語之盡。伯恭既死，此事盡廢。」（《陳亮集・丙午復朱元晦秘書》）又說：「伯恭晚歲於亮尤好，蓋亦無所不盡，箴切誨戒，書尺俱存。」（《陳亮集・又甲申秋書》）甚至還說：「四海相知，惟伯恭一人。」（《陳亮集・又甲申秋書》）說明二人交情很深，思想交流甚密，這對呂祖謙的思想無疑會產生深刻影響。全祖望說：「乾、淳之際，婺學最盛。東萊兄弟以性命之學起，同甫（陳亮）以事功之學起，而說齋（唐仲友）則為經制之學。考當時之為經制者，無若永嘉諸子，其於東萊、同甫，皆互相討論，嗅味契合，東萊尤能並包一切。」（《宋元學案》卷60）呂祖謙的經世致用之學，不僅廣泛吸收了浙東事功學派的思想，同時還包容了唐仲友的「學務經世」思想。這說明，呂祖謙不僅強調「要以三德三行立其根本」，同時還強調「學以致用」。他說：

前教以三德三行以立其根本……然又須教以政，使之通

達政體……故國政之有中者，則教之以為法；不幸而國政之或失，則教之以為戒，又教之以如何振救、如何措畫，使之洞曉國家之本末原委，然後用之，他日皆良公卿也。後世自科舉之說興，學者視國家之事如越人視秦人之肥瘠，漠然不知，至有不識前輩姓名者。異時一旦立朝廷之上，委之以天下事，使都是杜撰，豈知古人所以教國子之意。然又須知上之教子弟，雖將以為他日之用，而子弟之學，則非以希用也。蓋生天地間，豈可不知天地間事。

(《遺集・雜說》)

在這裡，呂祖謙說明了自己的教育思想，說明了對學生的培養目標，指出了科舉制度的弊病，提出了教育之目的在於為國家培養能解決實際問題的有用人才。

為了說明學以致用的道理，呂祖謙以百工治器為喻，他說：「百工治器，必貴於用，而不可用，工弗為也。學而無所用，學將何為也。」(《遺集・雜說》) 因此，他對當時士人只重虛文不察實際的不良風氣進行了嚴厲的批評：

今人讀書，全不著有用看。且如二三十年讀聖人書，及一旦遇事，便與閭巷無異。或有一聽老成人之語，便能終身服行，豈老成人之言過於六經哉！

(《遺集・雜說》)

這就一針見血地指出了那些只讀聖賢之書、不聞實事之人並無真才實學。因此，呂祖謙不僅強調學以致用，還提出了如何培養有用之才的途徑。他說：「為學須日用間實下功夫，乃得力。」(《遺集・與學者及諸弟》) 他要求學者「以務實躬行為本」(《遺集・與內兄曾提刑 (致虛)》)。他這些思想，在《太學策問》中被明確歸納為「講實理，育實才而求實用」十個字，鮮明地體現出他的經世致用主張。

在呂祖謙自己的治學方法上，就盡力實踐了上述思想。在認識方法上，主張研究問題「不可有成心」，強調「參合審訂」「再三商榷」，並且十分重視民眾實際生活的經驗，認為「聞街談巷語，句句皆有可聽；見輿臺皂隸，人人皆有可取」(《文集・雜說》)。不僅提出了治經

史以致用，同時還用大部分時間對歷代的經濟、政治、軍事和文化教育進行了廣泛的考察，著有《歷代制度詳說》一書，企圖經過研究與考察，從中得到經驗與教訓，尋求解決當前國計民生問題的辦法。例如，他在《歷代制度詳說》中，就提出了針對當時賦役、兵制、田制等問題的解決辦法，他在考查歷代賦役制度的利弊後，便提出了「寓兵於農，賦稅方始定」的意見。

在田制方面，提出了「均田」的主張；在兵制方面，他指出了當時兵多為患，主張精兵，他說：「敵之畏，畏其精也，非畏其多也。」(《文集·雜說》卷 11)

呂祖謙注重實際，提倡經世致用之學的思想，說明他在學風上不同於當時所謂正宗的道學家。因為那些道學先生習慣拱手端坐，空談性命道德，對於國計民生中的實際問題卻不屑一顧。更表明了呂祖謙多少有一些超越於理學束縛的地方，難怪朱熹批評他說：「伯恭之學合陳君舉（陳傅良），陳同甫二人之學問而一之。永嘉之學理會制度，偏考其小小者，唯君舉為其所長……同甫則談論古今，說王說霸。伯恭則兼君舉、同甫之所長。」(《宋元學案·東萊學案·附錄》) 朱熹同陳傅良、陳亮在學術觀點上的分歧很大，上述評論實際上是對呂祖謙的不滿，所以他還批評呂祖謙「博雜極害事」。呂祖謙的「博雜」不僅有突破正宗理學的傾向，甚至還有超出「呂氏家學」的地方，由於他主張學以致用，這種「博雜」正好表現了其可貴之處。

心學祖師

陸九淵

宋明理學在南宋時期，分化為「理學」和「心學」兩個系統，陸九淵是「心學」的創始人。理學有廣義和狹義之分，從廣義上講，是指宋明時期，以研究儒學經典「四書」「五經」之義理的「義理之學」；從狹義上講，是指程朱理學和陸王心學的共稱。因為無論程朱之學或陸王之學，都把「理」（或稱「天理」）作為其學說的核心範疇。理學是後期封建社會中處於統治地位的意識形態，是中國封建社會地主階級思想意識的集中體現，它對中國歷史發展的影響是十分深刻和巨大的。作為理學中的「心學」一系創始人的陸九淵，自然在中國思想史和學術史上佔有重要地位。

一、豪門苗裔，聰穎早悟志氣高

陸九淵，字子靜，生於宋高宗紹興九年（1139 年），卒於宋光宗紹熙三年（1192 年），江西撫州金溪（今江西臨川縣）人。由於他在中年以後，到貴溪的象山居住講學，又自號「象山居士」，故學者稱他為象山先生。

據《象山先生行狀》記載，陸九淵的遠祖為媯姓，在戰國時期，取代姜姓齊國的田氏先祖敬仲（田完），就是媯姓之後裔，所以陸家的祖先又姓田。陸九淵家族一系，是齊宣王之少子元侯田通傳下來的，因當時田通的封地在平原盤縣陸鄉，他於此定居，故改為陸姓。自田通下傳至第 42 代的陸希聲（陸九淵的八世祖），做了唐昭宗的宰相。五代末期，陸家因避戰亂，才遷徙到江西撫州的金溪，購置產業，是

當地聲望很高的豪族大姓。但是，從陸九淵的高祖到他父親四代，都沒有人做官，這是陸家處於衰落的時期。陸九淵為其弟九敘所寫的墓誌銘中說：「家素貧，無田業，自先世為藥肆以養生。」（《陸象山全集》卷28）又說：「吾家素無田，蔬園不盈十畝。」（《陸（九皋）修職墓表》）他們主要是靠開藥店的生意來維持生活。不過，這個沒落的官僚世族家庭，傳到陸九淵這一代，由於他的二哥陸九敘善於經營，經濟狀況又大有好轉，政治地位也大大提高了。

陸九淵的父親名賀，生九淵兄弟六人，陸九淵最小，他的四哥九韶、五哥九齡，都是當時較有名氣的理學家。陸家也是世代崇尚儒學的書香門第，陸九淵的高祖陸有程，就是一位「博學，於書無所不觀」的學者；曾祖「能世其業，寬厚有容」；其祖父陸晉「好釋老」；其父親陸賀也是一位典型的儒生。（《象山全集》卷27）

陸家世代謹守禮儀，是一個典型的宗法制家族。九淵的父親陸賀「窮心典籍見於躬行，酌先儒冠，昏喪祭之禮行之家，家道之整著聞鄉里」（《象山全集》卷27）。完全按照封建制度的禮儀來整治家風，後來孝宗皇帝贊揚說：「陸九淵滿門孝弟者也。」（《象山全集》卷36《年譜》）這個典型的封建宗法制家族，在《宋元學案》卷57中有如下介紹：

> 其家累世義居。一人最長者為家長，一家之事聽命焉。歲選子弟，分任家事，凡田疇、租稅、出內（納）、庖爨、賓客之事，各有主者。先生（陸九韶）以諷誡之辭為韻語。晨興，家長率眾子弟謁先祠畢，擊鼓誦其辭，使到聽之。子弟有過，家長會眾子弟而訓之，不改，則撻之。終不改，度不可容，是言之官府，屏之遠方焉。

上述介紹表明，家規十分嚴格的陸氏家族，完全按照宗法制度管教族人。陸九淵就是在這樣的家庭環境中訓練出來的封建禮教之代表人物，由於他能嚴格奉行這個制度，所以《年譜》說他「事繼母（其生母早在他幼年時即逝世），與諸兄曲盡孝道」。由於九淵兄弟有孝親的名聲，所以其一家都受到宋孝宗的贊揚。

陸九淵自幼聰明好學，年幼早熟，《行狀》說他幼年時期不喜歡

遊玩,「敬重如成人」。他善於思考,「遇事物必致問」,三四歲時,「一日忽問:『天地何所窮際?』其父「笑而不答,遂深思至寢食」。五六歲時,「聞人誦伊川語,自覺若傷我者,亦嘗問人曰:『伊川之言,奚與孔子孟子之言不類?』」(《象山全集》卷33《行狀》) 由此,他開始懷疑程頤的學說,認為同孔孟不一致。這說明他很善於思考,在學習中能夠提出問題,能自己獨立思考,不受權威的束縛。這種學習態度和學習方法,與他後來能夠在學術研究中自成一家有著重大的關係。

勤學好問的陸九淵十六七歲時,年少氣盛,為國事擔憂。《年譜·紹興二十四年》記載,陸九淵16歲時「讀三國六朝史,見夷狄亂華,又聞長上道靖康之事」,且慨然剪去長長的指甲,開始學習騎馬、射箭。並且說道:「吾人讀《春秋》,知中國夷狄之辨,二聖之仇,豈可不復?所欲有甚於生,所惡有甚於死,今吾人高居優遊,亦可為恥。」(《象山全集》卷38) 他從此便立下了抗金復國之志。所謂「中國夷狄之辨」雖是狹隘的民族主義思想,然其反抗侵略、恢復統一的要求,則是符合人民的願望和利益的。對於那些不關心國家安危,只顧眼前享樂、但求苟安一時的無義之徒,他深以為恥。這種憂國憂民的思想,是值得稱贊的。

二、功名早成,治理荊門有政績

宋高宗紹興三十二年(1162年),陸九淵參加鄉試,以《周禮》中舉,名列第四,考官王景文對他的考卷內容十分滿意,筆批說:「毫發無遺恨,波瀾獨老成。」這表明,青年時期的陸九淵,不僅學問很好,並且已經成熟了。宋孝宗乾道七年(1171年)再參加鄉試,又以《易經》中舉。次年赴京應試,一舉中了進士,當時主持南宮的考官就是呂祖謙,他早聞陸子靜之名,敬其人而愛其文。事隔多年後,他回憶當時的感受,大概是說那時看了你的高文,頓覺心開目朗,就知道作者是江西陸子靜了(《象山全集》卷33《行狀》)。此後,陸九淵在學術界的名聲更大了,「時俊杰咸從之遊,先生朝夕應酬答問,

學者踵至，至不得寐」(《象山全集》卷 33《行狀》)。從這以後，他開始了講學生涯，同時也進入了仕途生活。

陸九淵中進士後，於宋孝宗淳熙元年授迪功郎、興隆府靖海縣(今江西靖安縣)主簿。淳熙九年(1182年)，他又被推薦為國子正，到太學任教，接著再遷敕令所刪定官(擔任修訂法令之職)。淳熙十三年(1186年)冬，主管臺州(府治在今浙江臨安縣)崇道觀。淳熙十六年(1189年)知荊門軍(治所駐今湖北荊門縣，下轄荊門、當陽二縣)。當時的荊門距金人治區不遠，他聽說金人有南侵之意，仍然攜帶家眷赴任，表達了他報國的決心。荊門地區位於長江以北、漢江以西，境內民情複雜，吏風不良，工作任務十分繁重。陸九淵在與羅春伯的信中說：「不少朝夕，潛究密考，略無稍暇，外人蓋不知也，真所謂心獨苦也。」(《象山全集》卷15) 在荊門任職期間，陸九淵主要做了下面幾件事：

第一件事，他為了防禦金人南侵，修築了荊門城池。荊門素無城池，這裡自古以來就是戰爭之地，在當時也是第二防線，地處長江、漢水之間，為四方雲集之地，於此地加強防禦，可以南捍江陵，北援襄陽，東護隋、郢(指湖北隋縣至江陵一帶)之脅，西當光化(在今湖北西北部)、夷陵(今湖北宜昌)之要衝。他認為，只要荊門強固了，周圍地區才有安全感。在築城過程中，陸九淵親自到現場督工，經過一番努力，用較短時間，一道新的荊門城牆和護城河終於建成了，這就加強了荊門地區的國防設施。此外，他又組織了菸火隊，加強了抗金實力，維持了地方秩序。

第二件事，他在修築城池的同時，又修建了郡學貢院和客館官舍。

第三件事，他整治了軍士的逃亡現象，整飭了公務人員的紀律。

第四件事，他改進了稅收工作，簡化了稅收制度，減輕了商稅，制止了官吏對商人的額外勒索，招來了四方客商，繁榮了市場，使商稅有所增加。

此外，他在荊門還積極地開展了講學活動。每逢朔望及暇日，都到府學去講課。一次，他講《洪範》《皇極》時，竟有吏卒、士人和百姓五六百人聽講。

陸九淵本來想在荆州施展抱負，短短的一年，就做出了很多成績，但上任僅一年零三個月便病死於任所。他在給友人的信中說，「某在此，士民益相安，士人亦有向學者，郡無逃卒，境内盜賊決少，有則立獲，溢牒有無以旬計……」(《象山全集》卷 17《與鄧文範》)。在任期中，他做到了「政行令修，民俗為變」(《續資治通鑒》卷 152)，受到當時丞相周必大的稱贊。《宋史・陸九淵傳》說：「丞相周必大賞荆門之政，以為躬行之效。」陸九淵深有體會地說：「大抵天下事，須是無場卷之累，無富貴之念，而實是平居要研核天下治亂、古今得失底人，方說得來有筋力。」(《象山全集》卷 6《與吳仲詩》) 當然，陸九淵畢竟是一位學者，在他的一生中，他扮演的重要歷史角色不是官吏，而是一位傑出的思想家、一個鼎鼎有名的「心學」開創人。

三、傳經論道，創建心學成一家

　　自公元 1172 年中進士之後，陸九淵便開始了他的授徒講學生涯，即使在做官的任期中，也沒有停止過教學和學術活動。

　　剛中進士客居臨安時，就有許多士人慕名前來求教，陸九淵「朝夕應酬答問，學者踵至，至不得寢者餘四十日」(《象山全集》卷 33《行狀》)。首先向他拜師的人，就是富陽主簿楊簡。他於秋天回到金溪老家時，「遠邇聞風而至，求親炙聞道者日盛」(《象山全集》卷 33《行狀》)。在家三年中，將家中的槐堂作為講學場所。在此期間，確立了以「本心」為其學說基本範疇的理論思維方向，從事「心學」體系的建設，很快便樹立起與朱熹以「理」為中心範疇相對峙的「心學」派別。由於陸九淵在宋代新儒學中獨樹一幟，積極宣揚了「心即理也」的心學本體論學說，頓時就在學術界掀起了不小的波瀾。當時另一位著名學者呂祖謙有鑒於朱陸「議論猶有異同，欲會歸於一，而定其適從」(《象山全集》卷 36《年譜》)，企圖通過互相交流來調和兩家之分歧。淳熙元年 (1175 年)，陸九淵、陸九齡和朱熹受邀一同到信州 (今江西上饒) 鵝湖寺，進行學術討論。與會者除陸氏兄弟、朱熹、呂祖謙四人之外，還有趙景明、劉子澄、趙景昭等人。

「鵝湖之會」所討論的主要問題是「為學之方」，即治學和修養方法問題。據記載：

> 鵝湖之會，論及教人，元晦之意，欲令人泛觀博覽，而後歸之約；二陸之意，欲先發明本心，而後使之博覽。朱以陸之教人為太簡，陸以朱之教人為支離。此頗不合。
>
> （《象山全集》卷36《年譜》）

討論一開始，陸氏兄弟便各做一詩以表達自己的觀點，他們在詩中稱自己的為學之方是「易簡功夫」，譏諷朱熹的治學方法是「支離事業」。朱熹聽了二陸的詩，雖然很不高興，但仍堅持討論了三天。最後，由於雙方各自堅持自己的觀點，討論沒有達到預期的目的。「鵝湖之會」以後，「理學」和「心學」之分就十分明顯了。

所謂「易簡功夫」，就是教人先要樹立一個基本立場，這就是通過「切己自反」來「發明本心」，即所謂「先立乎其大者」。陸九淵認為，如果這樣做了，即使「不識一字，亦還我堂堂地做個人」（《象山全集》卷34《語錄上》）。所謂「支離事業」，是指朱熹要求通過「格物致知」和「泛觀博覽」去認識與掌握「天理」的方法，陸九淵稱此種方法為「支離事業」。在陸九淵看來，「易簡功夫」是經得住歷史考驗的「久大」功夫，「支離事業」畢竟時浮時沉，不可靠。

儘管雙方在學術觀點上存在著不可調和的分歧，但他們之間仍然是一次自由討論，彼此都能各抒己見，並未出現水火不相容的現象。由於雙方都能求同存異，互相尊重，自「鵝湖之會」以後，朱、陸二人常有書函來往，交流意見。特別應該提到，在「鵝湖之會」五年之後，陸九淵帶領了幾個學生去拜訪朱熹。當時朱在南康做知州，主辦了馳名全國的「白鹿洞書院」。當陸九淵到南康時，朱熹親率同僚、諸生迎接，在此期間，還對陸表示了仰慕之情，為其兄九齡撰寫了墓誌銘，還特請陸九淵為書院師生講學。陸九淵以《論語》中「君子喻於義，小人喻於利」為題，做了精彩發揮，聽者無不為之所動，給白鹿洞書院的師生留下了良好的印象。朱熹也非常贊賞陸的講演：「至其所以發明敷暢，則又肯到明白，而皆有以切中學者隱微深痼之病，蓋聽者莫不竦然動心焉。」（《朱文公集》卷81）當時，他又請陸九淵

將此次講學之講詞書寫成文，作為白鹿洞書院的一份講義。

關於朱陸之間在學術上的辯論，在前面的《朱熹評傳》中已有所述評，這裡應該補充的，是他們對於王安石的評價，在評價中表現出陸九淵比朱熹更有真知灼見。當時的宋高宗趙構把北宋的衰敗歸之於王安石的新法，他採納了守舊派的意見，支持這些人對王安石的貶責。朱熹也竭力攻擊王安石。陸九淵則不以為然，他在《荊國王文公祠堂記》中，贊揚王安石說：

> 英特邁往，不屑於流俗聲色利達之習，介然無毫毛得以入其心，潔白之操寒於冰霜，公之質也；掃俗學之凡陋，振弊法之因循，道術必為孔孟，勛績必為伊周，公之志也。

(《象山全集》卷 19)

在這裡，陸九洲淵對王安石的品德、政績和學術成就都做了很高的評價。他用「不屑於流俗聲色利達之習」和「潔白之操寒於冰霜」來贊頌王安石的高尚人品；用「掃俗學之凡陋，振弊法之因循」贊揚了王安石的學說和政治改革；用「勛績必為伊周」高度稱頌了王安石的歷史功績；用「道術必為孔孟」肯定了王安石在學術造詣上的重大成就。這個評論在當時的政治環境和濃厚的理學氣氛中，無疑是大膽而可貴的見解，表現了陸九淵的正直和與眾不同的見識。

陸九淵講學活動的最盛時期，是他在淳熙十三年（1186 年）主管臺州崇道觀期間，這是一個閒差，他有機會回到故里，專門從事講學活動。《年譜》記載了當時的盛況，即「學者輻輳，時鄉曲長老，亦俯首聽誨。每詣城邑，環坐率二三百人，至不能容，徙寺觀。縣官為設講席於學宮，聽者貴賤老小，溢途巷。從遊之盛，未見有此」（《象山全集》卷 36《年譜》）。說明陸九淵當時的學術活動在社會上影響之大。第二年（1187 年）他受門人彭興、宋世昌等人邀請，去風景秀麗的貴溪縣應天山講學。他們在山上修建了精舍，聚集了一批學生，定居下來，進行講學活動。次年，陸九淵見此山狀如大象，改應天山為「象山」。「學徒結廬，先生既居精舍，又得勝處為講堂及部勒群山閣，又作圓巷，學徒各來結廬，相與講習」（《象山全集》卷 36《年譜》）。當時，他給侄孫陸浚寫信說：「山間近來結廬者甚眾，諸生始聚糧相

迎，今講堂前又成一閣，部勒群山，氣象亦偉。」（《象山全集》卷36《年譜》）此規模之盛，令陸九淵十分愜意。他在應天山住了五年，期間來向他請教者逾數千人。這個時期，他充分地闡發了自己的「心學」理論，其影響也逐漸擴大，這是陸九淵的學術高峰時期。他在《與路彥彬》的信中說：「竊不自揆，區區之學，自謂孟子之後，自是而始亦明也。」（《象山全集》卷10）他自認為是孟子之後的正統儒學繼承者。他不承認朱熹是「道統」的繼承者。陸九淵的講學活動一直延續到1193年他卒於荊門才停止。當時能同以朱熹為代表的理學相並立者，恐怕主要就是從儒學中異軍突起的陸氏心學了。其後七百年間，「心學」在中國學術思想史上一直佔有重要的位置。

四、「心即理也，宇宙便是吾心」論

陸九淵的思想體系一般被稱為「心學」，因為這個思想體系是從「心即理」這個命題出發來展開的。

據《象山先生行狀》記載：陸九淵「年十三……讀古書至宇宙二字。解者曰：『四方上下曰宇，往古今來曰宙。』忽然大省曰：『宇宙內事，乃己分內事；己分內事，乃宇宙內事。』」這就是說，宇宙中的事，就是自己分內之事；自己分內之事，就是宇宙中的事。從這個觀點出發，他進一步發揮說：

> 東海有聖人出焉，此心同也，此理同也；西海有聖人出焉，此心同也，此理同也；南海、北海有聖人出焉，此心同也，此理同也；千百世之上有聖人出焉，此心同也，此理同也。千百世之下而聖人出焉，同此心也，同此理也。
>
> （《象山全集》卷35）

東、西、南、北海泛指宇宙空間，概謂之「宇」；千百世之上、下，泛指時間，概謂之「宙」。他認為宇宙之中，此心此理是統一的。因此，陸九淵又說：「蓋心，一心也；理，一理也。至當歸一，精義無二，此心此理，實不容有二。」（《象山全集》卷1《與曾澤之》）他批評朱熹析心與理為二，強調心與理合一，並且更明確地提出：「人

皆有是心，心皆具是理。心即理也。」(《象山全集》卷11《與李宰書》)「心即理」是陸九淵心學體系的基本命題。在陸九淵看來，「理」不在人的心外，它存在於人的心中，只有通過人心的活動，才能感知天地萬物的存在，才能體認天地萬物之理。雖然講心理合一，但必須通過人心的活動，才能體認「理」的存在，認識它的內容和實質，這就是後來王守仁所說的「心外無理」。

那麼，陸九淵所講的「心」，究竟指客觀性的人心，還是指他自己主觀的心呢？他說：「心，只是一個心。某之心，吾友之心，上面千百載聖人之心，下面千百載復有一聖賢，其心亦只是如此。心之體甚大，若能盡我之心，便與天同。」(《全集》卷35《語錄》)從字面上看，這個「心」包括了他自己的心、朋友的心、千百載之上聖賢之心、千百載之後聖賢之心，自然是客觀的「心」。但是，最重要的，還是指最後那個「我之心」，因為只要「盡我之心，便與天同」。因此，他的這個與「理」等同的「心」，基本上是指作為主觀精神的「我之心」。這個「我之心」是根據孟子「萬物皆備於我」而來。他說：「此心此理，我固有之，所謂『萬物皆備於我』。昔之聖賢，先得我心之所同然耳。」(《象山全集》卷1《與侄孫濬》) 這就是說，從前的聖賢之心，同我的心是一致的，只是先於我心所得而已。他自認為是孟子以後心學的繼承人。十分明顯，陸九淵是一個徹底的主觀唯心論者。

對於「萬物皆備於我」這個主觀唯心主義的命題，陸九淵做了如下發揮：

孟子曰：「所以不慮而知者，其良知也；所以不學而能者，其良能也，此天之所與我者，我固有之，非由外鑠我也」。故曰「萬物皆備於我矣。反身而誠，樂莫大焉。此語之本心也。」

(《象山全集》卷1《與侄孫濬》)

既然自己生來就具有「天之所與我」的「良知」和「良能」，只要將這種先天的良知、良能發揮出來，就能使之充分發揮作用，做到「盡我之心，便與天同」。因此，他又說：「萬物森然於方寸之間，滿

心而發，充塞宇宙，無非此理。」(《象山全集》卷 34) 他甚至還提出了「六經註我，我註六經」(《象山全集》卷 34) 的論斷。在這裡，陸九淵不但顛倒了物質和意識的體用關係，並且還無限制地誇大了主觀精神——「心」的作用。

雖然講心理合一，但心與理畢竟是兩個不同的哲學範疇。為了進一步弄清「心即理」這個命題的主觀唯心主義實質，還需要全面、正確地理解這兩個範疇在陸九淵哲學體系中的真實涵義及其相互關係。在陸九淵的學說中，「理」這個範疇具有以下三層意義：

第一，「理」是宇宙的本原。陸九淵說：「塞宇宙，一理耳……此理之大，豈有限量？程明道所謂『有憾於天地』，則大於天地者也，謂此理也。」(《象山全集》卷 12《與趙泳道》) 又說：「此理在宇宙之間，未嘗有所隱遁，天地之所以為天地者，順此理而無私焉耳。」(《象山全集》卷 1《與朱濟道》) 意思是說，充塞宇宙的是無限量的理，天地萬物都是「理」的表現，理即天地萬物之本原。

第二，「理」是自然、社會的總規律。自然、社會、天地鬼神都必須遵守這個總規律。他說：「天覆地載，春生夏長，秋斂冬肅，俱此理。」(《象山全集》卷 35《語錄下》) 又說：「此理充塞宇宙，天地鬼神且不能違異，況於人乎？」(《象山全集》卷 11《與吳子嗣》) 又說：「此理充塞宇宙，誰能逃之？順之則吉，違之則凶。」(《象山全集》卷 34《語錄上》) 由此可見，陸九淵的「理」，就是宇宙的總規律，這一規律不以人的意志為轉移，人們不能違背它，「順之則吉，違之則凶」。

第三，理是封建社會的政治、禮法制度、綱常倫理的最高準則。他說：「禮者，理也。」(《象山全集》卷 12《與趙然道 4》) 又說：「典禮爵刑，莫非天理……古所謂憲章、法度、典則者，皆此理也。」(《全集》卷 19《荊國王文公祠堂記》) 還說：「愛其親者，此理也；敬其兄者，此理也；見孺子將入井而有驚惕惻隱之心者，此理也；是知其為是，非知其為非，此理也；宜辭而辭，宜遜而遜者，此理也；可羞之事則羞之，可惡之事則惡之者，此理也；敬此理也，義亦此理也。」(《象山全集》卷 1《與曾宅之》) 總而言之，「理」是封建社會的

政治制度和綱常倫理、禮儀法度的最高準則。

「心」的範疇也具有三層涵義：

第一，「心」是人身之本。他說：「人者政之本也；身者人之本也；心者身之本也。」（《象山全集》卷19《荊國王文公祠堂記》）

第二，「心」是天賦予人的道德觀念。他說：「四端者，即此心也；天之所與我者，即此心也。」（《象山全集》卷11《與李宰》）「四端」即孟子所講的仁、義、禮、智四種道德觀念的萌芽。陸九淵把它看作是人心的根本。

第三，「心」是宇宙之本原，它與「理」在作為宇宙的本原上是一致的。這就是他說的「人皆有是心，心皆具是理，心即理也」。

綜上所述，陸氏哲學體系中的「心」，既是人身之本，又是天賦的倫理道德，也是宇宙的本源。它在不同的時空以及在人身中，作用都是相同的。這個「心」，是凌駕於一切之上，而又不脫離「吾心」的主體精神。「心」與「理」是同一的、相通的。因為他認為，萬物之理不外是「吾心」的感悟，即所謂「滿心而發，充塞宇宙，無非此理」。這樣，他就把客觀的「理」融合於主觀的「心」，從而將二者統一起來，然後再把「心」擴大為宇宙的本原。

這樣，他就完成了從客觀唯心論到主觀唯心論的過渡。這就是陸九淵的主觀唯心主義哲學的邏輯結構。

在陸九淵的哲學體系中，除了「理」和「心」都是宇宙本原這一共同性之外，他還認為「理」和「心」都是封建倫理道德的本體。由此推論，既然「心即理」「滿心而發，充塞宇宙無非此理」，那麼，封建的倫理道德也應該充塞於天地之間，人們遵守這種倫理道德也是天經地義的事了。

從「心即理」這一基本前提出發，陸九淵教人「自存本心」。他認為，只要能夠「自存本心」，就可以充分瞭解、認識天下之事物及其所以成為該事物的「理」，只要反省內求，「自存本心」，便可以提升道德修養。因此，「自存本心」是陸九淵在認識論和道德修養上提出的「基本功」。在他那裡，認識論和道德修養論是緊密相結合的。因為「心即理」「宇宙便是吾心，吾心便是宇宙」，所以，認識宇宙真

理和社會人生的道理，只須向內用功，發明本心，不必向外界探求。並且，只要按照「本心」的「理」去做，一切視、聽、言、動都是對的。陸九淵說：「汝耳千慮一得自聰，目自明，事父自能孝，事兄自能弟，本無欠缺，不必他求。」(《象山全集》卷39《語錄下》) 並且認為，人們學習知識「不過切己自反，改過遷善」(《象山全集》卷34《語錄下》) 而已。他甚至認為，人們若要完善自己，可以不必廣讀聖賢之經傳，只要「求其放心」，發明「本心」就可以達到目的。這種「向內用功夫」「發明本心」的思想，就是他把心作為認識源泉和認識目的的唯心主義認識論和修養論的基本內容。

五、一代宗師，歷史影響深且遠

自二程建立了「理學」，又經過幾代人，特別是朱熹的宣揚和發揮，到南宋前期已經十分盛行。與朱熹同代的陸九淵異軍突起，建立了一個與理學相抗衡的「心學」體系，兩派相互競爭，都自詡為儒學「道統」之正宗。這是中國儒學思想史上的一件大事。本來在孔、孟的唯心主義學說中，客觀唯心論和主觀唯心論兩者兼而有之（這裡的「理學」，在廣義方面「理」為其哲學最高範疇的宋明理學），客觀唯心主義的「理學」和主觀唯心主義的「心學」之區分，是從不同側面發揮儒學經典之義理的結果。這兩個派別的產生，是學者們長期為探索解決主客觀關係的重大成果。在這個問題上，我們既不應該「揚朱抑陸」，也不應該「揚陸抑朱」。

陸九淵「心學」的建立，是中國思想史上出現的第一個典型的主觀唯心主義哲學體系，這個哲學體系，後來被王守仁加以擴充和發揮，推向了高峰。它對中國的學術思想和政治思想產生過重大作用。「心學」在歷史上的影響和作用，曾經產生過進步與消極反動的兩種相反的作用。一方面，它是封建統治者用來作為維護封建統治，欺騙、愚弄人民和鎮壓人民起義的精神武器。「心學」鼓吹「存心去欲」的說教，就是他們「破心中賊」和「破山中賊」的理論工具。此外，它是封建統治者用來作為維護封建統治、欺騙愚弄人民和鎮壓人民起義的

精神武器。「心學」鼓吹「存心去欲」的說教，就是他們「破心中賊」和「破山中賊」的理論工具。此外，「心學」十分強調個人的獨立思考和主觀能動作用。「六經註我，我註六經」的精神，就是強調獨立思考的表現，它對於衝破「坐而論道」、不著實際、不求開拓進取的士風和政風，起到振聾發聵的作用。因此，它又在客觀上產生過促進思想解放的作用，明清時代的一些思想家，如唐甄、李贄、譚嗣同等人，都曾利用「陸王心學」的一些理論批判了封建專制主義，反對崇拜權威，提倡破除教條、啟發思維、宣傳革新思想。

　　最後還應指出，產生於古代中國的儒學，特別是宋明理學，主要指程朱理學和陸王心學，還越過了國界，傳播於朝鮮、日本和東南亞等地，對這些地方思想的影響也是不可忽視的。例如「陽明學」對日本「明治維新」就曾起過一定的啟蒙作用。直到今天，它還在一些地方被人們看作是很有價值的研究對象。

龍川諍儒

陳亮

陳亮是南宋時期最著名的事功學派代表，是傑出的思想家、政論家，是中國思想史上反理學的先驅。他一生反對道學，主張抗金、恢復統一，是一位憂國憂民的愛國志士，在中國思想史上佔有重要地位。

一、才氣超邁，凜凜氣節不移

陳亮，字同甫，婺州永康（今浙江永康）龍窟山人。世稱龍川先生，生於宋高宗紹興十三年（1143年），卒於宋光宗紹熙五年（1194年），著有《龍川文集》（現有中華書局校訂本《陳亮集》行世）可供學者研究。

陳亮出生於一個沒落的地主家庭。在他的自敘中說：「陳氏以財豪於鄉，舊矣，甫五世而子孫散落，往往失其所庇依。」（《陳亮集》卷15《送岩起叔之官序》）陳氏在其祖父時期家境富裕，人丁興旺。「當時聚會，動則數百人……其後數年，死生困頓，何所不有」（《陳亮集》卷22《祭三五伯祖父》），從此便沒落下來。陳亮的曾祖父陳知元在北宋徽宗宣和年間「以武弁赴京守御，從大將劉元慶」，死於抗金戰鬥之中。他的祖父陳益「明敏有膽決」，其父陳次尹剛成年即為全家生活而奔波。陳亮的母親14歲便生下了陳亮。陳亮的哺養教育之責，主要由祖父母承擔，他們把復興陳家的希望寄託在陳亮身上。陳亮說：「皇祖、皇祖妣鞠我而教以學，冀其必有立於斯世，而謂其必能魁多士也……少則名亮以汝能，而字以同父。惓惓懇懇之意。」（《陳亮集》卷22《告祖考文》）陳亮自小受其祖父豪放性格的影響，

又受其曾祖父抗金事跡的感染，從小就關心國家命運，抱有經略四方之志，為他後來走向光輝的人生道路確定了初步的方向。

《宋史·陳亮傳》說他「生而且有光芒、為人才氣超邁，喜談兵，議論風生，下筆數千言立就」。從青少年開始，他就是一位聰穎精明、才華橫溢和膽量非凡的人。在 18 歲時，他就考查了歷代古人用兵成敗的事跡，寫出了《酌古論》20 篇，討論了 19 位風雲人物。當時的婺州郡守周葵看了這部書，對他十分賞識，贊譽他為「他日國士也」，並「請為上客」(《陳亮集》卷 22《告祖考文》)。然而，周葵欣賞的是陳亮博通古今的才華，期望把這位青年人納入道德性命之學的軌範中去。孝宗隆興元年，周葵參知政事，聘陳亮為幕賓，「朝士百事、必指令揖亮，因得時豪俊盡其議論」。周葵授以《中庸》《大學》，曰：「談此可精性命之學。」(《陳亮集》卷 22《告祖考文》) 但陳亮對此不是很感興趣，他後來說：「紹興辛巳、壬午之間，餘以報治兵事，為一時明公巨臣之所許，而反授《中庸》《大學》之旨，餘不能識也，而復以古文自詭於時，道德性命之學亦漸聞矣。」(《陳亮集》卷 28《錢叔因墓碣銘》) 經過學習，陳亮雖然對道德性命之學有所瞭解，但他卻認為，那種空談心性的道德性命之學無濟於事，也無利於抗金統一的事業，所以沒有按照周葵為他設計的道路去實行，而是繼續研究前人的歷史，並且又撰寫了《英豪錄》和《中興遺傳》兩部著作，冀圖從歷史的經驗和教訓中總結出中興復國的借鑑。

陳亮是一位博學多才的學者，又是一位具有自己的主張，且不隨波逐流、不趨炎附勢的英豪之士。他的文章和議論不是為了謀取官職而作，所以常常為權勢人物所不悅。因此，他在青壯年時期，曾兩次參加科舉考試，都未得中。他說：「亮聞古人之於文也，猶其為仕也，仕將以行其道也，文將以載其道也，道不在於我，則雖向何為。」(《陳亮傳》卷 28《復吳叔異》) 陳亮認為，做官是為了實現自己的理想，若不如此，不如不做官。後來他又參加了幾次科舉考試，這不僅僅是為了追求個人的功名，而主要是為了求得一官以「行其道」，為了尋找一個施展自己的才能和實現抗金復國的宏願的途徑。他參加科舉考試未中，主要是因為在思想傾向和政見上與當權者不合，以陳亮

的學識和才華而論，在一般情況下，通過科舉求得一官半職並非難事，只是因為他的性格和見解同當時的學風、仕風不相符。他在17歲時作《謫仙歌》，贊頌李白「脫靴奴使高力士，辭官妾視楊貴妃，此真太白大節處，他人不知吾亦知。我生恨不與同時，死猶喜得見其詩，豈將文章為其法，凜凜氣節安可移……」。他在《謫仙歌》序言中寫道「吾所起敬者，太白一人而已，感嘆久之，慢無人繼……太白有靈，其聽我聲，知我意矣」（《陳亮集》卷17）。後來他又在《上孝宗皇帝第三書》中表明自己的態度說：「使臣有一毫攫取爵祿之心，以臣所習科舉文更一二試，面考官又平心以考之，不亦隨列得之矣。」（《陳亮集》卷1）這些言論充分地表現了陳亮重視氣節而不媚世以苟取富貴的高尚情操和性格。事實也確如此，宋孝宗淳熙五年（1178年），陳亮35歲時又「詣闕上言」，慷慨激昂地批判了自秦檜以來，朝廷苟安東南一隅的國策和儒生、學士拱手端坐而空言性命的不良風氣，感動了孝宗，受到賞識，「欲榜朝堂以勵群臣，用種放故事，詔令上殿，將擢用之」（《宋史本傳》），但被陳亮拒絕了。這是因為孝宗寵幸的大臣曾覿干預這件事，他搶在孝宗頒發之前見了陳亮，借籠絡陳亮以擴展個人勢力，此事為陳亮所知，因而「逾垣而逃」（《宋史本傳》）。送上門的官他不做，只是要堅持大節，不與勢利之人為伍。

孝宗乾道四年（1168年），陳亮24歲，「首貢於鄉，旋入太學」（《重修浙江通志稿·人物傳》）。次年，朝廷與金人媾和，「天下欣然，幸得蘇息」，獨陳亮敢冒風險，認為不可，他以布衣身分，連上五疏，這就是歷史上著名的《中興五論》。兩百年後的方孝儒，在讀陳同甫《上孝宗四書》時稱贊道「士大夫厭無氣，有言責者不敢吐一詞，況若同甫一布衣乎！人不以為狂，則以為妄」（《陳亮集》附錄二），朝廷置之不理，陳亮回鄉教書講學，「學者多歸之」，但他出於一個愛國者的責任感，又於1178年中，連續三次上書。由於奏疏直言不諱，大膽揭發了一班大臣退讓求和，苟且求安和儒士們脫離實際的空談風，遭到了當權者的忌恨。回鄉之後，就有人向刑部控告了他，刑部侍郎何澹素忌恨陳亮，以「言涉犯上」之罪，逮捕了他，並施以酷刑「笞亮無完膚」。此事孝宗得知，下詔免死。陳亮回鄉後，又發生了家僮殺

人的事，被仇家控告為陳亮所指使，陳亮之父被囚於州獄，本人被囚大理獄。陳亮這次蒙難，因丞相王淮和好友辛棄疾等人的營救，陳亮免於一死。回家後的三年中，他同朱熹展開了「王霸義利之辨」的交鋒。

經過兩次下獄，經受嚴重打擊排斥之後，陳亮並未對恢復中原之志有所改變。孝宗淳熙十五年（1188 年），他親自到建康（南京）京口（鎮江）觀察地形，作詞《念奴嬌・登多景樓》，對建康京口一帶有如下描寫，「一水橫陳，連岡三兩，做出爭雄勢。六朝何事？只成門戶私計」「正好長驅，不須反顧，尋取中流誓」（《陳亮集》卷 17），他主張不要把長江天險僅僅當做是隔斷南疆北界的門戶，而要把它作為北伐中原、恢復失地的跳板，要長驅直入。並且再次上疏，建議孝宗「由太子監軍，駐節建康，以示天下銳意恢復」。這時正遇孝宗決定內禪，奏疏未予上報，此次上書不但未到孝宗皇帝之手，反而因其內容指陳時弊，觸怒了許多官僚，比如「繇是在廷交怒，以為狂怪」（《陳亮集》附錄二、《宋史本傳》）和「當路欲置我於死地」（《陳亮集》卷 28《庶弟昭甫墓志銘》）。陳亮回鄉後，有一次參加鄉人宴會，有人在杯中放了胡椒末，同坐的人回家暴斃，他的家人誣告陳亮下了毒，陳亮再吃官司，下放大理。其後因少卿鄭汝諧在光宗面前求情，他才免於死。這次下獄，從表面上看，屬於刑事案件，實際在其背後隱藏著政治原因。陳亮出獄後說：「亮濫膺無須之禍，初欲以人殘其命，俊欲以受賄殘其軀，拒獄反端，搜尋竟不得一筆之罪……可謂吹毛求疵之極矣。」（《陳亮集》卷 20《又甲辰秋書》）其中透露了陳亮受迫害的緣由。

陳亮竭憂於國事，為國家民族的復興鞠躬盡瘁，多次上書，向朝廷提出了很多好的建議，雖也曾得到孝宗皇帝的賞識，但終未被任用。直到紹熙四年（1193 年），51 歲時，他參加禮部的進士試，考中了狀元。為什麼年近 50 還要熱衷於科舉？是因為他沒有社會地位和官職，雖然滿腹經綸，胸懷雄才大略，但要有施展的平臺才能實現抗金復仇的抱負。他在中狀元後的報恩詩中說：「復仇自是平生志，勿謂儒臣鬢發蒼。」（《陳亮集》卷 17《及第謝恩和御賜詩韻》）又在《告祖考

文》中說:「親不能報,報君勿替。他 70 年間,大責有歸,非畢大事,心實恥之。」(《陳亮集》卷 22)及第後,他授簽書建康軍判官廳公事,然而,終因長期「憂患困折,精澤內耗,形體外離」(葉適《陳同甫墓志銘》),於紹熙五年(1194 年),僅 52 歲就病逝了。陳亮死後 40 年,他的著作被編輯為《龍川集》發行於世。

二、雄才大略,高論卓識超群

南宋王朝自偏安東南一隅之後,與入居中原的金統治者分統南北,為了換取金統治者不再入侵的許諾,竟然「忍恥事仇」,不惜用大量的貢銀輸絹屈辱稱臣,求得暫時苟安的局面。儘管如此,雙方戰爭仍然不斷,使得人民顛沛流離。南宋統治區的人民,既要負擔龐大統治集團的一切繁重費用,又要承擔起給金朝納貢的臣額費用,還要忍受地主的殘酷剝削,他們的負擔已達到了難以承受和忍無可忍的程度。因此,暴發了農民的反抗和起義。加之統治集團的內部鬥爭,國內的政治危機和經濟危機十分嚴重。生活於這個時代的陳亮對當時的民族危機和社會問題十分關注,他在少年時期就懷有經略四方之志,希望能抗金復國,解決社會危機,在振興國家的事業上施展自己的才能。

作為一個具有卓識遠見的愛國思想家,陳亮眼界開闊,在年輕時就走上了和那些埋頭讀經者不同的道路。他一生的奮鬥,主要表現在主張抗金、恢復統一和批判理學這兩件為時人所關心的大事上。雖然他由於在科舉上屢遭失敗,在政治上屢遭追害,長期沒有取得官職,未能得到施展才能的機會,但在思想領域的鬥爭中所表現的不屈不撓的精神,在思想言論上的卓識遠見,則閃爍著永不磨滅的光輝。他在青年時期寫的《酌古論》,就是一部才華橫溢、別具一格的優秀軍事史。

為了實現自己的宏大抱負,陳亮在 26 歲時,就以布衣身分,大膽向皇帝上書言事。那時朝廷與金人媾和,無人敢言抗金之事,而陳亮獨以為不可,他連上五疏,名為《中興五論》,提出了反對議和、實現中興的建議。由於這次上書是在「隆興和議」之後,「中外欣然,

幸得蘇息」之時，在議和氣氛掩蓋著危機的情況下，陳亮的上書自然被置之不理，然而他的「中興五論」卻被歷代愛國人士所贊頌。《中興五論》說：「赤子嗷嗷無告，不可以不拯，國家憑陵之耻，不可以不雪，陵寢不可以不還，輿地不可以不復。」建議趁當時金人內部混亂，且「虜酋庸懦，政令日弛，舍戎狄鞍馬之長，而從事中州浮靡之習，君臣之間，日趨怠惰」的大好時機「早為圖之」，如果錯過良機，恢復中原就不可能了。以後，他又上書四次，竭力反對南宋政府苟且偷安與金人議和的妥協政策，他說「一日之苟安，數百年之大患也」（《上孝宗皇帝第一書》），要求孝宗皇帝「不可苟安以玩歲月」（《上孝宗皇帝第一書》）。他批判主和派的悲觀論調，即「以北方為可畏，以南方為可憂」，是「不識形勢」（《戊申再上皇帝書》），認為從歷史上看分裂的局面不可持久，統一才是歷史發展的大趨勢。在軍事上，他反對以臨安（今杭州）為京都，認為「坐錢塘浮移之隅以圖中原，則非其地」（《上孝宗皇帝第二書》）。因為錢塘地勢不利，「亮嘗環視錢塘，喟然嘆曰：『城可灌耳！』」（《宋史本傳》），因此堅決主張遷都於建業（今南京），這裡有「據險臨前之勢」「如虎之出穴」足以「成戎馬長驅之勢」（《戊申再上孝宗皇帝書》）。他建議定都建業，經營襄、漢，作為防守和出兵北伐的基地。這一建議在當時是完全正確的，後來方孝儒在《讀陳同甫上孝宗四書》中評論說，當時宋孝宗如能「用同甫，聽其言，馭其設施，則未必無成功」。

陳亮的幾次上書不僅在抗金復國方面提出了正確的策略和方案，而且還以銳敏的眼光，指出了南宋的政治腐敗、士氣不振、理學誤事等弊端都是造成「萎靡而不振」的政治和思想根源，針對這些問題，他提出了一些革新措施。陳亮認為造成南宋政治腐敗的根源在於統治集團的因循守舊、不思變法。指出南宋政治「大抵遵祖宗之舊……不究變通之理」（《上孝宗皇帝第一書》），結果是「至於今日，而不思所以變而通之，則維持之具窮矣」（《上孝宗皇帝第一書》）。為此，陳亮提出了革新變法的主張，認為「法令不必盡酌之古，要以必引」（《三國紀年》），陳亮在《中興五論》的《中興論》裡提出了如下的改革綱領：

清中書之務以立大計，重六卿之權以總大綱；任賢使能以汰宜曹，尊老慈幼以厚風俗；減進士以列選能之科，革任子以崇薦舉之實；多置臺諫以肅朝綱，精擇監司以清郡邑；簡練重令以澄其源，崇禮立制以齊其習；立綱目以節浮費，示先務以斥虛文；嚴政條以核名實，懲吏奸以明賞罰；時簡外郡之卒以充禁旅之數，調變總司之贏以佑軍旅之儲。擇宗令以滋戶口，戶口繁則財自阜；揀將佐以立軍政，軍政明而兵自強。置大帥以總邊陲，委之專而邊陲之利自興；任文武以分邊郡，付之久而邊郡之守自固。右武事以振國家之勢，來敢言以作天子之氣；數間諜以得虜人之情，括形勢以動中原之心。

這個改革綱領共 24 項，對行政、經濟、財政、軍事、法制、風俗等各個方面都提出了比較全面的改革建議。陳亮在這篇《中興論》中充滿信心地說，只要做到以上各點，則「不出數日紀綱自定，比及兩稔，內外自實，人心自同，天時自順」「中興之功，可躋足而須也」（《三國紀年》）。

《中興五論》發表於宋孝宗乾道五年（公元 1169 年）。這時陳亮 26 歲，此次上書未被採納，事隔十年，即淳熙五年再次上書，又把他的改革方案歸納為三項：一是鼓動抗金復仇的士氣；二是「國家之規模」即國家體制的改革；三是「任人之道」，即對人才的任用制度的改革。除第一項之外，第二項和第三項體現了陳亮革新思想的重點。

關於「國家之規模」，即國家體制改革，陳亮主要是針對宋朝高度的中央集權造成的「郡縣空虛而本末俱弱」「萎靡而不振」（《上孝宗皇帝第三書》）的衰敗局面。他指出，在高度中央集權下，「發一政，用一人，無非出於獨斷……朝廷有一政事，而多出於御批；有一委任，而多出於特旨」（《中興五論》）。這樣，就形成了「聖斷裁判中外，而大臣充位；胥吏坐行條令，而百司逃責，人才日以闒茸」（《上孝宗皇帝第一書》）的局面。這種情況不僅使整個國家機器死氣沉沉，沒有生機，各級官吏不能充分地發揮其作用，「群臣救過之不及，而何暇展布體以求濟度外之功哉」（《上孝宗皇帝第三書》）。針對這種情況，

他主張一切政事「付之會議」，主張給中央各部和地方官以應有的權力。提出「重六卿之權……置大帥以總邊疆」「住文武以分邊郡」，充分發揮中央各部分和地方各級行政機構官吏的作用。他認為，如果能如此，就可達到「財自阜」「兵自強」「利自興」「守自固」的國富民強的目的。北宋王朝在建國之初實行高度的中央集權，目的是為了徹底結束地方割據，維護國家統一。高宗南渡以後，為了推行對金人妥協投降的路線，防止主戰派將帥專權抗戰，加強中央集權，大大削弱了抗金力量，由於將帥無主動權，因而屢戰屢敗。陳亮的改良主張，不僅可以糾正君主集權造成的種種弊端，而且還對於加強發展抗金的軍事力量有著積極的作用。由此可見，陳亮的分權主張，在南宋更有其特殊意義。

對於「任人之道」，陳亮認為，南宋之所以萎靡不振，也與「任人之道」不當有著密切關係。這種「任人不當」首先表現為「以儒立國」（《上孝宗皇帝第三書》），以儒家經典為內容進行科舉取士，形成了使士大夫「宛轉於文法之中」「而不知事功之為何物」「不知形勢之為何用」（《戊申再上孝宗皇帝書》），造就了大批的「儒庸萎（王肖）之人」（《中興五論》），使之充斥朝廷，哪能為國家辦好事？在這樣的用人制度下，許多有真才實學的能人受到排斥。其次表現為用人不信，不能「虛心以待之」「推誠以用之」（《中興五論》），這就使得天下的英豪之士不能為朝廷所用。針對這些問題，陳亮提出了「疑則無用，用則勿疑」「與其位，勿奪其職，任以事，勿間以言」（《中興五論》）的建議，這種建議是要求放手發揮各級官吏的作用，使人盡其才。

在選用人才上，陳亮認為「自古亂離戰爭之際，往往奇才輩出」（《中興遺傳序》），他講了一個善於選求人才的寓言故事：

> 昔人有以千金求千里馬者，不得，則以五百金買其骨焉。不逾期，而千里馬至者三。何則？趨其所好，人之情也。不得於生者，見其骨猶貴之，可謂誠好之矣。生者之思奮，固也。

（《英豪錄序》）

這個故事含義深刻，說明只要能真正愛護人才和真心實意求取人

才,就不會憂慮沒有人才,他有一句名言「何世不生才」,關鍵在於善於發現和求取。他提出要「任賢使能」「以清宦官」,就是要對舊的官吏進行清理整頓,對那些賢能之才要加以重用,對那些名不副實的庸人要加以摒棄。為此,他還要求廢除腐朽的「恩蔭」制度,不能再給皇族、官僚子孫不通過嚴格考核而靠祖、父輩特權為官的機會。

在對人才的考核上,陳亮主張通過實際使用來進行檢驗。提出了「人才以用而見其能否」(《上孝宗皇帝第一書》)和「策之以言,而試之以事」(《英豪錄序》),對在職官員的考核、升降、賞罰,陳亮提出了「嚴政條以核名實」「懲吏奸以明賞罰」的原則。

陳亮的改革思想見地雖高、意見雖好,但終未得到統治者的重視和採納。然而,他的一片愛國熱忱和金玉良言卻在歷史上留下了長久不息的光輝。

三、批判理學,論說「王霸」「事功」

陳亮的思想,是一個從淺到深的發展過程。

在初期階段,即陳亮的青年時期,他對南宋在抵抗金人入侵的鬥爭中軟弱無力、在戰場上連連失敗的原因認識不深,僅僅將其歸結為軍事上的處置不當。因此從「考古人用兵成敗之跡」出發,寫出了《酌古論》,用單純的軍事觀點尋求補救之方。隨著其社會閱歷的增加,他才明白若要取得抗金事業的勝利,還必須解決政治上的弊端,在他的五次《上孝宗皇帝書》中,表現了他的思路從軍事轉向了政治的發展。在其思想發展的第二階段,不僅提出了抗金的戰略、策略,同時還著重研究了政治問題,提出了許多解救南宋萎靡頹敗局面、使國家重新統一的變革主張。這些思想都包含在他對皇帝的上書之中,這在前文已有評述。陳亮思想發展的第三個階段,表現為他哲學思想的成熟,這一更深刻的轉變,表現為他以唯物主義的功利思想為武器,對理學唯心主義進行批判。在當時,理學處於壓倒一切學術思想的地位,它不僅形成為一種學術思潮而且成了可以左右輿論、判定是非的政治勢力,成了士大夫們攫取官職的跳板。對於這種彌漫於天下的社

會思潮，陳亮自青年時期起便沒有盲從附和。經過長期的觀察分析，他終於認識到這種脫離社會實際、空談心性的理學不但無濟於事，反而與南宋統治者在政治上的因循苟且、對金人侵略的忍辱求降有著緊密的聯繫，如「始悟今日之儒士，自以為得正心誠意之學者，皆風痺不知痛癢之人也。舉一世安於君父之仇，而低頭拱手以淡性命，不知何者謂之性命乎」(《上孝宗皇帝第一書》)。他同當時理學的代表人物朱熹進行了激烈的論戰，雙方壁壘森嚴，互不退讓，在辯論中對理學進行了系統的批判。後來，陳亮又經過了反覆研究，終於建立了與理學相抗衡的永康學派，在社會上產生了重大影響，竟然使朱熹為之驚恐聲言其「可畏！可畏！」(《朱子語類》卷123)。

陳亮在批判理學的思想鬥爭中，以唯物論的事功主義為武器，從事實上和理論上揭露和批判了朱、陸學說脫離實際的危害性，他說：「世之學者，玩心於無形之表，以為卓然而有見，事物雖眾，此其得之淺者，不過如枯木死灰耳，得之深者，縱橫妙用，肆而不約，安知所謂文理密察之道，浮乎中流，無所底止，猶自謂其有得，豈不哀也哉！」(《陳亮集》卷19《與應仲實》)「得之淺者」指陸九淵一派心家只注重自己的心性修養，使之不受外物干擾，結果把人弄成了像「枯木死灰」一樣的廢物。「得之深者」指朱熹一派的理學家，他們自謂留心於對外界的「文理密察之道」，但卻「肆而不約」，支離破碎，二者都無助於解決國家興亡和民生實際中的迫切問題。陳亮指出，理學家們「只知議論之當正，而不知事功為何物」(《陳亮集》卷1《戊申再上孝宗皇帝書》)。陳亮的學說不拘於門戶之見，他表明自己做學問的態度是「正欲攬金、銀、銅、鐵、錫作一器，要以實用為主耳」(《陳亮集》卷20《答朱元晦秘書》《又己巳春書之一》)。又說：「亮以為學者學為成人，而儒者門戶之大者耳。」(《陳亮集》卷28《又甲辰秋書》)他主張廣採博聞，取各家有用之學，目的是為了解決社會實際問題，這在當時，是難能可貴的進步思想。

(一) 在世界觀上與理學的對立

陳亮的世界觀，是同他的事功主義聯繫在一起的，他針對理學的唯心主義在哲學上堅持了事物是宇宙間唯一存在的唯物主義立場。他

說：「夫盈宇宙者，無非物；日用之間；無非事。」(《陳亮集》《經書發題》) 又說：「夫道非出於形氣之表，而常行於事物之間者也。」(《陳亮集》卷9《勉強行道大有功》) 與朱熹相對立，他堅持了道在事物之中的觀點。從這個觀點出發，他認為「道」既然體現於日常事物之中，所以任何具體事物都具有其相應的法則，他說：「夫道之在天下，何物非道，千途萬轍，因事作則。」(《陳亮集》卷19《與應仲實》) 只要人們能用心從客觀存在的事物中去「體認」，就可以認識和掌握事物自身的法則，這樣，他就用樸素唯物主義的觀點批判了朱熹理在事先、道在物先的唯心主義論調。「千途萬轍」是指事物的複雜性及其運動形式的多樣性；「因事作則」主要是要求執政者「明於事物之故，發言立政，順民之心，因時之宜」(《陳亮集》卷19《與應仲實》)。

針對朱熹「理一分殊」的形而上學觀點，陳亮從理不脫離具體事物的觀點出發，認為具體的理只能從屬於具體的事物。物有種和屬的關係，理就有總體的理和部分的理的關係。他對「理一分殊」做了唯物主義的解釋，把「理一分殊」的「理一」看作是天地萬物之理的整體，把「分殊」解釋為這個整體所屬的每一事物的功能，認為整體的理就是各部分理的總和。朱熹的「理一分殊」認為，理是脫離具體事物的，萬理分享此理，而又各得此理之全。陳亮說：「嘗試觀諸其身，耳目口鼻，肢體脈絡，森然有陳列而不亂，定於分於一體也。一處有闕，惟失其用，而體固不完矣。」理一而分殊之說也，即「是推理存義之實也」(《陳亮集》卷14《西銘說》)。這就是說，「理一」和「分殊」的關係，如同人的全身和耳目口鼻、肢體脈絡的關係，世界上沒有孤懸於物外之理。陳亮對道（理）、物之關係的論述，把被朱熹等人顛倒了的精神和物質之間的關係再顛倒過來，堅持了唯物主義的正確原則。

(二) 在歷史觀上同理學的對立

陳亮同以朱熹為代表的理學唯心主義的鬥爭，主要是圍繞著「王霸義利」的問題而展開的。而在「王霸義利」問題的辯論之中，又集中地表現為兩種歷史觀的分歧。

朱熹在繼承和發揮二程關於天理與人欲不能並存的說法時，認為「人之一心，天理存則人欲滅，人欲勝則天理滅，未有天理人欲夾雜者」(《朱子語類》卷13)，與此相應，他又認為天理是「義」，人欲是「利」，天理與人欲的對立，就是仁義道德同利欲的對立。朱熹把這一理論運用於歷史觀，提出了「王霸義利之辯」和「理欲之辯」。朱熹認為，決定歷史變化的主要原因是人心的好壞，其關鍵是帝王心術的好壞。在他看來，夏商周三代的帝王繼承了堯、舜、禹相傳之密旨，其心術最好，所以他們「惟有天理而無人欲」，社會上一切都是光明的，是至善的王道政治；三代以後，天理失傳，「漢唐之君，無一念之不出於人欲」(《陳亮集》卷20《寄陳同甫書》)。此後，歷史便走向黑暗，社會歷史陷入混亂局面，前者天理流行，為義，是王道；後者人欲橫流，為利，是霸道。按照朱熹的觀點，歷史的演變是後退的，人們品質愈往後愈低，因為三代聖人心傳的道統失傳了。因此，要防止社會倒退，就只有從「存天理，滅人欲」的道德修養入手。

　　與朱熹針鋒相對，陳亮從他的「道不舍人」的觀點出發，批判了朱熹的歷史倒退論，他說：「夫不為堯存，不為舜亡者，非謂其舍人而為道也，若謂道之存之非人所能與，則舍人可以為道，而釋氏之言不誣矣。」(《陳亮集》卷28《又乙巳春書之一》) 在這裡，陳亮強調了社會規律——不能「舍人而為道」，即不能離開人的活動。這是針對朱熹認為三代君主能按堯、舜、禹所傳的「道統」辦事，實行「王道」，漢唐以後的君主不按「道統」辦事而行「霸道」而說的。他認為，道是不會中斷的，因為它不能離人而泯滅，如果朱熹的說法能夠成立，那麼就「使千五百年之間成一大空缺」(《陳亮集》卷28《又乙巳春書之二》)。如此，則「道於何處而常不息哉」(《陳亮集》卷28《又乙巳春書之一》)，他以歷史事實為依據，認為三代以下不僅不是混亂的黑暗時代，而且認為「漢唐之君本領非不洪大開廓，故能阻其國與天地並立，而人物賴以生息」(《陳亮集》卷20《又甲辰秋書》)，他們使國家統一，使經濟文化得以空前發展，其「大功大德因已暴著於天下」(《陳亮集》卷4《問答》)，他用歷史事實的鐵證，有力地駁斥了朱熹的倒退歷史觀。

在陳亮看來，「義」與「利」或「天理」與「人欲」，在人類社會生活中從來就是相互並存的，所謂王道政治與霸道政治，從來就是交雜並用的，根本不存在「三代以上」和「漢唐以下」的絕對不同。他有一句名言，即「功到成處，便是有德；事到濟處，便是有理」（《宋元學案》卷16《龍川學案》）。他認為王霸、義利之間也不存在著絕對對立的鴻溝。這就是他對三者關係下的正確結論，從這個觀點出發，陳亮認為，既然「義」和「利」可以統一起來，那麼所謂「天理」和「人欲」也不是絕對對立的。他認為，物質慾望是人的天性，不應忽視，統治者對其不能強迫禁止，只能「因其欲惡而為之節而已」（《陳亮集》卷3《問答七》）。他主張統治者應用賞罰的手段使為善者得到富貴尊榮，為惡者受到危亡困辱，這就是順應人的天性，對人們的利欲進行正確控制，而不要從根本上對出於人之天性的利欲要求加以禁止和否定。與重視「事功」的思想相聯繫，陳亮認為「順民之心，因時之宜」這才是正確處理問題的方法。

在「王霸」「義利」的問題上，陳亮對理學的批判，在歷史上，特別是在南宋時代，具有重大的進步意義。在今天看來，仍然具有深刻的現實意義。

四、形象崇高，聲譽歷代不衰

> 疏枝橫玉瘦，小萼點珠光。
> 一朵忽先變，白花皆後香。
> 欲傳春信息，不怕雪裡藏。
> 玉蓮休三弄，東君正主張。
>
> （《陳亮集》卷17《梅花》）

陳亮一生，憂國憂民。他那種為堅持抗金、為振興和統一國家的百折不撓、不怕犧牲的愛國精神，在歷史上給人們留下了寶貴的精神遺產。上面這首詩，實際上是借花抒情，表達了他高尚、樂觀的精神和卓然超拔的意境，「欲傳春信息，不怕雪裡藏」的千古絕唱，正是陳亮一生崇高形象的生動寫照。他一生力主抗戰，反對腐敗，提倡革

新，批判理學。

陳亮的同鄉，詩人王柏心在《龍川集跋》中說：「夫龍川先生天下士也，以豪杰而有志聖賢，坎壈不遷，乃用文章顯，雖閱百世，其光芒魄力如雷霆虹電，猶揮霍震爍於霄壤……讀其書而慷慨奮發、遺棄萎瑣卑陋，卓然思自躋於高明光大之域，則其有功於人心學術也。」這一評論，恰如其分地描繪了陳亮的高大形象和不朽功績。任何歷史人物，其言其行不僅在他生前要受人們的評議，而且要經受歷史的檢驗，要看後人的評說，在這方面，陳亮也算是一個佼佼者。

在萎靡腐敗的南宋政治環境中，作為一個胸懷壯志且「智略橫生，議論風凛」（辛棄疾《祭陳同甫文》）、力排眾議、提倡革新的思想家，陳亮具有高尚的氣節和情操。他在17歲的時候就在《謫仙歌》中借李白來抒發自己的感慨，詩中稱贊李白說：「我生恨不與同時，死猶喜得見其詩；豈特文章為足法，凛凛氣節安可移……脫靴奴使高力士，辭官妾視楊貴妃，此真太白大節處，他人不知吾亦知。」表明他在人生價值取向上，不以高官厚祿為追求目標，而是要做一個堂堂正正的人。在此後的幾十年中，他雖然被打擊排斥，其愛國熱忱始終不渝，為後人樹立了美好的典範。辛棄疾贊頌陳亮「風流酷似臥龍諸葛」（《賀新郎》）。陳亮自己在同朱熹論辯中也寫了這樣的話來表達觀點，即「研究義理之精微，辨古今同異，原心於妙忽……以涵養為正，眸面盎背，則亮有於諸儒誠有愧焉。至於堂堂之陣，正正之旗，風雨雷電交發而並至，龍蛇虎豹變見而出沒，推倒一世之智勇，開拓萬古之心胸……自謂差有一日之長」（《陳亮集》卷20《又甲辰秋書》）。他的膽略、才智、謀籌、議論和一些抱負確實與諸葛亮大有相似之處，清人姬肇燕在《刻龍川集序》中說：

宇宙之垂不朽者有三，曰事功，曰氣節，曰文章……事功不立，其氣節可知；氣節不立，其文章可知，然求之於古今，往往難其人。竊謂永邑（永康）同甫陳公可以當之。

此人在序文中說：「臥龍、龍川，千古一轍，何多讓焉！至其氣節，雖屢遭刑獄，而百折不回。有銅肝鐵膽，唾手成功之志，所謂真英雄、真豪杰、真義士、真理學者，非其人耶？」這些評論，也有助

於我們對陳亮進行研究。

　　吾人讀了陳亮之書，不免與上述諸人產生同感，同時也產生一些遺憾，正如方孝孺所言：「以同甫之才，而不得以一展之死，又豈非天哉！」讀此言，不由使人想起杜甫弔諸葛亮的詩句——「出師未捷身先死，長使英雄淚滿襟」。陳亮雖未在其位，但才智、襟懷、韜略、謀慮、遭遇與諸葛亮何其相似也！

水心先生
葉　適

一、力主抗金，屢進復仇統一良策

葉適，字正則，溫州永嘉人。生於宋高宗紹興四年（1150年），卒於宋寧宗嘉定十一年（1223年）。

葉適出身寒微，少時家境比較貧困。他在《母杜氏墓志銘》中說：「始，葉氏自處州（今浙江麗水縣）龍泉（今浙江龍泉縣）徙於瑞安（今浙江瑞安縣），貧匱三世矣。」（葉適《水心文集》卷25）其母嫁葉家時，又因水災而「室廬什器皆盡。自是連困厄，無常居」，到處漂泊，遷居21次，家計十分困難，但由於其母善於操持，「猶得保為士人之家」。葉適就是在這種情況下，經過刻苦學習而成長起來的。宋孝宗淳熙五年，28歲的葉適以優異的成績考中了進士第二，被授為平江節度推官。剛中進士幾個月後，母親就去世了。因為母守孝，改授浙江提州司十辦公事，就在這時，他已開始了收徒講學的活動。後來又被參知政事龔孟良推薦，召為大學正，遷博士（相當於今天的大學教授）。

葉適與陳亮同生於南宋偏安時代，他和陳亮是志同道合的朋友，兩人都力主抗金收復失地。在奏疏中，他尖銳地批判了主和派的「乘機待時」之論說：「二陵之仇未報，故疆之半未復，而言者以為當乘其機，當待其時。然機自我發，何彼之乘？時自我為，何彼之待？非真難真不可也。正以我自為難，自為不可耳！」指出主和派的所謂「乘機待時」之論，只不過是苟且偷安、阻撓抗戰之托詞。同時，他還指出了統治集團在決策上舉棋不定，在用人上缺乏定策，在法度上

因循守舊，以及「兵以多而至於弱，財以多而至於乏」的積弊。請求孝宗「講利害，明虛實，斷是非，決廢置」。據說，當宋孝宗讀其奏疏未完，便「蹙額曰：『朕比苦目疾，此志已泯。誰克任此，惟與卿言之耳……及再讀，帝慘然久之」（《宋史》卷434《葉適傳》）。這次討論雖然使孝宗觸動很大，但實際上孝宗並沒有接納他的意見。

宋孝宗淳熙十五年（1188年），38歲的葉適被任命為太常博士。當時發生了兵部侍郎林栗上疏彈劾朱熹的事件，葉適上書替朱熹辯解，他說：「栗劾熹罪，無一實者，特發其私意而遂忘其欺矣。至於其中謂之『道學』一語，利害所系不獨熹，蓋自者小人殘害忠良，率有指名，或以為好名，或以為立異，或以為植黨。近創為道學之目，鄭丙倡之，陳賈和之，居要津者密相附授。見士大夫有稍慕潔修者，輒以道學之名歸之……於是賢士憚保，中材解體，銷聲滅影，穢德垢行，以避此名……自此善良受禍，何所不有！」（《宋史本傳》）當時彈劾朱熹一案，是上層統治集團內部的爭權奪勢，但為了維護正直的知識分子的發言權，葉適挺身而出，為朱熹做辯護，仍具有一定的積極意義。明朝人王直在《重刻水心文集序》中說葉適「論林栗一書，有功於斯道甚大」。這是站在道學立場上贊揚葉適，但他又說：「先生正直剛明，嚴於善惡之辯如此，今去已遠而其言存，是亦可以不朽矣。」即彈劾朱熹，在政治上打擊排斥道學的人士，在當時並非學術之爭，實際上是一場爭寵，是最高統治者的權力鬥爭，葉適為朱熹辯護的主要目的在於嚴辯是非，不全是維護道學，這封奏書，不是為道學辯誣，而只是為朱熹鳴不平。

公元1189年，宋光宗繼位，葉適由秘書郎出知蘄州，以後又被召入朝為尚書左選郎官。這時，光宗在悍妒皇後李氏的控制之下，與其父孝宗不和。不久，孝宗病死，光宗竟不能服喪，乃至群臣「號泣攀裾以請」，孝宗仍未能前去執喪，弄得神經失常。在這種情況下，「軍士籍籍有語，變目不測」（《宋史本傳》）。於是葉適提議立嘉王趙擴為皇太子，得到光宗的允許。不久之後，光宗因身體不好，準備退位，宰相國正辭職。知樞密院趙汝愚十分焦慮，但又拿不定主意，葉適幫趙汝愚、韓侂胄等人定計，擁立嘉王趙擴為帝，立趙汝愚為相。韓侂

胄是皇後的叔父，此人懷有野心，他仗恃擁立新皇帝之功，對權位不滿，與趙汝愚有怨恨。葉適勸趙汝愚讓步，汝愚不從。這時葉適預感到驕橫跋扈的韓侂胄將對汝愚不利，嘆曰：「禍自此始矣！」乃請求外調，被任為太府卿，總領淮東軍馬錢糧。後來，趙汝愚果然受到了韓侂胄的排擠，被免除相職，謫貶到了衡陽。接著葉適也遭彈劾，降了兩級，主管衝佑觀，差知衡陽，但他沒有就任。以後，又起用他為湖南轉運判官，遷知泉州。

宋寧宗開禧二年（1206年），韓侂胄為了提高自己的聲望以鞏固其權位，倡議北伐金國。葉適不同意這種缺乏準備而無勝利把握的軍事冒險行動，他上疏請求從長計議，他說：「甘弱而幸安者衰，改弱而就強者興。今欲改弱而就強，為問罪驟興之舉，此至大至重事也，故必備成而後動，守定而後戰。」（《宋史本傳》）他反對無準備、無把握而冒險出兵。他奏請「修實政」「行實德」，提議先做好收復中原的準備。他講的「修實政」，是指加強練兵，使之「足以制敵」，訓練好大小之臣，使之「足以立事」。所謂「行實德」，就是減輕賦稅、節約開支，使老百姓免除過重的負擔。他說：「既修實政於上，又行實德於下，此其所以能屢戰而不屈，必勝而不敗也。」（《宋史本傳》）這些意見，在當時是合乎時宜的。然而，當時執權柄的韓侂胄都聽不進去，他調葉適權任工部侍郎，又改權吏部待郎，兼直學士院。葉適辭去兼職。不久，韓侂胄便會照諸將，四路出師。葉適又勸他先加強長江防務，侂胄還是不聽。不久，各路軍馬皆人敗，這才委派邱崈為江淮宣撫使，調葉適為寶謨閣待制，知建康府，兼沿江制置使，以負責江淮一帶的防禦。從此，葉適便擔負了守衛江防，抗御金人入侵的重任。他總結了孫吳「以江北守江」的經驗，請求節制江北諸州，自願擔當起保衛江防的重任。

葉適不僅堅決主張抵抗金國統治勢力的南侵，而且還親自參加了抗金的實際鬥爭，並為此建立了功績。對於如何抵抗金軍，收復故疆，在葉適的思想中早已形成了一套系統的意見和辦法，如他在《上孝宗皇帝札子》中說：「今日人臣之所當為陛下建明者一大事而已：二陵之仇未報，故疆之半未復。」（《水心文集》卷1）對這件大事，他對歷

光宗、寧宗都不斷提出，如《上寧宗札子》中說：「陛下當申命大臣，先慮預籌，思振積恥，恢復祖業。」(《水心文集》卷1) 他從主戰派的立場出發，嚴厲地抨擊了各種各樣的主和論調和不切實際的空談，批判了北宋末年以來的主和誤國論及其危害，特別譴責了秦檜、湯思退等人「撤守棄地，開門納敵」、排斥打擊主戰派的罪行。在札子中，葉適也批評了那些不切實際和畏縮保守的種種議論，如「為奇謀密劃者」的「乘機待時」論、「忠義決策者」的「親徵遷都」論、「沉深遠慮者」的「固本自治」論、「高談性命者」的「功業可略」論等錯誤論調。如前所述，葉適認為，要恢復故業，必先改良內政，最緊要的是減輕人民負擔，調整內部的階級關係，防止內部動亂。

在上述方針指導下，葉適既反對無準備的冒進，又不主張依靠宋軍以單純的軍事行動去硬拼，他主張依靠人民的力量，層層設防，步步推進，達到驅逐金軍、恢復故疆的目的。在韓侂胄冒然出伐之前，葉適就對他提出了詳細的建議：

> 請先擇瀕淮沿漢數十州郡，牢作家計，州以萬家為率，國家大捐緡錢二千萬，為之立廬舍，具牛種，置器仗。耕織之外，課習戰射。計一州有二萬人勝兵。三數年間，家計完實，事藝精熟，二十萬人聲勢聯合，心力齊同；敵雖百萬，不敢輕撓，如其送死，則長弓勁矢，倚塹以待。當是時……河南可復；既復之後，於已得之地更作一重。氣壯志強，實力足恃，雖無大戰，敵自消縮。
>
> (《宋元學案》卷 54《水心學案》)

韓侂胄急於求功，不聽葉適的建議，單純依靠不堪一擊的宋軍去與敵人硬拼，結果勞師糜餉，潰敗而歸，不但白白犧牲了很多將士的性命，而且使江浙一帶的人民再一次遭受了極大的苦難。

在葉適知建康府，兼沿江制置使、節制江北諸州的任期內，初步實踐了他的抗金計策，並且取得了很大的成效。據《宋史本傳》記載，「及金兵大入，一日，有二騎軍旗若將渡者。難民倉皇，爭斫舟纜，覆溺者眾，建康震動」。葉適為了安定人心，先採用了出奇制勝的策略，招募了民間精壯二百餘人，與「民兵」配合，偷襲敵營。在

這次戰鬥中，由於葉適布置得宜，指揮得當，擊退了金兵對和州的圍攻。接著又指揮所屬宋軍分路追擊，所向皆捷。葉適所指揮的抗金將士，不向老百姓攤派糧餉，不驚擾百姓，對逃難渡江的難民「渡江有舟，次止有寺，給錢米，其來如歸」（《宋史本傳》）。擊退金兵之後，葉適被提升為寶文閣待制，兼江淮制置使。此後，他又以實行屯田、建立堡塢的辦法來鞏固邊防。

經過金兵騷擾的淮北地區，群眾驚散，日不自保，沒有安全保障。葉適任江淮制置使期間，「於墟落數十里內，依山水險要建立堡塢40餘處，使居民復業自守，春夏之時出去種地，秋冬時節入堡」。此外，他又在沿江一帶擇地形建立了3個大堡，即「石跋則屏蔽採石，定山則屏蔽靖安，瓜步則屏蔽東陽、下蜀，西護栗陽，東連儀真，緩急應授，首尾聯絡，東西三百里，南北三四十里」（《宋史本傳》），實行大區域聯防。「每堡以二千家為率，教之習射，無事則戍。以五百人一將，有警則徵募新兵及抽摘諸州禁軍二千人，並堡內居民，通為四千五百人」（《宋史本傳》），實行有組織的軍民聯防。建立堡塢，實行屯田和軍民聯防，在當時的江淮地區確實很有必要。照葉適的意見，建成堡塢可獲四利，其大意是：「敵在北岸，共長江之險，而我有堡塢以為聲援，則敵不敢窺江而士氣百倍，戰艦亦可策勳。和、滁、真、六合等城或有退遁，我有塢堡全力助其襲逐。或邀其前，或尾其後，制勝必矣。此所謂用力寡而收功博也」（《宋史本傳》）。三大堡建成之後，流散的百姓逐漸回來，這說明葉適的辦法的確很好，並且收到了實際的效果。

可惜的是在葉適的計劃尚未得到全部實行的時候，於宋寧宗開禧三年（1207年），韓侂胄獲罪被誅，本來是韓侂胄一黨的中丞雷孝友，反而彈劾葉適，朝廷以此罪名追削辛棄疾等主戰人士官職，葉適也被奪去官職。此次事件，是葉適一生的轉折點。從淳熙五年中進士，到開禧三年奪職的29年間，是他學業已成、從事政治活動的時期；從開禧三年到他去世的16年間，是葉適回到故鄉永嘉從事講學和整理著述的時期。因為葉適晚年住在永嘉城外的水心村從事講學活動，所以人們稱他為「水心先生」。《宋元學案》為他立有《水心學案》，記述了

他的思想和生平事跡。

二、提倡改良，重視物質生活利益

葉適是中國南宋時期的進步思想家，在他的學術思想中，特別重視對實際問題的研究。他和陳亮一樣，都十分重視實際功效、實際利益，反對空談和玄思。在政治思想方面，他通過對各個時代的歷史考察，認為在不同的歷史條件下，都有其不同的政治理論和主張，泥古的道路是行不通的。例如，他認為春秋以前行「井田」「封建」，秦漢以後行郡縣，都是由不同的歷史條件決定的。古時天下分為許多國家，土地為國家所有，所以井田可行，井田與封建「相待而行」，封建既廢，井田亦不能獨行。在宋代，井田早已成了「湮淤絕滅」的陳跡，誰也無法再使井田制重新恢復。所以他說：「治後世之天下，而求無失於古人之意，蓋必有說，非區區陳跡所能幹也。」（《習學記言》）這就是說治理今日之天下，決不可從已往的事中求得解決辦法。

從上述觀點出發，葉適認為當時的政治制度，特別是大地主集團的世襲制是不合時宜的，他反對「無功德而世其祿」的現行制度。其次，他認為在這種制度下形成的階級地位懸殊和統治集團濫用特權作威作福的情況，是不符合政治原則要求的，他和陳亮一樣，不同意過分的中央集權。他認為春秋以前，「君臣之間，差不甚遠，無隆尊絕卑之異」。又說：「古者戒人君自作福威玉食，必也克己以惠下，敬身以敦俗，況於人君，尚安有作福威玉食者！」（《習學記言》）因此，他主張給予包括工、商在內的人民以參政的機會。他說：「夫上之所欲未必是，逆而行之不可也；民之所欲未必是，順而行之不可也。理必有行而行之……命令之行，所以為民，非為君也。」（《習學記言》）在這裡表現了葉適具有一定程度的樸素民主思想傾向。

基於這個思想，葉適認為政治的基本原則，應該體現人民的實際生活利益且有利於發展生產，不應該單靠權力和「刑政末作」去統治人民，這是壞的政治原則，是暴君慣用的統治方法。他說：「古人未有不先知稼穡而能君其民，以使協其君者……後世棄而不講……乃以

勢力威力為君道,以刑政末作為治體,漢之文、宣唐之太宗雖號賢君,其實去桀、紂尚未幾,可不懼哉!」我們知道宋代的政治制度,其專制集權和作威作福的程度更盛於漢唐。葉適在此抨擊桀紂和漢唐之政治制度,實際上是對當時宋朝實行的「治體」的否定。針對南宋的政治弊病,葉適認為,為了挽救內憂外患的危機,必須實行改良,為此,他提出了以下幾項具有進步意義的改良主義主張。

第一,通商惠工,扶持商賈,流通貨幣。南宋時期,江浙一帶的商品經濟有了一定程度的發展,有些中小地主兼營商業。出現了一個在一定程度上商業化了的商業地主階層,他們沒有政治特權,並且還受到傳統的「崇本抑末」政策的壓制,並且同當時的官僚大地主有一定的矛盾和鬥爭。加之北方金國統治者的割據,對於宋代商品經濟的發展也是一大障礙。葉適、陳亮在一定程度上反應了那些兼營商業的中小地主階層的經濟要求,所以提出了這條改良主張。葉適說:「夫四民交致其用,而後治化興,抑末厚本,非正論也。」(《習學記言》卷19),他認為,應該「以國家之力扶持商賈,流通貨幣」(《習學記言》卷19)。

為了更好地搞好商品流通,葉適對貨幣管理也提出了自己的意見。建議統一貨幣鑄造,實行貨幣回籠,保證貨幣兌換,對於貨幣的流通和穩定幣值等問題,也提出了自己的辦法和建議。

第二,減輕賦役,免除苛雜,實施寬民之政,減輕人民的負擔。提出這項改良的目的主要是為了緩和南宋社會內部的階級矛盾。葉適嚴厲地抨擊了宋王朝不顧人民死活的聚斂政策和從事聚斂的官員。他總結了歷史上的理財經驗,指出:「理財與聚斂異,今言理財者,聚斂而已……自古聖賢無不理財,必也如父共子之財而權天下有與不足。」意思是說,正確的理財原則,應該像一個家庭,如同父親同兒子共同管理家庭財產一樣,以這個原則來權衡天下之有與不足,而不應當不顧人民的死活,只顧聚斂。

對當時實行的財稅制度,葉適提出了「不病民」的主張,他力主量入為出,減輕人民負擔。他在《上寧宗札子》中,強烈地批評了北宋以來在財稅制度上對人民的橫徵暴斂,比如說「今經總制,月輪、

青單、折估等錢，雖稍已減省，猶患太重，趁辦甚難，而和買、折帛之類，民間至有用田租一半以上輸納者。貪官暴吏，展轉科折。民既窮極，而州縣亦不可為矣。以此自保，懼無善後之計，況欲規復，宜有大賚之策」(《上寧宗札子三》《水心文集》卷1)。他要求首先取消那些「害民最甚」的賦稅，裁節橫費，「減所入之額，定所出之費」「使小民蒙自活之利，疲俗有寬息之實」(《上寧宗札子三》《水心文集》卷1)。上述建議的意思是說，朝廷如果不節省開支，減免賦稅，讓「小民」得以生活下去，而繼續進行橫徵暴斂，南宋的統治就很難維持，更談不上什麼「規復」大計。

葉適不僅主張廢除和減輕對人民的橫徵暴斂，而且提出要把田賦減輕到十一以下。他指出，古代行十一之稅，而「後世芻狗百姓，不教不養，貧富憂樂茫所不知……亦豈得為中正哉」(《上寧宗札子三》《水心文集》卷1)。

第三，提出「爵不必親，田不必子」的平均主義理想。針對當時大地主集團集中且土地兼併，形成貧賤富貴懸殊的嚴重兩極分化的情況，他提出了「爵不必親，而疏者可界也；田不必子，而貧者可共也」(《宋元學案》卷45《水心學案》《習學記言》)的理想，甚至還認為許行的「賢者與民並耕而食，饔飧雨治」的理想猶勝於「刻薄之政」，流露出了「哀多益寡，稱物平均」的平均主義傾向。不過，葉適提不出更好的辦法來解決嚴重的土地兼併和集中問題。據《水心學案下》所記載的黃震述評葉適的「省養兵之費」意見中，主張用「賣官田」的辦法緩和當時土地關係的矛盾，他認為這種辦法行不通。這個論斷是合乎實際的。

第四，系統地提出了抗金和恢復故疆的意見和辦法。其主要策略見本文第一節。為此，他認為力圖「規復」，必先改良內政，其中心問題如上所述，在於「寬民」，用減免人民負擔的辦法調和內部的階級關係。

此外，葉適還在改良內政和選用人才方面提出了一些較好的主張。但其內容都是補偏救弊之類的改良辦法，雖有革新思想，而並沒有跳出舊制的框架範圍。

三、抨擊理學，堅守唯物主義陣地

葉適和陳亮一樣，是站在理學陣營之外而對理學唯心主義進行批判與責難的儒家學者，是在「天下爭言性命之學」的時候，承接了薛季宣和陳傅良的功利說，而與程朱理學和心學對立的事功學派的著名學者。葉適同理學、心學相對立的思想體系，是他從 50 歲（1207 年）被奪職回鄉到 74 歲（1231 年），經過 16 年的潛心研究才形成的。由於其思想與理學相對立，朱熹在《語類》中指責說：「永嘉、永康之說，大不成學問，不知何故如此。」而黃宗羲在《宋元學案·艮齋學案》的案語中則說：「永嘉之學，教人就事上理會，步步著實，言之必使可行，足以開物成務。」葉適的實事實功思想，就是在這個基礎上發展起來的。他把他的這個思想概括為「務實而不務虛」。因此，他也和陳亮一樣，主張把「義理」和「事功」統一起來，反對忽視功利而專尚「義理」的空言浮論。他們指出：「今世議論勝而用力寡，大則制策，小則科舉……皆取則於華辭耳，非當世之要言也。雖有精微深博之論，務使天下之義理不可逾越，然亦空言也。蓋一代之好尚既如此矣，豈能盡天下之慮乎！」（《水心文集》卷 10《始議二》）這對當時流行於社會的崇尚空談義理，即「天下爭言性命之學」的不切實際的士風，可謂是一針見血的有力重刺。這些言論，無疑是對理學家的無情批判。因為在當時，無論是朱熹還是陸九淵，都把義理和功利對立起來，只講義理，否定功利。葉適認為，如果「以功業為可略」，只是高談「性命」「義理」，不管議論如何精深，也只是空言。事實正是如此，朱、陸等人辯析理學的範疇和概念，以及論述理學的概念的時候，其議論相當精密，但他們走了極端，用形而上學的方法將「義」與「利」絕對對立起來。葉適批評這種思想說：「仁人正誼不謀利，明道不計功，此語初看極好，細看全疏闊，古人以利與人，而不自居其功，故道義光明。後世儒者，行仲舒之論，既無功利，則道義者乃無用之虛語耳。」（《習學記言》卷 23）葉適指出，董仲舒所謂「仁人正誼不謀利，明道不計功」的說教，把道德的原理、原則同

物質利益對立起來的觀點是站不住腳的。他認為，道德不能脫離功利，它必須體現為一定的功效，既然無功利，即所謂的道義，只不過是空話而已。道義和功利應該是相互結合、相互統一的。

與「義利之辨」相聯繫，對理學家在「天理與人欲之辨」的問題上，葉適也有異議。他所說的「近世之論學，謂動以天為無妄，而以天理人欲為聖狂之分者」（《習學記言》卷2）的說法是「擇義未精」的錯誤言論。對理學家的「主靜」學說，他也持相反的看法，他說：「但不生耳，生即動，何有於靜？」（《習學記言》卷8）他認為生命即是運動，人要生活，就不能主靜。這就批判了理學家「以性為靜，以物為欲，尊性兩賤欲」（《習學記言》卷8）的禁欲主義理論。

為了從淵源上揭露「專以心性為宗主」的理學家的唯心主義思想，葉適從哲學的高度著重對孟子的思想進行了批判。認為孟子的許多「新說奇論」不僅超過了古人，而且與孔子的意願不合，如指出「孟子言性、言命、言仁、言天，皆古人所不及也」（《習學記言·序目》）。特別對孟子的心說進行了嚴厲批評。認為「古之聖賢無獨指心者，至孟子始有盡心、知性、心官、賤耳目之說」（《習學記言》卷44《荀子》），所謂「通天理，達於性命之說」，是由「顏、曾始傳之，孟子述焉」（《習學記言》卷6《毛詩》）。葉適對思、孟的批判之所以重在心性之說，不僅是因為心性之說是思孟體系的核心，更重要的是因為這個思想對於後世學者影響最深。而宋代道學特別推崇孟子關於心性的學說，所以葉適的針對性是十分明確的。首先，他認為，孟子「以心官賤耳目」的觀點與古人「內外交相成之道」是相違背的。他說：

> 按《洪範》，耳目之官不思而為聰明，自外入以成其內也；思曰睿，自內出以成其外也……古人未有不內外交相成而至聖賢……《詩》雲：「有物有則」，子思稱「不誠無物」，而孟子亦自言「萬物皆備於我矣」。夫古人之耳目，安得不官而蔽於物？而思有是非正邪，心有人道危微，後人安能常官而得之……蓋以心為官，出孔子之後，以性為善，自孟子始；然後學者盡廢古人入德之條目，而專以心性為宗主，致

虛意多，實力少，測知廣，凝聚狹，而堯舜以來內外交相成之道廢矣。

（《習學記言》卷14《孟子》）

上述批判，堅持了樸素唯物主義的認識路線，指出了人類的認識是從感性認識的自外入再到理性認識的自內出，即「內外交相成」的過程，「以心為官」的認識方法背離了「內外交相成之道」，這不符合古人之教。同時也指出了孟子的心性之說對後世學者的不良影響，以致造成理學家「專以心性為宗主，致虛意多，實力少」「盡廢古人內外交相成之道」的危害。因此，葉適的上述批判不僅是針對孟子而發，更具重要意義的是對程朱理學和陸九淵心學的深刻批判。

葉適是一位富有批判精神的進步思想家。他為了清算道學唯心主義的思想淵源，除對思孟的心性之學進行清理之外，還對周、秦以來許多的哲學流派進行了分析評論，並提出了自己的看法。他說：「自孔子之外，古今百家，隨其淺深，咸有遺論，無得免者。」（《習學記言·序目》）

葉適批判老子「道先天地生」的唯心論說：「夫有天地與人而道行焉，未知其孰先後也。」（《習學記言》卷15）又說：「有物混成，先天地生，老氏之言道如此。按自古聖人中天地而立，因天地而教，道可言，未有於天地之先而言道者。」（《習學記言》卷47）他譴責老子是「盡遺萬物而特言道，以有為無」的「虛無為主」（《習學記言》卷43）。在這裡，葉適揭示了老子的「道先天地生」同朱熹的「未有天地之先，必竟是先有此理」的前後繼承關係。對老子的批判，實際也是對朱熹「理在氣先」和「理在事先」的批判。他也批判莊周說「人道之倫，顛錯而不敘；事物之情，遺落而不理」，如果任其流傳，「小足以亡其身，大足以亡天下」（《習學記言》序目）。「事物之情，遺滿而不理」的學風，恰恰也是理學家的一大通病，因而這也是針對理學的批判。

葉適既否定先天地生的道，又否定先於陰陽的太極（因為程朱以「太極」為「道」）。他批判《易·系辭傳》說：「易有太極，近世學者以為宗旨秘義……易傳者將以本源聖人，扶立世教，而亦為太極以

駭異後學，鼓而從之，失其會歸，而道日以離矣。」(《習學記言》卷4) 在葉適看來，在八卦觀念中，以天、地、水、火、雷、風、山、澤為世界的本源就夠了，而《繫辭》又提出在八卦之上有「太極」為最初根源，這實際上是離開道的空洞思想。這個批判更是直接針對宋代道學，特別是朱熹一派喜言太極的「虛玄空論」的指責。

此外，葉適也反對佛教的哲學理論，他說：「浮屠本以壞滅為宗旨，行其道必亡，雖亡不悔，孟本然說也。」(《習學記言》卷43) 因此他不主張提倡佛教，不去同佛教辯論精微的哲學理論問題。他說：「有志者常欲精微以勝之，卒不能有所別異而又自同於佛者。」(《水心文集》卷9) 從這裡看出，葉適反對佛教，主要是認為其學說無益於治道，不僅無補於現實問題，而且起消極作用。他認為佛學中的精微哲理，是不易戰勝的，以前的許多思想家，如張載、二程同佛學辯論，不但不能與之劃清界限，反而受其影響，即「盡用其學而不自知」(《水心文集》卷9)。這說明，葉適對於佛教精深的哲學思想也是無能為力的。

在對道教唯心主義的批判中，葉適堅持了唯物主義的立場和觀點，歸結到宇宙觀上的基本態度是「天地陰陽之密理，患於以空言測」(《水心文集》卷4《隋書一》)。意思是對於奧秘的天地陰陽之理，不可用空言虛語去進行推測，而應該根據實際材料去進行論證。因此，他說：「物之所在，道則在焉，物有止，道無止也。非知道者不能該物，非知物者不能至道。道雖廣大，理備事足，而終歸之於物，不使散流。」(《水心文集》卷47) 一方面，堅持道不離物，非知物不能至道；另一方面，又堅持不懂得道就不能概括事物。歸根究柢，道雖廣大，它總結一切理，貫通一切事，最終仍歸結於物，不能使之與物離散。他又說：「上古聖人之治天下，至矣。其道在於器數，其通變在於事物。」(《水心別集‧進卷》卷5《總義》) 葉適所說的道，是指事物的一般原理、原則。他認為原理、原則存在於具體事物之中，不能離開事物去講原理、原則。

葉適認為，構成自然界的基本物質形態是五行八卦所標志的各種

物質。他說：「夫天、地、水、火、雷、風、山、澤，此八物者，一氣所役，陰陽之所分，其始為造，其卒為化，而聖人不知其所由來者也。」(《水心別集・進卷》卷5《易》) 一氣分為陰陽，再由陰陽造成天、地、水、火、雷、風、山、澤，又由此而化生萬物。他又說：「夫形於天地之間者，物也；皆一而有不同者，物之情也；因其不同而聽之，不失其所以一者，由其理之不可亂也。」(《水心別集・進卷》卷5《易》) 這就是說，天地之中，一切有形的東西都是物，物各有其區別於他物的特殊性，此乃是物各有其理的根據。各自不同的物之所以或成或毀，或往或來，或隱或現，這些紛紜變化，其中皆有一個不變的理。在這裡，他用樸素唯物的觀點正確地說明了世界的物質性及其多樣性的統一原理。

葉適不僅堅持了世界的物質性，同時認為天地之間的一切事物都是推移、變革、流行、變化、「不常其所」的。這個「不常其所」的過程謂之「易」。他說：「『易』者，易也。夫物之推移，事之遷革，流行變化，不一常其所，此天地之至數也。」認為變易是萬事萬物的普遍規律，人對這個普遍規律，只能「迎其端萌，察其逆順而與之始終」(《水心別集・進卷》卷5《易》)。也就是說，人們只能遵循這一普遍規律辦事，既要有為，又不妄為。

在葉適的宇宙觀中，也承認對立的普遍存在，認為變易的原因在於「一物為兩」「相摩相蕩」「鼓舞合闢」。他說：「道原於一而成於兩。在之言道者必以兩。凡物之形，陰陽、剛柔、逆順、向背、奇耦、離合、經緯、紀綱，皆兩也。夫豈惟此，凡天下之可言者，皆兩也，非一也。一物不然，而況萬物；萬物皆然，而況其相禪之無窮者乎！」(《水心別集・進卷》卷7《中庸》) 他指出了世界上一切都是一分為二，而且永遠是一分為二，沒有任何東西是絕對單一的。不過，葉適雖然強調了事物對立的普遍性，卻又認為還有一個超越於對立性的永恆不變的原則，就是「中庸」。他說：「彼其所以通行於萬物之間，無所不可，而無以累之，傳於萬世而不可易，何歟？嗚乎！是其所謂中庸者邪！然則中庸者，所以濟物之兩而明道之一者也，⋯⋯水至於平

而止，道至於中庸而止矣！」(《水心別集・進卷》卷 7《中庸》) 雖然兩極是存在的，但它們雖不在中點卻依存於中點。這正像水流至於平止一樣，兩極之對立至於中庸而止。這就把事物的對立看作是相對的，把對立面的均衡只看作是絕對的。這說明他的辯證法觀點的不徹底性。

在認識論上，葉適反對先驗論，強調了感性知識的重要性。他說「古人多識前言往行，謂之畜德。近世以心性通達為學，而見聞幾廢」(《水心文集》卷 29《題周子實所錄》)。「見」指直接經驗，「聞」指間接經驗，即「前言往行」。兩者都是感性知識，他都強調，但反對只講心、性，講反省內求而忽視對客觀事物的實際考察。他指出「欲折衷天下之義理，心盡詳天下之事物，而後不謬」(《水心文集》卷 29《題周子實所錄》)。他堅持感性知識是正確認識的來源和基礎，反對不實際的臆測和空談。後者正是理學家們把「專以性為宗」「以心官賤耳目」看作為其特點的認識路線。葉適堅持的唯物主義認識路線，不僅是正確的，同時在對理學唯心主義的批判上也是具有現實意義的。

四、永嘉巨擘，學派與「朱陸」相鼎足

葉適的學說在南宋時期是具有重大影響的，他是永嘉學派的集大成者。全祖望在《宋元學案・水心學案》的按語中說：「乾淳諸老既歿，學術之會總為朱、陸二派；而水心斷斷其間，遂稱鼎足。」說明當時的葉學聲望很高，其地位能與朱學、陸學構成三派鼎立之勢。總的看來，朱、陸、葉都是儒家學者，但他們所走的路徑不同，朱、陸陣營雖有「理學」「心學」之別，但同屬於理學陣營，葉適則採取了同理學相對立的態度，是浙東事功學派的代表人物之一。以葉適為代表的永嘉學，旗幟鮮明地堅持了唯物主義路線，他公開反對理學家們賴以立足的曾子、子思、孟軻的心、性之說，同當時風行於學術思想界和普遍流行於社會的理學相對立。在哲學、史學、政論以及文學方面，都代表了當時的進步傾向，因而受到儒學正統派的非難。朱熹說：「陸氏之學雖是偏，尚是要去做個人。若永嘉、永康之說，大不成學

問！不知何故如此?」(《語類》卷122)對葉、陳之學進行了全盤否定。另外，陳振聲在《直齋書錄解題》中則說葉適：「文刻削精工，而義理未得為純明正大。」但黃宗羲說：「黃溍言葉正則推鄭景望（指永嘉前輩鄭伯熊），周恭叔（指永嘉前輩周行己）以達於程氏（指二程），若與呂氏（指呂祖謙）同所自出；自其根柢六經，折衷諸子，凡所論述，無一合於呂氏，其傳之久且不廢者直文而已，學固無與焉。蓋直目水心為文士。以餘論之，水心異識超曠，不暇梯級……以言乎疵則有之，若雲其概無所聞，則亦墮於浮論矣。」(《宋元學案》卷54《水心學案》) 這是批評那些抵毀葉適的言論，是不合實際的言論。他還說：「永嘉之學，教人就事上理會，步步著實，言之必使可行，足以開物成務。」(《宋元學案》卷52《艮齋學案》案語) 這一評論是比較公允的。葉適的學說，正是在這個基礎上發展起來而集其大成的。

永嘉學派，在其前期並不十分重視事功。這個學派由北宋時期的周行己等人所開創。周行己、許景衡等人的學說是直接從二程繼承來的。南渡以後，二程思想在紹興年間曾一度被禁，後來由鄭伯熊（周行己的私淑弟子）兄弟「復而振之」，他們仍然是傳播伊、洛之學，只是到薛季宣、陳傅良時期，才發展為事功之學。因此，永嘉之學從繼承二程統紀開始，轉變為與伊、洛之學相對立的事功之學，實際上是由薛季宣、陳傅良開創的。他們提出學問必須「經世」，一定要「施之實用」。葉適的思想則直接來源於薛季宣、陳傅良。《宋元學案》認為葉適是鄭景望之門人，但葉適在《祭鄭景望龍圖文》中說：「某之與公，長幼分殊；登門晚矣，承教則疏。」(《宋元學案》卷28) 他說自己確曾問學於鄭門，但時間很短，所學無多。但他確實也接受了鄭景望的思想，他說：「鄭景望及薛士龍、陳君舉擅一世臧否，號為方峻……今天下學者，皆出其後也。」(《水心文集》卷21《鄭景元基志銘》) 從葉適一生的性格上看，也是「擅一世臧否」的傑出人物。然而，葉適同薛陳二師的關係卻是十分密切的，他14歲時，就在瑞安的林家與陳傅良相見，從此便開始了他們的師生生活。第三年，他又去婺州拜訪薛季宣，此後不斷用書信往來的方式研討學問，特別是葉、

薛二人交往時間最長。葉適在其給陳傅良的墓誌銘中說：「餘亦陪公遊四十，教餘勤矣。」(《水心文集》卷 16) 總之，葉適作為永嘉事功學派的集大成者，主要是在薛季宣、陳傅良等人學說的基礎上發展起來的。當然，他在學術上所以有那樣突出的成就和貢獻，更重要的是他不懈努力地追求真理，且具有敢於向權威學說挑戰的堅強性格，在對理學、心學的批判中和提倡事功之學的研究中，形成了進步思想，也為後人提供了許多積極、有益的思想借鑑。對於他思想中存在的局限性，我們應當用歷史主義的方法進行合理的分析與評論。

鶴山耆儒
魏了翁

魏了翁是南宋後期著名的理學家和進步的思想家，他一生的主要貢獻，是經過他的努力倡導，使理學在遭受「偽學之禁」以後，取得了正統地位，成為在封建社會中居於統治地位的學術思想。作為進步的思想家，他具有重民思想，關心民眾的疾苦。他批評了當時的弊端，提出了社會改良的方案，是一位熱情實踐儒家政治理想的思想家和社會改良主義者。

一、神童早登金榜，終生服膺程朱

魏了翁，字華父，邛州蒲江（今四川蒲江縣）人。他生於南宋孝宗淳熙五年（1178年），卒於宋理宗嘉熙六年（1237年），自稱出生於一個「貧賤」的家庭。他的曾祖父魏大昕、祖父魏蘋、父親魏士行都未做過官。魏了翁原不姓魏，其生父為高孝疇，與魏士行是親兄弟，因魏了翁的祖母高氏之兄無後，乃將孝疇過繼高家，孝疇生有六子，了翁排行第五。後又因魏士行無子，再將了翁過繼給魏士行為子，又改姓魏。

了翁自幼聰明端重，「年數歲從諸兄入學，儼如成人。少長，英悟絕出，日誦千餘言。過目不再覽。鄉里稱為神童」（《宋史本傳》）。15歲時，他就寫出了很有見解的《韓愈論》，其文「抑揚頓挫，有作者風」（《宋史本傳》）。由於他學有造就，才華出眾，21歲應省試，就在《易經》科中居經生之冠。慶元五年（1199年），22歲的魏了翁又中了進士，並且名列第三，授簽書劍南西川節度判官之職。

自青少時期開始，魏了翁就接受了理學思想，他 17 歲時拜章寅臣為師，學習義理。當其成年入仕的時候，正是理學遭受打擊，被定為「偽學」，嚴令禁止的時期。朱熹等 59 人被判為「逆黨」，受到嚴重打擊。26 歲擔任學官的時候，他「獲接四方之士而取師友」，就在這時，魏了翁在臨安結識了朱熹的門人輔廣、李燔等著名學者，與之結為學友，經常和他們共同探討學問。自此以後，魏了翁便逐步加深了對程朱理學的瞭解。他從輔廣和李燔那裡受贈了一些朱熹的著作，開始系統地研究朱熹的思想。魏了翁非常崇拜朱熹，稱其為「集濂、洛之大成」的學者，並頌稱「朱子之功不在孟子下」（《鶴山先生大全文集‧朱文公年譜序》，以下簡稱《文集》）。

　　公元 1207—1210 年，魏了翁回到故鄉，其間三次辭去朝廷之聘召，築室於白鶴山下，與諸友研習經書。宋寧宗嘉定三年（1210 年），在家鄉蒲江創建了著名的鶴山書院，開門授徒，傳授程朱理學。在這時，四川的讀書人「爭負笈從之。由是蜀人盡知義理之學」（《宋史》）。與此同時，他又將輔廣所贈之朱熹著作大量地加以刊印，使其廣泛地發行於四川各地。經過魏了翁的講學授徒活動，理學就在四川各地傳播開來。加之他於較長時期在四川一些地方做官，於所到之處積極從事講學活動，對理學在四川的振興起到了巨大的作用。

　　宋理宗寶慶元年（1225 年），魏了翁因上疏言事得罪了權貴，遭受貶謫。在他謫居靖州（今湖南靖縣）期間，又在當地辦了一所鶴山書院。由於他的名聲很大，一時間各地學者雲集，「湖南江浙之士，不遠千里負書從學」（《宋史》）。謫居靖州期間，他還撰寫了《九經要義》100 卷。從公元 1225 年到公元 1231 年，達 6 年之久的謫居時期，他幾乎將全部精力投入了授徒講學與著述活動。紹定六年（1233 年），宋理宗親政，56 歲的魏了翁被召回朝廷，擔任了中央政府的要職。這段時期，宋理宗對於他的理學治國主張和政治改良意見表示欣賞，並被進爵為臨邛郡開國侯，又面賜御書「鶴山書院」四個大字，用以表彰他的講學活動。

　　嘉熙元年（1237 年），魏了翁逝世，終年 60 歲。卒後十日「詔以資政殿大學士，通奉大夫致仕」（《宋史》）。這個職稱，在宋代只授給

罷政之宰相或其他地位顯要的大臣，是從政官員的最高虛銜。後來，魏了翁「詔贈太師，諡文靖，賜第宅蘇州，累贈秦國公」。

魏了翁一生的著作很多，其大部分被後人匯編為《鶴山先生大全文集》，共110卷。另外，他還著有《九經要義》多卷、《古今考》1卷、《正朔考》1卷。

二、適應政治需要，樹立理學權威

產生於北宋時期的理學思潮，在其初步發展時期，雖然對社會有重大影響，但並未受到當時統治階級的特別重視。理學的基本思想是以儒家的經典為依據，又以其精巧的哲學思辨來論證「三綱」「五常」的至高無上性，竭力為中國後期封建社會的中央集權政治服務。然而，它又繼承了儒家的「王道」政治思想，主張對大地主、大官僚的過分驕奢淫逸和無限制的橫徵暴斂、腐敗貪殘等傷天害理行為進行適當的限制。基於這個原因，它必然要受到特權階層的限制和壓抑，雖然有一些崇尚或支持理學的官僚士大夫竭力為之提倡和爭取，但仍得不到順利的發展，乃至在統治階級內部的鬥爭中受到牽連或壓抑，其倡導者甚至遭到打擊、排斥。南宋前期出現的「慶元黨禁」，曾使理學遭受厄運。宋孝宗淳熙年間（1174—1189年），理學勢力相當可觀，當時有朱熹、張栻、呂祖謙和陸九淵等著名理學家聚徒講學，其影響很大，理學發展十分迅速。朱熹等人還借助於給皇帝講書的機會來干預朝政，因而引起了一些官員的敵視和反對，如鄭丙、陳賈、林栗等人就十分敵視理學人士，先後奏請禁止理學。到宋寧宗慶元年間（1195—1200年），在統治集團內部，發生了以趙汝愚、韓侂胄為代表的兩派政治勢力的權力之爭。當時身居相位的趙汝愚，啟用了朱熹等理學家擔任要職，而韓侂胄則在朝中一批反理學官員的支持下，與趙汝愚爭奪權力。結果是韓侂胄得勢，趙汝愚被迫下臺。這就使理學勢力在政治上受到了沉重的打擊，理學被定為「偽學」，而被嚴令禁止，又將朱熹等59人列為「逆黨」，加以打擊排斥。此後，理學便開始處於低潮時期。

魏了翁在上述情況下，於1199年考中進士。到了慶元年間（1205—1207年），韓侂胄為了提高自己的聲望、鞏固自己的權勢，冒然發動了對金戰爭，結果戰敗被誅。嘉定改元（1208年），史彌遠為相，以韓侂胄為代表的主戰派勢力受到挫敗。在這種政治氣氛中，理學又重新抬頭。魏了翁和真德秀就是在理學處於低潮時期從事學術和政治活動的。他們二人「志同氣合」，共同為「嗣往聖，開來哲」、接承「道統」，以及振興和發揚理學而奮鬥。

嘉定九年（1216年），當時正在四川做官的魏了翁開始上疏宋寧宗，請求表彰理學開山周敦頤，請為之賜封諡號。其奏疏說：

> 蓋自周衰孔孟氏沒，更秦漢魏晉隋唐，學者無所宗主，支離泮渙，莫適其歸……敦頤獨奮乎百世之下，乃始探造化之至賾，建圖著書，闡發幽秘，而示人以日用。常行之要。使誦其遺文者，始得曉然於洙泗之正傳……又有河南程顥、程頤親得其傳，其學益以大振。雖三人皆不及大用於時，而其嗣往聖，開來哲，發天理，正人心，其於一代之治亂、萬世之明暗所關，蓋甚不淺。

（《文集》卷15《奏乞為周濂溪賜諡》）

對理學家的褒贈，在當時已有先例。如嘉定二年（1209年），宋寧宗曾下詔，賜朱熹為「文公」，嘉定八年，又諡張栻為「宣公」，嘉定九年，再諡呂祖謙為「成公」。然而，請為周敦頤和二程賜諡號，則是一樁不尋常的事件。按照歷史慣例，死後有資格受封諡號者，都是在生前地位特別高、受到皇帝敬重的人，周敦頤和二程，生前並未顯耀於朝廷，社會地位不高。再則，史彌遠之所以表彰朱熹等人，實際上是出於政治需要。因此，朝廷對魏了翁請求周、程賜封諡號和定理學為正宗的建議，一時難以做出決定，因而遲遲不能表示可否，更未得到施行。

嘉定十年（1217年），魏了翁再次上疏申言前奏，請為周敦頤和二程賜封諡號。在此次上書中，他把這件事看作是關係「學術之標準，風俗之樞機」的大事，要求把他們的思想學說定為指導思想，「以風勵四方，示學士趨向之級，則其於崇化善俗之道，無以急於此

者」(《文集》卷15《奏乞早定周程三先生諡議》)。經過魏了翁的一再奏請和強調,加之一些朝臣如真德秀等人的大力支持,到了嘉定十三年(1220年),宋寧宗終於決定下詔書,諡周敦頤為「元公」,程顥為「純公」,程頤為「正公」,並向全國褒揚了周、程開創理學的功績。以此為契機,崇尚理學之風很快就在國內各地興起。各州郡紛紛為周程等理學家建立祠堂。魏了翁也應各州郡之請,為各處的周、程祠堂作記,表彰、宏揚理學旗幟,如他在《長寧軍六先生祠堂記》中說:「不有周程諸學為圖為書,振聾發聵,如是而為極、為儀、為性命、為仁義禮智、為陰陽鬼神,雖即躬行日用之常,示窮理致知之要,則人將泯泯憒憒,無所於聞。」(《全集》卷48)這些話,將周敦頤、二程與他們開創的理學被推崇到了無以復加的地位,在魏了翁看來,有了周、程二人的出現,世人才得以從「泯泯憒憒」中清醒過來,否則文明將會趨於泯滅,人們只能懵懵懂懂地處於野蠻狀態之中。這種看法未免過於誇張。

周、程等理學家及其所開創的理學受到朝廷的公開褒揚,這是中國儒學發展史上的一個重大轉折。自此以後,以理學形態出現的新儒學,不僅成為南宋後期在意識形態中居於支配地位的官方哲學,而且一直為後世的統治階級所尊崇,成了長時期居於支配地位的思想理論基礎。由此可見,在使理學從「偽學」變為官方正統學說的過程中,魏了翁起了關鍵的作用。

魏了翁當時竭力倡導理學,雖然是為了幫助南宋王朝維護其封建的中央集權制度,但也是為了解決當時的社會危機。那時的南宋小朝廷苟安東南一偶,統治集團中的權貴們,甘心忍辱,不思進取。他們之中的多數人,只把自己的注意力集中於鞏固既得利益,以維持自己的統治地位。他們為了滿足自己的欲求,不斷加深對人民的壓迫和剝削。魏了翁曾對當時的社會狀態有所揭露,他指出「富者連阡陌,貧者厭糟糠」(《文集》卷43《潭州惠民倉記》),「俗流世壞,士大夫以官為市,與民為仇」(《文集》卷37《江陵別安撫》),「以漁獵為學問,以輟輯為文章,以操功為實才,以貪刻為奉公」(《文集》卷16《論敦求碩儒開闢正學》))。他揭發上述士人將「六經之書僅為記覽辭辯之

資，而鮮有以施諸政」(《文集》卷43《譚州惠民倉記》)。正是由於上述腐敗之風，激化了社會階級矛盾，加深了統治危機，使南宋王朝的統治岌岌可危。作為地主階級中的有識之士魏了翁清醒地看到了這種危機，他企圖以理學為口號，使之作為指導思想，用以整治人心、扭轉政風和士風，達到挽救危機的目的。這就是他和真德秀等人要極力為理學爭取地位的原因。

三、政治思想開明，積極倡言改良

在南宋時期的理學家之中，魏了翁的政治思想是傾向於進步的。作為一個封建社會中的進步思想家，其主要標誌是看他在當時的社會條件下，能否關心人民疾苦，是否能大膽地揭露剝削制度下的不合理現象，並提出有利於社會進步的社會改革方案。在這幾個方面，魏了翁都有一定程度的表現。作為封建地主階級的代表人物，他算是頭腦比較清醒的。

魏了翁在政治思想上的進步性主要表現在以下幾個方面。

（一）「觀民以察我道」的重民思想

在儒家經典之中，很早就提出了「天視自我民視，天聽自我民聽」的「敬德保民」主張，特別是孟子「保民而王」的「仁政」思想，可算是儒家學說中的進步思想成分。魏了翁出身於平民家庭，他對這些優良的思想成分容易有所繼承，「觀民以察我道」的重民思想就表明了這一點。他說：「抑不知民與天一也，安有欺民之事而可以應天？亦安有為欺天之事而可以助民？」(《文集·特班奏事》) 這個說法雖然帶有濃厚的「天命論」色彩，然而結合當時流行的思想意識來看，這個「天」無疑是指天理。在魏了翁看來，天意與民意是一致的，欺民就是欺天，欺天就是欺民，這種行為是天理所不能容的。他警告統治者不可做欺民之事。因此，他強調「為政不害於民」。他說：「為政不害於民，得使盡力耕耘，自事生產，故百姓和而年歲豐也。」(《春秋左傳要義》卷7) 這種把民和天看得同等重要的觀點，在當時的封建士大夫中，確實是難能可貴的。雖然其出發點是為了鞏固封建政權，但

他畢竟認識到，首先必須滿足人民群眾的基本生活需要，才能使國家鞏固，只有不害於民，才可能使勞動人民得以積極地從事生產活動，從而「民和歲豐」。為此，他提出了這樣一個觀點，「在上位，思利於民，欲民之安飽，是其忠也」(《春秋左傳要義》卷7)。這就對「忠」的內容賦予了新的含義，他不是只把對君主的愚忠看作是「忠」的全部內容，而是把關心民眾疾苦、改善他們的生活、使之得到安定和溫飽也看作是「忠」的一個重要標志。當然，這也與忠君有著直接聯繫。

從上述觀點出發，魏了翁大膽而深刻地揭露了南宋王朝的「欺民之事」，他說：「今錢荒、物貴、賦重、斂煩，獨仰歲以為生，將救民於垂死。」(《文集》卷99《天慶節祈雨醮詞》) 他對當時社會上的貧富兩極分化的原因也進行了揭露，魏了翁指出：「富者彌富，驕奢而難治；貧者益貧，饑寒而犯法。且貧者資富而至貧，富者削貧而為富。惡民之富乃是憖民之貧。」(《春秋左傳要義》卷27) 他提出要杜絕這一現象的辦法是「使貧富均而勞逸等」(《春秋左傳要義》卷27)。這種「均貧富，等勞逸」的說法，竟然出自一位封建地位階級思想家魏了翁之口，其與當時農民起義軍「均貧富，等貴賤」的革命口號幾乎如出一轍，確實值得玩味。從這個觀點來看，我們更可以瞭解到魏了翁重民思想的可貴之處。對於當時農民群眾反抗地主階級的鬥爭，魏了翁同樣是站在地主階級統治者的立場上加以反對，他也把起義的農民稱之為「盜」，然而，他又認為，農民之所以為「盜」，是因為那些貪官污吏用暴力逼迫所至。他說：「民非自暴，吏誨之盜。」(《文集》卷20《處士高君墓志銘》) 所謂「吏誨之盜」，意思是認為那些貪官暴吏本身就是殘害人民的盜賊，他們就是強盜們的老師，老百姓之所以為「盜」，不過是以其人之道，還治其人之身罷了。他又說：「使民無所蘸，是為盜而寇民者，吏也。而民貧賊興，則善良受其害，此千載一律。」(《文集》卷20《處士高君墓志銘》) 短短的兩句話，對封建剝削階級統治下「官逼民反」的根源揭露得十分深刻。從歷史經驗上講，「民貧賊興」，歷來如此，民為什麼貧？歸根究柢是剝削和壓迫造成的。上述言論反應了魏了翁敢於面對現實，不迴避矛盾，能夠仗義

執言，並大膽地批判封建制度下的主要弊端，表現了他的重民思想的可貴之處。

(二) 針對南宋弊政的社會改良思想

為了挽救社會危機，魏了翁提出了他的社會改革方案。他針對當時南宋政權的弊政，提出了以下的意見和建議：

第一，實行裕民政策。他建議「先修裕民之政，請薄斂、省債、振荒、救饑」(《文集》卷102《問兵民財吏之弊今日何以為革之方》)。魏了翁鑒於當時政府和大小地主對農民的沉重剝削造成的嚴重社會問題，已經威脅到政治統治的穩定，他認為，解決危機的首要任務應該是穩定人心，爭取人民的支持。而要得到人民的支持，就應做到孔子提出的「敬事而信，節用而愛人，使民以時」，要「聖人之言字字服行，未有不明效大驗者，特患不能實下功夫而徒假外飾」(《文集》卷34《答曾參政》)。他向皇帝上書，要求實行履畝之令以寬民力。具體辦法是「督上戶（大地主）貴近之家（享有免稅特權的權貴之家）入稅」「借上戶氣勢以振作楮幣（紙幣），或可望其指日增價」(《文集》卷20《奏乞審度履畝利害以寬中下戶》)，期望用這一措施來解決貨幣危機。對「下戶（自耕農）或可略與蠲減或又全免其應納之賦稅」。他認為，這樣就可以「讓中下戶寬得一分，則受一分之賜，人心不搖，弊事可革，天下幸甚」(《文集》卷20《奏乞審度履畝利害以寬中下戶》)。這一改良措施完全是針對當時大地主逃避賦稅，農民承受不起過重負擔而造成的財政空虛而提出來的。魏了翁的裕民薄斂主張，雖然是為了鞏固地主階級的統治，但在客觀上也是符合人民利益和願望的。

第二，針對當時的政治危機，魏了翁提出了「治國之本始於正君」的主張。

這條主張是根據朱熹「正君心是大本」之說而來。它包含了在一定程度上限制皇權的思想。如何正君心？就是要求皇帝做到「正心誠意」，不能以「一人之好惡為用舍」(《文集》卷42《安少保果州生祠記》)，他認為這是管理好國家的根本。而要達到這一要求，就必須廣開言路以通下情。他對皇帝說：「豈有言脫諸口，必使心同聲並談而

莫予違也,此風一成而依阿者得志,正直者屏遠,尤非國家之福。唯陛下亟圖之。」(《文集》卷19《奏議第四扎》) 他甚至要求最高統治者「親賢而遠色,清心而寡欲」(《文集》卷19《奏事第三札》),更要做到「舍己以從眾,舉賢而遜能」(《文集》卷18《應詔封事》)。這些言論,表現了魏了翁敢於「犯顏直諫」、正直無私,不同於那些處處投人君之好惡、一味阿諛逢迎以求得志的寡廉鮮恥之徒。這種限制皇權的大膽言論,在歷史上曾有董仲舒提出過,他企圖用「天人感應」的神權說教來限制皇權,結果是差一點丟掉腦袋。朱熹和魏了翁企圖用「正君心」的辦法限制皇權,其目的也是為了維護封建政權的長治久安。然而這個主張同那個至高無上的皇帝是相抵觸的,對他來說,無非是緣木求魚,不可能產生良好的效果。

第三,他針對南宋政權機構臃腫、官俸開支龐大的現象,提出了裁減冗員的方案,同時還提出省用、理財、講求實功的建議。在理財的問題上,魏了翁不像其他理學家那樣,把義理同功利對立起來;相反,他主張把義理和功利統一起來。正如他說:「眾寡強弱可不計,然本諸義理之是非,則事功之利害從之。」(《文集》卷47《黔陽縣學記》)即只要是從義理出發,凡符合義理之是非標準的事功,其所產生的利害關係,就應該予以計較。

此外,他還提出瞭解決兵制腐敗、軍隊龐大而缺乏戰鬥力的一些建議,如要求軍隊屯墾戍邊以開發邊疆農業、增加軍糧儲備、加強邊境防衛力等。

四、兼收各家之長,創立一家學說

魏了翁的理學思想雖然是從程朱那裡繼承而來的,但由於他具有實事求是的治學態度和比較開放的治學方法,所以能夠擴展視野、廣覽博收眾家之長,使之為己所用。前文講述魏了翁服膺程朱,早年從朱熹弟子輔廣、李燔處接受了朱熹的學說,並稱朱熹「集濂洛之大成」,又說「朱子之功不在孟子下」,他用了大量的精力學習、研究和傳播程朱理學。然而,在他的學術活動中,並未以此為滿足。魏了翁

的學問，強調「道貴自得」，他在《答周監酒》中說：「本書乃謂只須祖述朱文公諸書，文公諸書讀之久矣。正欲不願於賣花擔上看桃李，須樹頭枝底見活精神也。」(《文集》卷 36）他不固守門戶，其治學途徑是以研習朱熹之學開其大端，繼而獨以窮經、學古，自為一家。此外，他還善於採納各家之長，使之為我所用。魏了翁於公元1225年謫居靖州後，在那裡主辦了鶴山書院，各地來此求學的人很多，在此期間他結識了陸九淵之子陸持之的門人葉元老，並留葉元老在靖州客居數月，共同讀書論學。他還和陸九淵的後學如陳和仲，以及袁廣微兄弟等人結為密友，從他們那裡得到了陸九淵的大弟子楊簡的《慈湖問答》，在這些活動中，受到了陸九淵思想的影響。此後，魏了翁便開始把理學和心學融為一體，構建了一個具有自己特色的主觀唯心主義哲學體系。

在魏了翁的學術思想中，同時還接受了浙東事功學派的一些影響。在當時，除朱陸的學說在社會上具有較大的影響力之外，浙東事功學派著名學者陳亮、葉適的功利主義學說也比較流行。魏了翁主張把事功同義理統一起來，如在理、欲關係上，他不像程朱那樣，把二者視為水火之不兼容，他認為只要是合理的慾望，就是不可「滅」的，如「飲食男女」之欲，即人們求生的慾望，是無可非議的。這就說明，他在理欲關係上也有事功主義的傾向。

下面介紹魏了翁的學術思想。

(一) 由「理學」轉向「心學」

魏了翁的學術思想發展經過了三個階段：最初是篤信朱熹的客觀唯心主義理學。他於公元1205年在臨安結識了朱熹門人輔廣、李燔之後，常常同他們在一起「同看朱子諸書，只數月間」，便從過去「只喜記問詞章，所以無所不記」，轉而認為這種方法「不足以為學」，乃取朱註《論語》《孟子》等書，「字字細讀」(《文集》卷 35《答朱擇善》）。由此便服膺了朱熹的客觀唯心主義理學。在宇宙觀上，他斷言「理」是「參天地、宰萬物」的最高本原。魏了翁說：「自有乾坤，即具此理……是乃天地自然之則，古今至實之理，帝王所以扶世立極，聖賢所以明德、新民，未有不由此者。」(《文集》卷 42《簡州四先生

祠堂記》）因此他又說「此理」乃是「天下萬物之學」。這就是說，作為世界本原的理，是「參天地、宰萬物」，是決定社會變化發展的唯一根源，是整個「天地自然之則」，因而是「萬世之學」。由此可知，在其理學活動的第一階段，他是一個客觀唯心主義者。

隨著時間的向前推移，善於獨立思考且注重實際的魏了翁，發現了程朱理學的一些弊病，如它的繁瑣、迂闊和空洞不實，不但使學者難以掌握，而且被一些人用以「藻飾詞辯之資斧」和「給取生利之計」。這些人標榜理學、講論理學，實際上是把理學作為追求功名利祿的一種工具和手段。因此，魏了翁便逐漸拋棄了朱熹理學中的那些繁瑣、迂闊和空洞的東西，著手重起爐竈，將理學與心學融為一體。企圖用陸九淵「切己反省」「發明本心」的「易簡功夫」來整治人心，以克服朱學的弊病，以期達到挽救統治危機之目的。為此，他發展朱熹理學中的心學成分，以期同陸學接軌。朱熹說過：「心者，人之所以主乎身者也，一而不二者也，為主而不為客者也，命物而不命於物者也。」（《朱文全集》卷 67）又說：「心者人之神明，所以聚眾理而應萬事者也。」（《四書集註・孟子・盡心上》）以此為仲介，魏了翁把朱熹理學中的客觀唯心論轉化成為主觀唯心主義的心學，把心、理融為一體，提出「義理之說」是「千百載而一目，千萬人而一心」（《文集》卷 65《題周子靖理齋銘後》），以及「民心之所同則天理也」（《文集》卷 52《達賢錄序》）等，強調心、理融合的說法。這個思路，就是把程朱所講的理或天理加以主觀化，斷言理只存在於千萬人的心中，只要他們能夠「推是心也，見善而遷，有過而改」，天下國家「必將如風厲雷迅，不暑刻安也」（《文集》卷 50《邛州白鶴山營造記》）。魏了翁發現了理學對維護和鞏固封建秩序的不足之處，發現它難以真正奏效，所以他才轉而企圖用心學去整治人心，以達到挽救危機的目的，這就是他從理學轉變到心學的主要原因。

然而，魏了翁所講的「心」同陸九淵又有不同之處。其不同點之一就是他強調心理合一，即所謂「民心之所同，則天理也」。「民心所同則天理」之說同他的「民與天一」之說是一致的。不同之處表現在他講的「心」是超脫個人主觀意識的「千百載而一日，千萬人而一

心」的心，是一切人的共同之心，它超越了個人的主觀意識，是具有客觀性的「心」。

不過，從實質上講，魏了翁的世界觀仍然屬於主觀唯心論，這是因為，他是把「心」作為其哲學最高範疇來使用的。他說：

> 心者，人之太極，而人心又為天地之太極，以主兩儀，以命萬物，不越諸此……抑天地神明，不越此心也。
>
> (《文集》卷16《論人主之心義理所安是謂天》)
>
> 大哉心乎，所以主天地而命萬物也。
>
> (《文集》卷15《論人心不能與天地相似者》)
>
> 心焉者，理之會而氣之帥，貫通古今，錯綜人物莫不由之。
>
> (《文集・楊純公楊忠襄公祠堂記》)
>
> 此心之神明則天也，此心之所不安，則天理之所不可。人心之外所謂天乎？
>
> (《天集》卷56《跋師原卿遇致仕十詩》)

上面引文，充分說明魏了翁是把「心」作為他的哲學的最高範疇。在他那裡，「心」是宇宙的本原，也是產生天地萬物的最終極之根源，「心」是理與氣的統率者，它貫穿於歷史發展的全過程。總之，心外無天，心外無理。作為宇宙本原的「心」不僅是天地萬物的總根源，是支配一切事物運動變化的根本，而且具有超時空的特性。他說：「心昭昭者，固不與氣形俱為斯盡也。」(《文集》卷84《知咸州陸君堅復墓志銘》)雖然魏了翁講的心不僅指個人主觀的「心」，但從他把「理」融於「心」，以此為宇宙本原來看，應該屬於主觀唯心論，因為主觀與客觀畢竟是不可等同的。況且，這個「心」的內涵，主要是指綱常倫理一類的東西，這些東西歸根究柢仍是主觀意識的產物，只是他自己將其加上了一層薄薄的客觀外形而已。因此，魏了翁的哲學是以「心理合一」的特殊形式出現的主觀唯心論。

(二)「致其知而明其明」的認識論

在認識論上，魏了翁提出了「致其知而明其明」的方法。他和朱陸一樣，認為「心」既是宇宙的來源，又是認識的對象和主體。在魏

了翁看來，做學問不需認識外物，主要是向內用功，以發掘自己心中固有的「知」和「明」。他說：「人之一心，廣大而精微，學問之道，所以致其知而明其明也。」（《文集》卷47《張行父忠恕拙齋記》）既然「心」能「主天地」，「命萬物」能「貫通古今」和「錯綜人物」，是宇宙萬物之本原，所以認識的對象就是主體的「心」。「致其知而明其明」的意思，就是通過對內心固有的「知」加以發掘光大，以達到通曉一切之目的。怎樣達到這一目的呢？魏了翁提出了一個「以敬為主」的方法。他說：「以敬為主，則聖門傳心之要也。是故敬焉者，所以此心而根萬善者也。」「主靜」是二程和張栻的修養方法。所謂「主敬」，是通過自我修養和抑制，使自己固有的善良之心保持專一不二、不為外物所動的修養方法，它類似於佛家的「定功」。所謂「致其知而明其明」的方法，實際上是陸九淵「發明本心」的修養方法和認識方法。魏了翁也主張「先應乎其大者」，他說：「大者立，則小者達焉。」（《文集》卷49《均州尹公亭記》）不過，他講「先立乎其大者」主要目的是為了克服朱熹學說的繁瑣、迂闊之病。其實，魏了翁在治學方法上並不贊成陸九淵不讀書、「不窮理」、靜坐而論道的治學方法。他主張「循環讀經亦以此明此心」，這是要求把朱熹的「格物致知」同陸九淵的「自存本心」結合起來，主張通過「致知」的途徑去「發明本心」。他既主張以明本心為根本，又要求熟讀經書，既拋棄了朱熹「今日格一物，明日格一物」的支離無所歸宿的方法，又否定了陸九淵「六經註我，我註六經」的態度。這就是魏了翁「致其知明其明」的認識論之基本特點。

（三）「欲有善不善存」的「理」「欲」關係論

同其他理學家一樣，魏了翁也重視對人欲問題的研究。他認為，人欲產生於外物對人心的影響，如他認為，心體本靜，「感於物而心遂動；是性之所貪欲也」（《禮記要義》卷19）。但他又認為，不是人的一切慾望皆惡，他說：「人之有欲，即從心出……欲雖人之所有，然欲有善不善存焉。」（《文集》卷32《答虞永康》）把人欲分為善與不善，是魏了翁不同於程朱和陸九淵之處。從這一區分出發，他肯定了飲食男女是人心之最大欲求，他說：「飲食男女是人心之大端緒也；

死亡、貧苦是人心所惡之大端緒也。」(《禮記要義》卷9) 這就是說，他肯定了人們維持自身生存慾望的合理性。因此，他不像其他一些理學家那樣籠統地反對人欲，對於人民正當的欲求持肯定態度。所以他主張「為政不害於民」，在其改革方案中還提出了「先修裕民之政」的要求。對於不合於義理的「人欲」，魏了翁也不主張「滅」，而是主張進行「節制」，他提出「物欲強時心節制」(《文集》卷96《即齋次韻權縣約客》)。這就是說，他不主張一概地滅人欲，而是先把人欲分為「善」與「不善」兩種。對於前者，如飲食男女之類的人類基本欲求，他不但不主張「滅」，反而認為這是合理的、應該予以承認和適當滿足的要求，對於不善的慾望，要用「心」去加以節制，不使其惡性發展就可以了。魏了翁贊成其老師胡宏的看法，他說：「五峰謂天理人欲同體異用，同行異情，此語最完備。」(《文集》卷109《師友雅言》) 胡宏認為，天理和人欲同出於一個本體「天性」，只是各自所發生的作用不同。胡宏不籠統地排除人欲，他主張「欲而不淫」，只反對「欲而不止」(《知言》卷3《紛華》)。魏了翁進一步把人欲分為善與不善的思想，是受胡宏之啟發提出來的，他還從孟子那裡找到根據說：「聖賢言寡欲矣，未嘗無欲也。」(《宋元學案·鶴山學案》) 考《孟子》七篇，確實只講「寡欲」，不曾要求「無欲」。

在一定程度上肯定人欲之合理性的前提下，魏了翁不贊成程頤反對寡婦再嫁而提出的「餓死事極小，失節事極大」的極端主義思想，他說：「先儒有言：『婦適不再，婦適而饑寒之害，然饑寒之事小而失節事大。』此豈婦之責也，亦為士也之誡。」(《文集》卷73《顧夫人墓志銘》) 在魏了翁看來，處於饑寒交迫的寡婦如果改嫁，這種「失節」的罪名不該由再嫁的婦女來承擔，這倒是那些作為「士」的男人應該引以為戒的。在這個問題上，表現了魏了翁對深受封建壓迫之苦的婦女的同情，對不合理的道德說教的批判，這說明他比同時代的其他理學家的思想更開明和進步。

五、倡導理學功過，應有公正評說

作為中國後期封建社會中居統治地位的理學思潮，在其形成和發

展的初期，並不像後來那樣備受封建統治的重視。其創始人如周敦頤等，在其生前也並不像後來那樣名聲顯赫，南宋前期集理學之大成的朱熹也不像後來那樣走紅。在當時地主階級統治集團內部的權力鬥爭中，朱熹等人甚至遭受過沉重的打擊，理學曾一度被定為「僞學」而被禁止。魏了翁作為一位具有卓識遠見的地主階級代表人物，就是在理學遭受厄運而處於低潮的時期，站出來奮力為之恢復名譽、爭取地位的關鍵人物。經過他同真德秀等人的積極努力，終於使理學恢復了名譽，並且取得了官方哲學的崇高地位。毋庸置疑，他在理學發展史上做出了不可磨滅的巨大貢獻。

魏了翁倡導理學並使之取得顯赫地位，並不只是給皇帝上疏、請求褒揚理學先賢、宣揚理學之如何高明。他之所以能夠使理學在中國學術思想領域中占據正統地位，成為官方哲學，主要是適應了當時統治者階級在政治上的需要，而且還在於他同真德秀等人對理學進行了苦心孤詣的創造性研究，特別是魏了翁對理學的創造性貢獻。他的創造性研究，主要表現為他不「死守陳說」，不依傍門戶，能夠兼取各家之長。他能夠擺脫程朱學說脫離現實生活和繁瑣的弊病，而對儒家思想的精華部分，如憂國憂民的憂患意識和「天民一體」的重民思想，在他的思想中體現得十分明顯。對這些東西，他竭力付諸實踐。魏了翁和那些常常被人嘲笑的道學先生不同，他不迂腐，沒有過多的書呆子氣，而是一位學識淵博、思想開明的進步思想家。在當時的歷史條件下，提倡和宣揚理學的主觀願望，雖然是為了維繫人心和挽救封建統治危機，但也包含了大多數人民安定生活與救國救民的美好願望。至於理學在客觀上對中國社會發展產生的不良影響，是魏了翁本人所始料不及的。

西山先生
真德秀

真德秀是南宋後期與魏了翁齊名的一位著名理學家，也是繼朱熹之後的理學正宗傳人，他同魏了翁二人在理學被確立為正統地位的過程中發揮了重大作用。

一、少幼苦讀成器，入仕為國分憂

真德秀，字景元，後更為希元，福建浦城（今浦城縣晉陽鎮人），本姓慎，因避孝宗諱改姓真。生於宋孝宗淳熙五年（1178年），卒於宋理宗端平二年（1235年）。出生於一個貧寒之家，自幼聰穎，4歲開始讀書，即能過目成誦。德秀從小愛好學習，且勤奮過人。據其學生劉某在他死後所寫的《行狀》記載「入小學夜歸，嘗置書枕旁」，他深夜還在蚊帳中看書，蚊帳被蠟燭熏成黑色。當其他兒童玩耍之時，德秀在閱讀書籍。真德秀15歲時喪父，其母親吳夫人在窮困中為家計操勞，供他讀書，撫養其成長，使他專心學習。由於他勤奮努力，學業上進步很快，在18歲時便考中了舉人，19歲時即宋寧宗慶元五年（1199年）和魏了翁同榜考中進士，授南劍州（今福建南平市）判官。再試，中博學宏詞科，被閩帥蕭逵聘為幕僚，協助蕭逵辦理政務，旋召為太學正，寧宗嘉定元年（1208年）升為博士官。

自從政之後，真德秀胸懷憂國憂民之志，竭誠於職守，希望能夠使處於內外交困的宋王朝振作起來，以擺脫危機。他是當時腐敗政權中少數頭腦清醒的大臣之一。真德秀的治國方案主要是用理學思想為指導來正君心、服民心。在對待北方金人的侵略上，他一方面反對納

貢稱臣，一方面又主張不急於徵討，而應該首先鞏固內部，實行自治自守的政策。在當時的形勢下，南宋朝廷確實已面臨日暮途窮的處境，根本談不上恢復故疆。他鑒於韓侂胄貿然出兵北伐慘敗的教訓，主張清除腐敗，嚴肅政紀，收服民心，這對當時處於危勢的宋王朝來說，不失為正確的決策。他認識到當時的朝廷再也經不起大的折騰，於嘉定元年首次入對，向理宗進言說：

> 權臣開邊，南北塗炭，今茲繼好，豈非天下之福，然日者以行人之遣，金人欲多歲幣數，而吾亦曰可增；金人欲得奸臣之首，而吾亦曰可與；往來之稱謂，犒軍之金幣，根括歸明流徙之民，皆承之唯謹，得無滋嫚我乎？抑善謀國者不觀敵情，觀吾政事。今號為更化，而無以使敵情之畏服，正恐彼資吾歲略以厚其力，乘吾不備以長其謀，一旦挑爭端而吾無以應，此有識所為寒心。

(《宋史本傳》)

真德秀提醒最高統治者不要安於暫時的和平，應該看到其中隱藏的禍患和危險，所以應該提高警惕，並思考振救之法。按照真德秀的意見，其振救禍患之法就是崇尚理學，奉行正道，「褒崇名節」「明示好尚」。因此他還對理宗說：「侂胄自知不為清議所貸，至誠憂國之士則名以好異，於是忠良之士斥，而正論不聞；正心誠意之學則誣以好名，於是偽學之論興，而正道不行。今日，改弦更張，正當褒崇名節，明示好尚。」(《宋史本傳》) 真德秀認為，韓侂胄製造「慶元黨禁」，禁止理學，迫害理學人士，使正道不行。他趁理宗有改弦更張之意的時候，勸其重興理學，以「正人心、定國是」，轉移風氣，矯正士習。他和魏了翁一樣，認為當時解決政治混亂的根本方法就是推崇理學。

嘉定三年（1210年），真德秀在入對中又向理宗提出兩條建議。其一是「開公道，窒旁蹊，以抑小人道長之漸」。這是要求最高統治者廣開言路，傾聽更多人的意見，制止歪門邪說，以抑制小人之勢。其二是「選良牧，勵戰士，以扼群盜聲張之銳」。這是為了防止內亂，加強統治。他認為從當時的內外形勢看，南宋王朝的首要任務應該是穩定國內政治局勢。真德秀特別強調「公議」對政治統治的重要性，

他說：

> 天下有不可泯沒之理，萬世由一日者，公議是也。自昔雖甚無道之世，能使公議不行於天下，不能使公議不存於人心。侂胄用事，能顛倒是非於一時，終不免為世大戮，何者？公議，天道也，侂胄犯之，則違天矣。故善為國者，畏公議如畏天。則天佐之，人助之。

（《後村先生大全集》卷166《西山真文忠公行狀》）

這些話也是對皇帝講的，要求在統治集團內部實行言論公開。他把「公議」提到「天理」的高度，企圖得到皇帝的重視。既然「天理」是永遠不可泯滅的，那麼，作為「天理」之表現的「公議」也是萬世如一日，不可泯滅的。其不可泯滅的根本原因在於「公議」存於人心，儘管有權勢的人可以暫時顛倒是非，然而最終為世人所不容。真德秀認為，「公議」，就是「天道」。順應天道，則「人佐之，天助之」。這種天人一體的思想顯然是儒家的順天應人的思想的表現。

嘉定六年（公元1213年）冬十月，真德秀受命為特使北去金國慶賀其新主登位，十一月至盱眙（今屬江蘇），有消息傳來，得知金國發生內亂，就中途返回京師。他回朝之後，對寧宗說：

> 臣自揚之楚，自楚之盱眙，沃壤無際，陂湖相連，民皆堅悍強忍，此天賜吾國以屏障大江，使強兵足食，為進取之資。
>
> 顧田疇不闢，溝洫不治，險惡不扼，丁壯不練，豪杰武勇不收拾，一旦有警，則徒以長江為恃；豈如及今大修墾田之政，尊為一司以領之，數年之後，積粟充實，邊民父子爭欲自保，因其什伍，勒以兵法，不待糧餉，皆為精兵。

（《宋史本傳》）

這個建議，有利於鞏固北方邊防，不失為最好的策略。由於南宋王朝政治腐敗，從中央到地方的多數各級官吏文恬武嬉、不顧大局、搜刮民脂民膏、圖一時之享樂，造成沃野荒蕪、水利失修、邊關要隘守衛鬆弛、兵士不加訓練、武備人才不受招用。一旦有警急情況，只僥幸寄希望於長江天險之阻，這是很危險的。真德秀看到了長江以北

大片土地和人民對國家安危的重要意義，也看到了統治階層對上述問題的忽視。他認為，如果能夠在長江以北的南宋轄區設立專門機構，派人前去，大修墾田之政，解決生產問題，不出數年，就可以使積儲充實。他同時就地組織愛國群眾，對其進行軍事訓練，盡量做到足食足兵，鞏固邊防，抵禦北方敵人的入侵。可惜真德秀的滿腔熱情和正確的建議，未被腐敗的當權者所採納。於是他只好再進忠言，提醒最高統治者說：「國恥不可忘，鄰盜不可輕，幸安之謀不可恃，導諛之言不可聽，至公之論不可忽。」（《宋史本傳》）真可謂竭盡忠忱，不遺餘力。

真德秀於寧宗在位的後期，憂患於國事，屢屢進言，數年之間，「論奏懇懇，無慮數千萬言」，其中許多意見十分中肯，因而受到了寧宗的尊重，可又引起了當時身居高位的權相史彌遠的忌恨。自韓侂胄失敗後，大權落到主和派史彌遠之手，他結黨營私，重用小人，排除異己，真德秀對其所作所為十分憎惡，由於這些原因，史彌遠對他更為不滿。另一方面，由於真德秀的奏議言論在很大程度上代表了一些正直的士大夫之心聲，在國內引起很大反響，許多人甚至將他的論奏抄錄出去，進行傳播和誦咏，這就使他成為名重一時的政論家。這時史彌遠又想籠絡他，使之為己所用，而真德秀卻不與之合作，主動請求到地方上去任職。

二、關注國計民生，躬行惠民之政

寧宗在位的最後幾年，真德秀基本上是做地方官。在這個時期，他做了一些利國利民的好事，取得了顯著的成績。

其一是救荒懲貪。嘉定六年（1213年）十一月，真德秀受職為秘閣修撰，實授為江南東路轉運副使。當時江南東路遭受了嚴重的旱蝗災害，其中尤以廣德、太平兩軍州最為嚴重。他到任後，首先是去賑災，分別派遣官員到管區其他州縣辦理荒政，他親自到最嚴重的廣德、太平，協同當地守員到民間察看災情，並授予當地長官開倉救災的權力，從而使災民得到了及時解救。當他把救災工作辦完，離開廣德時，

當地有百姓數千人相送至郊外，有人指著道旁的許多墳墓哭泣著告訴他說：「此皆往歲餓死者。微公，我輩已相隨入此矣。」（《宋史本傳》）接著，他又下令廢除了太平州私自創設的大斛，減輕了官府和地主對農民的超額剝削。在任期間，真德秀還彈劾了新徽州的貪官知州林琰和寧國知府張忠恕，揭露他們貪污賑濟米的罪行。自此以後，真德秀的名聲更甚從前，之前那些譏笑他為迂儒的言論，頓時煙消雲散。

其二是整頓泉州漕政。嘉定十二年（1219年），真德秀以右文殿修撰出知泉州。當時泉州本來是中國同西方商人通航的一個大港口，在南宋中期，是全國最繁榮的海外貿易中心，每年有大量的阿拉伯等地的外商來這裡進行商業活動。但是，到南宋後期，由於管理海外貿易的官吏對外商進行繁重的敲詐勒索，每年來此貿易的外國商船減少到只有三、四艘。真德秀到任後，實行了優惠政策，減免了許多不合理的徵稅，很快就使來此從事商貿活動的外國船只增加到36艘，不但繁榮了商業，而且增加了稅收。在泉州期間，他還在一定程度上抑制了當地富豪大家對人民的危害，減輕了人民的一些負擔。在邊防工作上，他還鎮壓了海寇，整頓和加強了海防。

其三是在潭州實施惠政。嘉定十五年（1222年），真德秀以寶漠閣待制的官銜出任湖南安撫使知潭州。到任之後，立即著手整頓政風、士風，他以「廉仁公勤」四個字勉勵僚屬，用周敦頤、胡安國、朱熹、張栻之學術勉勵讀書人。在任期間對百姓實施惠政，首先廢除了榷酤制度，免徵了苛重的酒稅，其次是停止加收斛面米，同時還免去了和糴制度，廢除了對農民的額外剝削，減輕了他們的一些負擔。對生活上嚴重困難的農民，給予了適當的救濟。更值得一提的是，他仿照朱熹當年創立義倉的辦法，立惠民倉五萬石，在青黃不接時，以平價賣給缺乏糧食的百姓，他又在轄區內十二個縣普遍設立新倉，使之遍及鄉落，以救饑民之急；此外又專門設立了慈幼倉，儲備糧食，專門用以賑濟無依無靠的老人和兒童。以上措施雖然不能解決根本問題，但對那些饑寒交迫的窮苦人民還是起到了一點救濟作用。在潭州期間，他的另一項重要任務是加強政治統治、鎮壓人民反抗，他在這方面也做了一些實際的事情。

綜上所述，作為一個頭腦比較清醒的封建地主階級政治代表，真德秀所做的有利於國計民生的事情，無疑是應該被肯定的。然而其根本目的仍在於鞏固封建地主政權的統治，這也是不能忽視的。

真德秀在理宗時期再度歷知泉州、福州，皆有政績，後召為戶部尚書，再改翰林學士，最後拜參知政事而卒，因其晚年曾在其家鄉的莫西山讀書和從事著述，故人稱西山先生。其著作甚多，主要有《西山文集》《讀書記》《四書集編》和《大學衍義》等。

三、撰講《大學衍義》，闡發理學思想

真德秀的理學思想基本上是祖述朱熹的學說，他對朱熹極為推崇，尊其為「百代宗師」，並自謂對朱學「嘗私涉而有所得」。朱熹在儒學中能夠占據那樣崇高的地位，除了其自身對儒學的巨大貢獻之外，也與真德秀和魏了翁等人的宣揚分不開。作為朱熹之後學，真德秀的主要任務在於振興和發揚理學，在學術貢獻上重在闡發運用，但缺乏建樹。全祖望說：「魏鶴山、真西山兩家學術雖同出於考亭，而鶴山識力橫絕，……西山則依門傍戶，不敢自出一頭地，蓋墨守之而已。」(《宋元學案·西山真氏學案》按語) 儘管如此，真德秀的學術思想仍然具有自己的特點。他用了大半生的時間，積極鼓吹理學，關於理學方面的著述也很豐富，除《西山真文忠公文集》所收之外，其理學思想主要體現在《讀書記》中。這部著作以「六經」、《語》《孟》的言論為主，分甲記、乙記、丙記、丁記四個部分，「甲記曰性命道德之理，學問知行之要，凡二十有七卷；乙記曰君為治之本，人臣輔治之法，凡一十有二卷；丙記曰經邦立國之制，臨政治人之方……丁記曰語默出處之道，辭歲取捨之宜」(《後村先生大全集》)。真德秀把這部書視為人君治國的理論依據。他十分自信地說：「如有用我，執此以往。」又說：「他日得達乙覽，死無憾矣。」(《後村先生大全集》)《讀書記·乙記》上編是《大學衍義》，他在朝作經筵侍讀的時候，特將《大學衍義》進呈理宗皇帝，並逐章逐句向理宗進行了講解和發揮。

希望通過這個辦法去指導最高統治者用理學思想治理國家。他在《大學衍義自序》中說：

> 臣始讀《大學》之書，見其自格物致知、誠意正心、修身齊家至於治國平天下，其本末有序，其先後有倫。蓋嘗撫卷三嘆曰：為人君者不可以不知《大學》，為人臣者，不可以不知《大學》。為人君而不知《大學》，無以盡正君之法。即又參觀在昔帝生之治，未有不本之身而達之天下者，然後知此書之陳，實百聖傳心之要典，而非孔氏之私言也。三代而下，此學失傳，其書雖存，概以傳記目之而已，求治者既莫之或考，言治道亦不以望其君。獨唐韓愈、李翱嘗舉其說……蓋自秦漢以後，尊信此書者惟愈及翱，而亦未知其為聖學之淵源，治道之根柢也，況其他乎？臣嘗妄謂《大學》一書，君天下之律令格例也，本之則必治，違之則必亂。」

（《宋元學案·西山真氏學案》）

《大學衍義》的主旨在於「正君心、振綱紀、明治道、肅宮闈、抑權幸」。在真德秀的誘導下，感動了理宗皇帝，此書深為理宗所稱贊，說《大學衍義》一書「備君之軌範焉」。《大學衍義》也為後世帝王所重視，元武宗說：「治天下，此一書足矣。」明太祖說：「嘗問以帝王之學何書為要，宋濂舉《大學衍義》，乃命大書揭之殿兩壁。」（《明史·宋濂傳》）由此可見，真德秀的理學思想通過《大學衍義》發表之後，其影響力巨大。

真德秀的理學思想雖然十分豐富，但他上繼程朱，不越其軌，以下僅就其特色略加論述。

(一)「德性天與」和「順天應人」思想

真德秀認為，人與動物不同，其形體和秉性都是天地之所賦，但人之所以為人，其與禽獸之根本區別在於他們不但在形體上有別於禽獸，更具有仁、義、禮、智的特性。他說：

> 自吾一身以至於萬事萬物皆各各有道理，須要逐漸研究。且如此一身是從何來，須是知天地賦我以此形，與我以此性。形既與禽獸不同，性亦與禽獸絕異。何謂性？仁義禮智也。

惟其有此者，所以才方名為人。我便當力行此五者，以不負天之所與。

(《文集》卷 26《闡格物致知》)

在這裡，真德秀把仁義禮智等封建道德意識說成是上天所賦予的與生俱來的先驗的德性。按照辨證唯物論觀點，實際上，仁、義、禮、智等是一定生產關係在意識形態上的反應。為了證明仁義禮智這些倫理道德的合理性，真德秀才提出了「人性天賦」的觀點，這一方面固然是為了在思想意識上規範人民，使其言行不逾封建禮教之規矩，同時也用之來約束最高統治者違背義理的行為，因此它也具有一定程度的合理性。他說：「仁義禮智之性，惻隱、辭讓、羞惡、是非之情，耳目鼻口、四肢百骸之為用，君臣、父子、兄弟、夫婦之為倫，何莫而非天也。」(《文集》卷 24《明道先生書堂記》) 在真德秀看來，仁、義、禮、智等德性和鼻口、四肢、百骸的作用，以及君臣、父子、兄弟、夫婦之間的權利、義務關係，都是上天所規定並賦予人類的。總而言之，人類社會的規範和秩序都是上天安排的，因此，人類必須不折不扣地予以遵守和執行。

基於上述理論，真德秀認為，包括所有的人，皇帝也不例外，都必須嚴格遵守和服從天命。人所共知，在封建社會中，作為最高統治者的君主都是不受法律約束的。真德秀則認為在上天面前，人人都是平等的，君主也不能例外，應該無條件地服從天命。他在擔任理宗皇帝的侍讀期間，不遺餘力，苦口婆心地規勸理宗皇帝「敬天修法」，每次進言，都是「托天命以為言」，如他說：

政令之不合宜者，其事有幾。凡人情之所未允者，即天意所未允也……蓋天之視聽因民之視聽，民心之向背即天心之向背也。」

(《文集》卷 13《召除戶書內引札子一》)

會中原無主，正是上天臨觀四方，為民擇主之時，陛下若能修德以格天，天必帝陛下為中願之主。不能則天命將歸之他人。此臣所以進「祈天永命之說也。

(《文集》卷 13《得聖語中省狀》)

以人君言之，天既命我以此生。又命我以此位。有此德方可保此位。

(《文集》卷 18《經筵講義進讀大學卷子》)

由此可知，真德秀宣揚天命論，其用意，主要是警戒人君，其內容大致是要皇帝以身作則，先正己（正君心），然後正人心。號令臣下整肅綱紀，「澄清吏治」，緩和國內矛盾，爭取民心以鞏固統治。在統治階級的政權統治危機四伏的時候，他提出天命論，指出「敬天恤民」是不得已的辦法。所以他再三強調，要使政治清明，必須從「正君心」著手，他說：

朝廷者，天下之本。人君者，朝廷之本。而心者，又人君之本也。人君能正其心，湛然清明物莫能感，則發號施令，罔有不愜臧，而朝廷正矣。朝廷正，則賢不肖有別，君子小人不相易位，而百官正矣。

(《大學衍義》卷 1《帝王為治之序》)

由此可知，真德秀鼓吹天命論的真實用意在於整頓朝綱、澄清吏治、轉移頹風。而要達到此目的，又必須首先讓皇帝端正思想、改良政風、糾正士習。他用天命論給皇帝施加影響，已是別無他法。明代魏校就指出「昔人為人君至尊故稱天以畏之，卻是舉一大者來壓君」。這說明他的天理觀也含有一定的合理因素。

真德秀的天命思想中，雖然認為「天」能主宰萬物，能賞罰予奪，主要不是因為「天」是人格之神，而是認為「天」本身蘊含著秩序萬物的「理」，這個「理」能夠發揮出「人格神」的作用，即「福善禍淫，不少差忒」，就是說，它能夠「報善以福，報淫以禍」。在真德秀看來，人類社會的秩序（即綱常名教）就是「天理」所在。他將程朱的理學同董仲舒的「天人感應」論結合在一起，把理學塗上了神祕主義的色彩。這在當時的政治情況下雖然具有一定的現實意義，但從理論思維上看，卻是一種倒退。

(二)「即器求理」與「持敬」相結合的涵養論

程朱理學歷來強調把認識論同道德修養論相結合。真德秀根據這

種「窮理持敬」的思想，主張「窮理」與「持敬」相輔而行。他說：「欲窮理而不知持敬以養心，則思慮紛紜，精神昏亂，於義理必無所得。知以養心矣，而不知窮理，則此心雖清明虛靜，又只是個空蕩蕩地物事，而無許多義理以為之主，其於應事接物，必不能皆當。」（《大學衍義》卷30《論學問思辨乃存養功夫》）

關於如何「窮理」的問題，真德秀認為窮理就是「從事物上推求義理到極至之處」。他說：

《易》曰：「形而上者謂之道，形而下者謂之器」。道者理也。器者，物也。精粗之辯，固不同矣，然理未嘗離乎物中。知此，則知「有物有則」之說矣。蓋盈乎天地之間者，莫非物，而人亦物也，事亦物也。有此物則具此理，是所謂則也……則者，準則之謂，一定而不可易也……夫物之所以有是則者，天實為之，人但循其則爾。

(《大學衍義》卷5)

這裡指出，理是形而上學的「道」，是事物之則，具體事物是形而下的「器」。從二者的關係上說，理是形而上者，事物是形而下者，二者雖然有精粗之別，但「理未嘗離乎事物之中」，這就是人們所說的「有物有則」。這種說法基本上是合理的。問題是，他雖然認為形而上學的「理」不能離乎具體事物而存在，提出了「有此物則具此理」的主張，但又錯誤地認為，一物之所以有一物之則，「天實為之」，就是說事物之「則」不是該事物自身所固有的。粗看起來，這種「理未嘗離乎事物之中」的思想是合理的，然而仔細看來，歸根究柢，這個「未嘗離乎事物之中」的「理」仍然是那個獨立於事物之外的、絕對的「天理」在事物中的體現。毫無疑問，這是朱熹「物物有一太極」的「理一分殊」思想的翻版，是與朱熹一脈相承的客觀唯心論，此其錯誤之一。此外，他雖然講到「盈乎天地之間者莫非物」，並且說「人亦物也」，但當其對「人之理」做解釋的時候，則說：「人之為人，所以與天地並立，而為三者，蓋形有小大之殊，而理無小大之間故也。理者何？仁、義、禮、智是也。人之有是理者，天與之也。

自天道而言，則曰元亨利貞；自人道而言，則曰仁義禮智。其實一而已矣。」(《文集》卷 32《代劉季父浦城縣庫四德四端講義》) 這就把封建道德說成是來自人類以外的先驗的絕對觀念，並且認為這種「一定而不可易」的準則對人來說，是只能遵循而絕對不可違犯的最高規範。

既然認為仁義禮智之德性為天之所賦，那麼，關於仁義禮智的「理」，就只能向內探求即從人自身的意識中去求，何必又要在事物上求理？真德秀說：「孟子所謂不慮而知者良知也。孩提之童莫不知愛其親，及其長，無不知敬其兄，此即是知，所謂本然之知也。然雖有此良知，若不就事物上推求義理到極至處，亦無緣知得盡。」(《文集》卷 18《講筵進讀手記》) 其前提是人具有先天性的「本然之知」即「良知」，但「良知」還不是義理極致，因此還必須就事物上去推求，使之達到義理極致處，這才是求理的最大目標。所謂「義理」，仍然指的是仁義禮智之理。人先天具有的仁、義、禮、智是一種潛意識性的「理」，通過「即器求理」所達到的對義理的深刻認識才是理之極致。人亦是物，求人理要從人本身的「良知」出發，結合對「灑掃應對」等人倫日用等事物的推究，就可以達到對「義理」的本質性的認識，用以擴充心中之理，這就使「本然之知」昇華到義理之極致了。由此可見，所謂就事物上推求義理之極致並非是探求客觀事物的規律，而是要士人把封建倫理關係的理在認識論上，從一般的人倫日用上升到「理」（或「道」）的高度，上升到一定不易且只能遵循而不可違反的「天理」的高度。

如何才能使「本然之知」上升到義理之知的高度？真德秀提出了「窮理」與「持敬」相輔而行的主張。何謂「持敬」？按真德秀的說法，敬就是外表端莊，整齊嚴肅，內心敬一，無二無雜，使外表的端莊嚴肅同內心的專一無雜相互交正。他說：「端莊主容貌而言，敬一主心而言，蓋表裡交正之義，合而言之，則敬而已矣。」(《文集》卷 18《問端莊靜一乃存養功夫》)

真德秀的「窮理持敬」思想是對二程思想的繼承和發揮。二程說：「涵養須用敬，進學則在致知。」他在此基礎上，進一步強調了認

識論同道德論的統一性，強調把二者相結合、相輔而行。在理學思想上進一步強化了封建主義意識的知行統一觀。

(三)「神者氣之伸，鬼者氣之屈」的泛神論思想

儒家學者歷來有「神道設教」思想，孔子「敬鬼神而遠之」，是對鬼神之有無持存疑態度。在多數人相信但又沒得到科學的確鑿證實之前，採用這種態度對待鬼神，也是可以的。《易傳・系辭》謂「陰陽不測謂之神」，認為事物之變化是陰陽二氣的神妙作用。人們對那些不能認識（不測）的陰陽變化稱之為「神」。「神」是神妙莫測的意思。比如對人的精神現象，古人不能做出科學的解釋，一般認為那是精氣使然，人死後，精氣散了，又歸回到大氣之中去了。張載道：「鬼神，二氣之良能也。」真德秀說：「天之神曰神（以其造化神妙不可測也），地之神曰示（以其山川草木有形，顯然示人也），人之神曰鬼（鬼謂氣之已屈者也）。」（《文集》卷30《謂神鬼而祭章》）這種解釋已接近於樸素唯物論的觀點。從這一觀點出發，他進一步指出：「若以鬼神二字言之，則神者氣之伸（發出），鬼者氣之屈……神者伸也，鬼者歸也。且以人之身論之，生則曰人，死者曰鬼……自其生而言之，則自幼而壯，此氣之伸也；自壯而老，自老而死，此又伸而屈也。自其死而言之，則鬼遊魂降，寂無形兆，此氣之屈也。及子孫享祀以誠感之，則又能來格，此又屈而伸也。」（《文集》卷30《謂神鬼而祭章》）這就闡明了他的「神道設教」的思想。孔子說：「孟孫問孝於我，我對曰：『無違』……生事之以禮，死葬之以禮，祭之以禮。』」（《論語・為政》）又說：「祭如在，祭神如神在。」（《論語・八佾》）這是孔子「神道設教」的思想。孔子對於究竟有無鬼神不予肯定。所以他使用「祭如在，祭神如神在」的假設性用語。孔子主張祭祀，主要是提倡對祖先敬孝道，對假設的神表示敬意。《易・觀・象》說「聖人以神道設教而天下服矣」。就連原來的唯物論者範縝、張載也主張用「神道設教」去教化百姓，表現了他們的無神論的不徹底性。真德秀在當理宗皇帝經筵侍講的過程中，指出「天命」論來勸君修法，同樣反應了他的「神道設教」的思想。

「神道設教」雖然沒有跳出有神論的圈子，但就真德秀來說，他對鬼神的解釋卻類似於泛神論者，除前所述之外，他還說：「至若造化之鬼神，則山澤水火雷風是也，日與電皆火也，月與雨亦水也，是數者合而言之，又只是陰陽二氣而已，陰陽二氣既流行於天地之間，乃物賴之以生，賴之以成，此即所謂鬼神也。」又說：「天地之氣即人身之氣，人身之氣即天地之氣。」（《論語・八佾》）用陰陽二氣的變化來解釋鬼神，類似於西方哲學史上的唯物主義的泛神論，它與無神思想是相接近的。表現了其唯心主義的不徹底性。

從上述觀點出發，真德秀又用精氣說來論證了他的形神觀。他說：「《易・系辭》曰：精氣為物，遊魂為變。人之生也，精與氣合而已。精者血之類，滋養一身者，故屬陰。氣是能知覺運動者，故屬陽，二者合而為人。精即魄也，目之所以明，耳之所以聰者，即精之為也，此之謂魄氣充乎體。凡人心之能思慮，有知識，身之能舉動，與夫勇決敢為者即氣之所為也，此之謂魂……魂魄合則生，離則死。」（《論語・八佾》）用這種觀點解釋人之形神關係，其理論遠不及範縝之精確，但它與徹底的有神論產生了分化的傾向。

四、魏、真志同氣合，西山、鶴山齊名

宋明理學在南宋後期的思想統治地位之確立，一方面是為了適應封建專制主義的政治統治和加強思想統治的需要，同時也是理學本身全面發展達到成熟階段的必然結果。當時一批著名的理學家，如胡宏、呂祖謙、朱熹、張栻、陸九淵等人在思想界享有極高的聲望，特別是朱熹集理學之大成，建立了完整的理學思想體系，經過其後學的宣揚，形成了為其他學說所不可取代的大思潮。在它的發展過程中，雖然經過一些波折，甚至曾一度受到禁錮和壓抑，後來仍然確立了其不可動搖的統治地位。真德秀和魏了翁二人，在理學處於低潮時挺身而出，為之樹立了崇高的地位。在確立理學正統地位的事業中起了關鍵性的作用。魏、真二人在當時不僅具有高度的理學素養，而且有很高的政

治地位，因而在當時享有極高的聲望，並且他們「志同氣合」（魏了翁語），「慨然以斯文為任」。魏了翁多次向皇帝上書，力陳推崇理學的必要，真德秀以經筵侍讀的身分，不遺餘力地給皇帝灌輸理學思想，深得理宗的信任，終於使理學正式得到最高統治者的褒揚和肯定。黃百家說：「從來西山鶴山並稱，如鳥之雙翼，車之雙輪，不獨舉也。」(《宋元學案》卷81)

魏了翁和真德秀在理學發展史上的地位和作用是非常重要的。

國家圖書館出版品預行編目（CIP）資料

兩宋大儒評介 / 李剛興 編著. -- 第一版.
-- 臺北市：崧博出版：崧燁文化發行, 2019.05
　　面；　公分
POD版

ISBN 978-957-735-825-7(平裝)

1.儒學 2.宋代

121.2　　　　　　　　　　　108006273

書　　名：兩宋大儒評介
作　　者：李剛興 編著
發 行 人：黃振庭
出 版 者：崧博出版事業有限公司
發 行 者：崧燁文化事業有限公司
E-mail：sonbookservice@gmail.com
粉絲頁：　　　　網址：
地　　址：台北市中正區重慶南路一段六十一號八樓815室
8F.-815, No.61, Sec. 1, Chongqing S. Rd., Zhongzheng Dist., Taipei City 100, Taiwan (R.O.C.)
電　　話：(02)2370-3310　傳　真：(02) 2370-3210
總 經 銷：紅螞蟻圖書有限公司
地　　址：台北市內湖區舊宗路二段121巷19號
電　　話：02-2795-3656　傳真：02-2795-4100　　網址：
印　　刷：京峯彩色印刷有限公司（京峰數位）

本書版權為西南財經大學出版社所有授權崧博出版事業股份有限公司獨家發行電子書及繁體書繁體字版。若有其他相關權利及授權需求請與本公司聯繫。

定　　價：290元
發行日期：2019年05月第一版
◎ 本書以 POD 印製發行